NOV 0 6 2018

 W9-ACO-503

Inglés para
Latinos

Nivel Dos

CON AUDIO DESCARGABLE

Tercera Edición

William C. Harvey, M.S.

BARRON'S

To access the online bonus content for this title, please go to:
http://barronsbooks.com/media/LATINOS/7352gxt

Text © Copyright 2018, 2009, 1999 by William C. Harvey.
Art © Copyright 2018, 2009, 1999 by Barron's Educational Series, Inc.

All rights reserved. No part of this book may be reproduced or distributed in any form or by any means without the written permission of the copyright owner.

All inquiries should be addressed to:
Barron's Educational Series, Inc.
250 Wireless Boulevard
Hauppauge, NY 11788
www.barronseduc.com

ISBN: 978-1-4380-1051-9

Library of Congress Control Number: 2018939832

Printed in the United States of America
9 8 7 6 5 4 3 2 1

Contents (Contenido)

Introduction
[introdákchon]
(Presentación)

Hi, Friend! [jái, fren]
(¡Hola, amigo!)

¡Bienvenido al segundo nivel de *Inglés para Latinos*! Cuando escribí el primer nivel de mi libro, nunca imaginé que mi exclusivo método para el aprendizaje de un idioma extranjero tendría una acogida tan increíble. En lugar de métodos y lecciones tradicionales, mi libro con audio ofreció una variedad de sugerencias prácticas y fáciles de seguir para una comunicación exitosa. Este concepto ha tenido gran éxito, demostrado por la enorme demanda que ahora existe por un nuevo libro que continúe por el mismo camino.

Inglés para Latinos, Nivel Dos, ha sido creado para los estudiantes del idioma inglés que están listos para "viajar" más allá de los conocimientos básicos. Si tú puedes entender un poco de inglés y contestar con unas cuantas palabras, entonces este es el programa perfecto para ti.

Con la ayuda de atajos y pequeños consejos, en muy poco tiempo podrás comunicarte en inglés en un nivel superior y mucho más interesante. Como viajeros del espacio, nos aventuraremos de un "planeta" a otro, adquiriendo el nivel intermedio y avanzado a lo largo del camino. ¡Todos a bordo!

Your teacher, [iór tícher]

Bill

Ready to Go? [rédi tu góu] (¿Listo para irte?)

Antes de comenzar tu viaje a territorios poco familiares, asegúrate de estar bien equipado. Hay mucho que debes repasar, así que toma tu tiempo con los siguientes párrafos. Están llenos de importante información que necesitarás para progresar y tener éxito.

- **¡Escucha inglés continuamente!**
  Escucha regularmente a personas que hablan inglés con fluidez y tanto tu gramática como tu pronunciación mejorarán. Escucha estaciones de radio o música en inglés. También mira televisión o películas en ese idioma. Crea tu propia manera de aprender inglés sin necesidad de tener que gastar mucho dinero.

- **¡Usa el inglés que ya conoces!**
  Di en voz alta palabras y frases en inglés que te sean familiares. Gradualmente, experimenta con el nuevo vocabulario y las formas verbales que aparecen en este libro, pero no te esfuerzes en hablar con fluidez. Debes adquirir primero un poco de confianza antes de seguir adelante, así que agrega nueva información a lo que ya conoces sólo cuando te sientas listo para hacerlo.

- **¡Entérate de las diferencias culturales entre hispanos e ingleses!**
  La comunicación en cualquier idioma incluye mucho más que la palabra hablada. El lenguaje del cuerpo, incluyendo los gestos con las manos y las expresiones del rostro, dicen mucho en países de todo el mundo. Infórmate sobre los mensajes no hablados que los norteamericanos usan entre ellos. Mientras te encuentras haciendo esto, averigua también acerca de las costumbres y las tradiciones de este país. Aprende más sobre la cultura de los Estados Unidos y tu habilidad de comunicarte en el idioma inglés mejorará drásticamente.

- **¡Siempre relájate y tómalo como una diversión!**
  Estudia y practica el inglés a tu propio ritmo. Ser fluido en un nuevo idioma toma tiempo, así que planea entretenerte tan seguido como puedas. ¡Tómalo con calma! Acuérdate que la persona de habla inglesa con la cual estás tratando de comunicarte está probablemente teniendo tanta dificultad como tú. Mantente alegre, ten confianza en ti mismo y todo lo que aprendas, de una manera u otra, comenzará a tener sentido.

- **¡Practica, practica y practica!**
  Júntate con gente que habla bien el inglés y trata de practicar tus nuevos conocimientos del idioma lo más seguido que puedas. Practicar entre dos personas es óptimo. No olvides, eso sí, que toda práctica debe ocurrir en un ambiente donde te sientas cómodo.

- **Sigue estos atajos que te llevarán a una comunicación exitosa:**
  — Sé amigable y usa todas las expresiones de cortesía que conoces. ¡Las personas con personalidades agradables tienden a comunicarse mejor!
  — Cuando escuches inglés, trata de reconocer las palabras que suenan como su equivalente en español.
  — Muestra tu comprensión a los que te hablan, apuntando, moviéndote o tocando cosas.
  — Repite varias veces palabras o frases nuevas antes de tratar de emplearlas con el público.
  — Durante conversaciones, haz preguntas a menudo y no te des por vencido cuando te confundas.

- **Más sugerencias antes de comenzar:**
  — Si no puedes recordar alguna palabra, trata otra manera de expresarte.
  — Como con cualquier otro idioma, el inglés está lleno de expresiones idiomáticas informales. La gente normalmente emplea jerga, así que es una buena idea preguntar sobre las palabras o frases que no entiendas.
  — Deja que otros te corrijan. Los errores son normales y, en realidad, éstos te ayudan a aprender más rápido.

How to Use This Book
[jáo tu iús dis buc]
(Cómo usar este libro)

Inglés para Latinos, Nivel Dos, está dividido en ocho capítulos. Cada capítulo explora un campo de las conjugaciones verbales y terminología útil. Como los verbos forman una parte integral en el desarrollo del idioma, encontrarás una lista extensa de éstos al final del libro. De este modo, podrás encontrar rápidamente cualquier verbo que no puedas entender. Para encontrar cualquier otra palabra, usa el glosario inglés-español o español-inglés.

Este libro también te ofrece numerosos segmentos especializados, los cuales se encuentran a lo largo del texto. No pases de largo ese material: todo lo que leas es importante y te ayudará a acelerar el aprendizaje. Aquí están esos segmentos:

Advice! [adváis]
(¡Consejos!)

(Detalles del lenguaje que se te pueden pasar)

How do you write it? [jáo du iú ráit et]
(¿Cómo se escribe?)

(Ideas para escribir inglés correctamente)

I bet you can! [ái bet iú can]
(¡Apuesto que puedes!)

(Ejercicios de práctica. Guíate por los números de los ejercicios para encontrar las respuestas al final del libro)

Grammar [grámar]
(La gramática)

(Sugerencias en el uso de la gramática inglesa)

 How do you pronounce it?
[jáo du iú pronáuns et]
(¿Cómo se pronuncia?)

(Secretos para la pronunciación del inglés)

¡ATENCIÓN!

LAS GUÍAS DE PRONUNCIACIÓN EN ESTE LIBRO NO SON EXACTAS,
ASI QUE TENDRÁS QUE PRACTICAR CADA UNA DE ELLAS CON
UNA PERSONA DE HABLA INGLESA. TAMBIÉN HAY MUCHA
TERMINOLOGÍA GRAMATICAL, LA CUAL PUEDE REQUERIR
CONSULTA DE UN LIBRO DE GRAMÁTICA.

1

CAPÍTULO ONE [uán]

The Great Review

[de gréit riviú]
(El gran repaso)

Cálmate o asústate

El Nivel Dos será difícil si tú no has aprendido el Nivel Uno.

Por otra parte, es posible que tú ya hayas aprendido los fundamentos del inglés y hayas adquirido este libro para seguir progresando.

Sea como sea, este primer capítulo te va a salvar. Si has terminado el Nivel Uno o si sabes inglés básico, aquí tienes un repaso. Y si sabes poco y nada, pues, ¡agárrate bien y comienza a aprender a gran velocidad!

The English Alphabet
[de ínglech álfabet]
(El alfabeto inglés)

El alfabeto inglés es idéntico al español, pero no incluye las letras *ch, ll, ñ, rr*. En inglés, la mayoría de las letras del alfabeto se pronuncian casi igual que en español:

Letra Inglesa	Su Nombre en Inglés	Letra Inglesa	Su Nombre en Inglés
A	(éi)	N	(en)
B	(bi)	O	(óu)
C	(si)	P	(pi)
D	(di)	Q	(quiú)
E	(ii)	R	(ar)
F	(ef)	S	(es)
G	(chi)	T	(ti)
H	(éich)	U	(iú)
I	(ái)	V	(vi)
J	(lléi)	W	(dábol iú)
K	(quéi)	X	(ex)
L	(el)	Y	(uái)
M	(em)	Z	(tsi)

Pronunciation Tips

HOW DO YOU WRITE IT? (¿Cómo se escribe?)

Tómate unos momentos para repasar las letras del alfabeto. Los segmentos especiales titulados **How do you write it?** te proveerán todos los secretos que necesites. Por ahora, di cada letra del alfabeto en voz alta.

ADVICE! (¡Consejos!)

• Acuérdate que la pronunciación está escrita debajo.

¿Cómo se deletrea?	**How do you spell it?** [jáo du iú spel et]
¿Cómo se deletrea tu nombre en inglés?	**How do you spell your name in English?** [jáo du iú spel iór néim in ínglech]

I BET YOU CAN! (¡Apuesto que puedes!)

Deletrea en inglés estas palabras comunes. Recuerda pronunciar en voz alta cada letra:

baby	[béibi]	**money**	[máni]
beer	[bíer]	**O.K.**	[oquéi]
book	[buc]	**party**	[párti]
car	[car]	**please**	[plis]
English	[ínglech]	**Santa Claus**	[sánta clos]
friend	[fren]	**telephone**	[télefon]
house	[jáus]	**thank you**	[zenk iú]
love	[lav]	**yes**	[iés]

HOW DO YOU PRONOUNCE IT?
(¿Cómo se pronuncia?)

En inglés, tienes que pronunciar cada parte de la palabra. Acuérdate que la última letra de cada palabra es muy importante. Por ejemplo, **Ben** [ben] (Benjamín) y **Bend** [bend] (doblar) son muy diferentes.

My First Words [mái férst uérds]
(Mis primeras palabras)

Las letras forman palabras y, hacia donde estamos yendo, tú necesitarás saber muchas. Para principiantes, mira estos intercambios de palabras y saludos populares, y luego marca los que ya conoces:

Adiós	*Good-bye*	[gud bái]
Bien	*Fine*	[fáin]
Buenas noches	*Good evening*	[gud ívnin]
Buenas tardes	*Good afternoon*	[gud áfternun]
Buenos días	*Good morning*	[gud mórnin]
¿Cómo está?	*How are you?*	[jáo ar iú]
¿Cómo te llamas?	*What's your name?*	[uáts iór néim]
Con permiso	*Excuse me*	[exquiús mi]
De nada	*You're welcome*	[iór uélcam]
Hola	*Hi*	[jái]
Igualmente	*Same to you*	[séim tu iú]
Lo siento	*I'm sorry*	[am sóri]
Me llamo...	*My name is...*	[mái néim es]
Muchas gracias	*Thank you very much*	[zenk iú véri mach]
¡Mucho gusto!	*Nice to meet you!*	[náis tu mit iú]
Por favor	*Please*	[plis]
¿Qué pasa?	*What's happening?*	[uáts jápenin]
¿Qué tal?	*How's it going?*	[jáos et góin]
¡Sin novedad!	*Nothing much!*	[násin mach]
¿Y usted?	*And you?*	[an iú]

 ADVICE!

- *Good night* también significa "Buenas noches".

Comienza tu propia lista especializada:

¡Bien, gracias!	*Fine, thanks!*	[fáin zenks]
¡Buena idea!	*Good idea!*	[gud aidía]
¡Cómo no!	*Why not!*	[uái nat]
¡Creo que sí!	*I think so!*	[ái zinc sóu]
¡De acuerdo!	*I agree!*	[ái agrí]
¡Depende!	*That depends!*	[dat dipéns]
¡Es cierto!	*That's for sure!*	[dats for chur]
¡Está bien!	*That's OK!*	[dats oquéi]

¡Lo que quieras!	*Whatever you want!*	[uatéver iú uánt]
¡Más o menos!	*More or less!*	[mor or les]
¡Me alegro!	*I'm so glad!*	[am sóu glad]
¡Muy bien!	*Great!*	[gréit]
¡Ningún problema!	*No problem!*	[nóu próblem]
¡Ojalá!	*I hope so!*	[ái jóup sóu]
¡Pase!	*Go ahead!*	[góu ajéd]
¡Por supuesto!	*Of course!*	[av córs]
¿Puedo ayudarle?	*Can I help you?*	[can ái jelp iú]
¿Qué pasó?	*What's the matter?*	[uáts de máter]
¿Quién habla?	*Who's calling?*	[jus cólin]
¡Quizás!	*Maybe!*	[méibi]
¿Se puede?	*May I come in?*	[méi ái cam in]
¡Sí!	*Yeah!*	[iéa]
¿Verdad?	*Really?*	[ríli]
¡Ya veo!	*I see!*	[ái si]
¡Yo también!	*Me, too!*	[mi tu]
¡Yo tampoco!	*Me, neither!*	[mi níder]

- Pon tus expresiones en diálogos:

¿Se puede?	*May I come in?*	[méi ái cam in]
¡Pase!	*Go ahead!*	[góu ajéd]
Gracias	*Thanks.*	[zenks]
De nada	*You're welcome.*	[iór uélcam]

- Todos los idiomas contienen sinónimos, es decir, palabras que suenan distinto pero que tienen el mismo significado. Estudia estos ejemplos:

Mucho gusto Encantado A sus órdenes	*Nice to meet you*	[náis tu mit iú]
Muchas gracias Mil gracias Muy amable	*Thanks a lot*	[zenks a lat]
De nada No hay de qué Por nada	*You're welcome*	[iór uélcam]

Look-alikes! [luc aláics]
(¡Las palabras afines!)

Una placentera sorpresa es que muchas de las palabras en inglés son idénticas a las palabras en español. Sin embargo, se pronuncian o acentúan de modo diferente. Practica estos ejemplos:

chocolate	[chócolet]	*motor*	[mótor]
color	[cólor]	*natural*	[náchural]
final	[fáinal]	*popular*	[pápiular]
hospital	[jóspital]	*terror*	[téror]
idea	[aidía]	*total*	[tótal]

Estas palabras no son escritas exactamente como el inglés, pero por su similaridad, tú podrás darte cuenta del significado:

conversation	[canverséichen]	*plant*	[plant]
dictionary	[díkchenari]	*rapid*	[rápid]
impossible	[impásibel]	*special*	[spéchal]
intelligent	[intélichent]	*television*	[televíchen]
interesting	[ínterestin]	*university*	[iunivérsiti]
moment	[móment]	*vocabulary*	[vocábiulari]

ADVICE!

• Tú podrás adivinar frecuentemente el significado de las palabras en inglés si te fijas en las últimas letras. Por ejemplo, las palabras terminadas en "ico" en español terminan en *ic* en inglés. Nota las siguientes terminaciones:

ico	*ic*	
romántico	*romantic*	[romántic]
oso	*ous*	
delicioso	*delicious*	[dilíchas]
ente	*ent*	
diferente	*different*	[díferent]
dad	*ty*	
electricidad	*electricity*	[ilectríciti]
ción	*tion*	
construcción	*construction*	[constrákchen]
rio	*ry*	
necesario	*necessary*	[nésesari]
dor	*tor*	
elevador	*elevator*	[eleméiter]
ismo	*ism*	
turismo	*tourism*	[túrism]

• Aquí tienes más. Nota, eso sí, que la pronunciación puede ser muy distinta:

Terminaciones	Español	Inglés	
al, al	animal	**animal**	[ánimal]
ama, am	programa	**program**	[prógram]
ble, ble	terrible	**terrible**	[téribol]
cia, cy	emergencia	**emergency**	[emérgensi]
cto, ct	perfecto	**perfect**	[pérfect]
culo, cle	artículo	**article**	[árticol]
ema, em	poema	**poem**	[poem]
ía, y	biografía	**biography**	[bayógrafi]
ina, in	vitamina	**vitamin**	[váitamin]
ina, ine	medicina	**medicine**	[médisin]
ista, ist	artista	**artist**	[ártist]
ivo, ive	positivo	**positive**	[pásitif]
mento, ment	monumento	**monument**	[mániument]
oma, om	idioma	**idiom**	[ídiom]
or, or	color	**color**	[cólor]
sión, sion	decisión	**decision**	[desíchen]
uro, ure	futuro	**future**	[fiúcher]
uto, ute	bruto	**brute**	[brut]

HOW DO YOU PRONOUNCE IT?

Lo que te va a gustar del inglés es que las palabras se dividen en partes o sílabas, tal como se hace en es-pa-ñol. Por lo tanto, para hablar como norteamericano, pon-las-par-tes-en-or-den:

En-glish-is-no-pro-blem-for-la-ti-nos.
[ínglech es nóu próblem for latínos]

Have a nice trip!

Have a nice day!

Some Key Expressions
[sam qui expréchons]
(Algunas expresiones claves)

Frecuentemente, la gente no hace más que conversar usando expresiones cortas y amistosas. Así que, ¿por qué no hacer lo mismo en **English?**

¡Basta!	**Enough!**	[ináf]
¡Bienvenidos!	**Welcome!**	[uélcam]
¡Buen viaje!	**Have a nice trip!**	[jav a náis trip]
¡Buena suerte!	**Good luck!**	[gud lac]

¡Caramba!	***Wow!***	[uáu]
¡Claro!	***Sure!***	[chur]
¡Cúidate bien!	***Take it easy!***	[téic et ísi]
¡Dios le bendiga!	***God bless you!***	[god bles iú]
¡Felicitaciones!	***Congratulations!***	
	[congrachuléichens]	
¡Feliz año nuevo!	***Happy New Year!***	[jápi niú íer]
¡Feliz Navidad!	***Merry Christmas!***	[méri crísmas]
Me saluda a...	***Say hi to...***	[séi jái tu]
¡Que le vaya bien!	***Have a nice day!***	[jav a náis déi]
¡Salud!	***Bless you!***	[bles iú]
¡Socorro!	***Help!***	[jelp]
¡Vamos!	***Let's go!***	[lets góu]

> Take it easy!
>
> Bye!

Nota lo que está pasando acá. La palabra "que" tiene diferentes significados en inglés:

¡Que disfrute!	***Have a good time!***	[jav a gud táim]
¡Qué importa!	***So what!***	[sóu uát]
¡Qué lástima!	***What a shame!***	[uát a chéim]
¡Que se mejore!	***Get well!***	[guét uél]
¡Qué triste!	***How sad!***	[jáo sad]

ADVICE!

- Añade estas frases a tu lista de felicitaciones:

¡Feliz aniversario!	***Happy anniversary!***	[jápi anivérseri]
¡Felices Pascuas!	***Happy Easter!***	[jápi íster]
¡Felices fiestas!	***Happy holidays!***	[jápi jólideis]

- Nota como, igual que en español, algunas frases en inglés hacen referencia al nombre de Dios. Pronuncia estas frases con la misma inspiración usada en español:

¡Si Dios quiere!	***God willing!***	[god uílin]
¡Dios mío!	***Oh, my God!***	[o mái god]
¡Gracias a Dios!	***Thank God!***	[zenk god]

- No te pongas nervioso acerca de todas las diferentes formas gramaticales dentro de estas expresiones. ¡Hablaremos sobre esto más tarde!

- Usa ***and*** [an] ("y"), ***or*** [or] ("o") y ***but*** [bat] ("pero") lo más frecuente que te sea posible:

> ***Have a nice day and take it easy!***
> [jav a náis déi an téic et ísi]

Again, Please [eguén plis]
(Otra vez, por favor)

No lo niegues. Seguro que a menudo te quedas perdido cuando alguien te habla en inglés. Bueno, trata de relajarte y haz lo mejor que puedas con estas frases de más abajo. ¡Realmente ayudan!

¿Entiende usted?	***Do you understand?*** [du iú anderstán]
No sé.	***I don't know.*** [ái dont nóu]
No entiendo.	***I don't understand.*** [ái dont anderstán]
Hablo poquito inglés.	***I speak a little English.*** [ái spic a lítel ínglech]
Estoy aprendiendo inglés.	***I'm learning English.*** [am lérnin ínglech]
Más despacio.	***More slowly.*** [mor slóuli]
Gracias por su paciencia.	***Thanks for your patience.*** [zenks for iór péichens]
¿Qué significa?	***What does it mean?*** [uát das et min]
Letra por letra.	***Letter by letter.*** [léter bái léter]
Número por número.	***Number by number.*** [námber bái námber]
Palabra por palabra.	***Word for word.*** [uérd for uérd]

More Fantastic Phrases
[mor fantástic fréises]
(Más frases fantásticas)

In general...

Therefore...

At least...

Besides...

Still...

Yet...

¡Comienza tu conversación con estas palabras y frases cortas, y el resto se te hará fácil!

Además...	***Besides...***	[bisáids]
Al principio...	***At first...***	[at férst]

A pesar de...	**In spite of...**	[in spáit av]
A propósito...	**By the way...**	[bái de uéi]
Así que...	**So...**	[sóu]
Aún...	**Still...**	[stil]
Aunque...	**Although...**	[áldo]
En general...	**In general...**	[in lléneral]
Entonces...	**Then...**	[zen]
O sea...	**In other words...**	[in áder uérds]
Poco a poco...	**Little by little...**	[lítel bái lítel]
Por ejemplo...	**For example...**	[for exámpol]
Por eso...	**Therefore...**	[déarfor]
Por lo menos...	**At least...**	[at list]
Según...	**According to...**	[acórdin tu]
Sin duda...	**Without a doubt...**	[uizáut a dáut]
Sin embargo...	**However...**	[jauéver]
Todavía...	**Yet...**	[yet]

Little by little...
However...
In other words...

So, therefore, little by little, I'm learning English!
[sóu, déarfor, lítel bái lítel, am lérnin ínglech]

ADVICE!

- Tanto "sino" y "pero" son **but** en inglés.
- ¡Mira por patrones en el lenguaje! Aquí tienes unos ejemplos:

Cara a cara	**Face to face**	[féis tu féis]
Mano a mano	**Hand to hand**	[jan tu jan]
Paso a paso	**Step by step**	[step bái step]

- Usa **how** [jáo] o **what** [uát] para expresar emoción en inglés. En forma escrita, estas oraciones necesitan un signo de exclamación al final:

| **What a beautiful baby!** | [uát a biútiful béibi] |
| **How fantastic!** | [jáo fantástic] |

 GRAMMAR (La gramática)

Frecuentemente, se usa una espresión corta al final de una declaración para confirmar, preguntar o enfatizar un mensaje. Mira este ejemplo.

It's your car, right? [ets iór car, ráit]
Es tu carro, ¿no?

I BET YOU CAN!

¡Malas noticias! Las respuestas en estos segmentos de repaso están al final del libro.

1. Conecta cada expresión en inglés con la mejor respuesta:

   What is happening?   **Thanks a lot!**
   Can I help you?   **Yes, please!**
   Congratulations!   **Nothing new.**

2. Mira las últimas letras de cada una de estas palabras al mismo tiempo que las traduces:

   the public   _____
   convenient   _____
   humanity   _____

(Las respuestas están en la página 329.)

Survival English [serváival ínglech] (Inglés para sobrevivir)

¿Hablas un poquito de inglés? Pruébalo nombrando estos objetos sin mirar la traducción. ¡Y fíjate en la pronunciación!

Everyday Things [évridei zings] (Las cosas diarias)

el agua	water	[uáter]
el carro	car	[car]
la casa	house	[jáus]
la comida	food	[fud]
la computadora	computer	[compiúter]
el cuarto	room	[rum]
el dinero	money	[máni]
el lapicero	pen	[pen]
el lápiz	pencil	[pénsil]
el libro	book	[buc]
la luz	light	[láit]
la mesa	table	[téibol]
el papel	paper	[péipar]
el piso	floor	[flóar]
la puerta	door	[dóar]
el reloj	clock	[clac]

la ropa	**clothing**	[clóuzin]
la silla	**chair**	[chéar]
el teléfono	**telephone**	[télefon]
el trabajo	**work**	[uérc]

People [pípol] (La gente)

el amigo	**friend**	[fren]
el bebé	**baby**	[béibi]
el hombre	**man**	[man]
el muchacho	**young man**	[iáng man]
la mujer	**woman**	[uóman]
el niño	**child**	[cháil]
el pariente	**relative**	[rélativ]
la persona	**person**	[pérson]

Descriptions [descrípchens] (Las descripciones)

alto	**tall**	[tol]
bajo o corto	**short**	[chort]
bonito	**pretty**	[príti]
bueno	**good**	[gud]
chico	**small, little**	[smol, lítel]
feo	**ugly**	[ágli]
grande	**big**	[bic]
guapo	**handsome**	[jánsom]
joven	**young**	[iáng]
largo	**long**	[long]
malo	**bad**	[bad]
nuevo	**new**	[niú]
viejo	**old**	[old]

ADVICE!

- Enriquece tu vocabulario añadiendo estas palabras:

más grande	**bigger**	[bíguer]
lo más grande	**the biggest**	[de bíguest]
tan grande como	**as big as**	[as bic as]
un poco grande	**a little big**	[a lítel bic]
muy grande	**very big**	[véri bic]
demasiado grande	**too big**	[tu bic]
tan grande	**so big**	[sóu bic]

● Aquí tienes más descripciones que todo estudiante de inglés debe saber. Simplifica el proceso de aprendizaje y agrúpalas con sus opuestas.

barato	*inexpensive*	[inexpénsiv]
caliente	*hot*	[jat]
caro	*expensive*	[expénsiv]
débil	*weak*	[uíc]
delgado	*thin*	[zin]
difícil	*difficult*	[dífical]
fácil	*easy*	[ísi]
frío	*cold*	[cold]
fuerte	*strong*	[stron]
gordo	*fat*	[fat]
lento	*slow*	[slóu]
limpio	*clean*	[clin]
pobre	*poor*	[púor]
rápido	*fast*	[fast]
rico	*rich*	[rich]
sucio	*dirty*	[dérti]

● Hay varias maneras para decir lo mismo:

barato	*inexpensive, cheap*	[inexpénsiv, chip]
delgado	*thin, skinny*	[zin, squíni]
difícil	*difficult, hard*	[dífical, jard]
fácil	*easy, simple*	[ísi, símpol]
pequeño	*small, little*	[smol, lítel]

● Estas palabras relacionadas con el salón de clase te deberán ser familiares:

el borrador	*eraser*	[iréiser]
la clase	*class*	[clas]
el cuaderno	*folder*	[fólder]
el escritorio	*desk*	[desc]
el estudiante	*student*	[stiúden]
la impresora	*printer*	[prínter]
el maestro	*teacher*	[tícher]
el marcador	*marker*	[márquer]
el pizarrón	*whiteboard*	[uáitbord]

● Una técnica muy efectiva para el aprendizaje de nuevos objetos es escribirlos en inglés en papelitos adhesivos y pegarlos en el objeto correspondiente.

- Al referirte a la gente, usa estas abreviaciones:

Señor (Sr.)	**Mr.**	[míster]
Señora (Sra.)	**Mrs.**	[mísis]
Señorita (Srta.) o Señora (Sra.)	**Ms.**	[ms]

- Ninguna lista de personas estaría completa sin los miembros de la familia:

la esposa	**wife**	[uáif]
el esposo	**husband**	[jásban]
la hermana	**sister**	[síster]
el hermano	**brother**	[bráder]
la hija	**daughter**	[dóter]
el hijo	**son**	[san]
la madre	**mother**	[máder]
el padre	**father**	[fáder]

 GRAMMAR

A la forma comparativa de los adjetivos de una sola sílaba se les añade la terminación **er**:

young—younger	[iáng—iánguer]
small—smaller	[smol—smóler]
smart—smarter	[smart—smárter]
sweet—sweeter	[suít—suíter]
fast—faster	[fast—fáster]
cold—colder	[cold—cólder]
short—shorter	[chort—chórter]
tall—taller	[tol—tóler]

La forma comparativa de los adjetivos con más de una sílaba requiere la palabra **more** [mor].

beautiful—more beautiful	[biútiful—mor biútiful]
interesting—more interesting	[ínterestin—mor ínterestin]
expensive—more expensive	[expénsiv—mor expénsiv]
difficult—more difficult	[dífical—mor dífical]

La forma comparativa de los adjetivos es seguida por la palabra **than** [dan].

Ella es mayor que su hermana.
She's older than her sister.
[chis ólder dan jer síster]

Es más difícil de lo que piensas.
That's more difficult than you think.
[dats mor dífical dan iú zinc]

HOW DO YOU WRITE IT?

Recuerda que debes doblar la última letra en las palabras cortas que llevan una vocal en el medio:

big	[bic]	**bigger**	[bíguer]
fat	[fat]	**fatter**	[fáter]
sad	[sad]	**sadder**	[sáder]

Sin embargo, no todas las palabras obedecen a esta regla:

fun	[fan]	**more fun**	[mor fan]
bad	[bad]	**worse**	[uórs]

Muchas de las palabras sólo necesitan una **r** al final:

large	[larch]	**larger**	[lárcher]
nice	[náis]	**nicer**	[náiser]
cute	[quiút]	**cuter**	[quiúter]

Pretty Colors [príti cólors]
(Colores bonitos)

amarillo	**yellow**	[iélou]
anaranjado	**orange**	[óranch]
azul	**blue**	[blu]
blanco	**white**	[uáit]
café	**brown**	[bráun]
gris	**gray**	[gréi]
morado	**purple**	[pérpol]
negro	**black**	[blac]
rojo	**red**	[red]
verde	**green**	[grin]

 ADVICE!

• Los estudiantes de inglés avanzado deben saber los nombres de muchos colores:

beige	**beige**	[béich]
magenta	**magenta**	[machénta]
oro	**gold**	[gold]
plateado	**silver**	[sílver]
rosado	**pink**	[pinc]
violeta	**violet**	[váiolet]

Number by Number
[námber bái námber]
(Número por número)

Vamos a presentar los números por partes. Primero, practiquemos el grupo de números básico. Estos pueden ser un poco más difíciles de aprender, pero deberás memorizártelos:

0	*zero*	[sírou]
1	*one*	[uán]
2	*two*	[tu]
3	*three*	[zri]
4	*four*	[for]
5	*five*	[fáiv]
6	*six*	[six]
7	*seven*	[séven]
8	*eight*	[éit]
9	*nine*	[náin]
10	*ten*	[ten]
11	*eleven*	[iléven]
12	*twelve*	[tuélf]

Para continuar, estudiaremos los números en dos diferentes grupos, ya que éstos tienen casi el mismo sonido al final. Para que no te confundas, es importante practicarlos en voz alta (unos terminan con el sonido [-tin] y otros, con [-ti]):

	-tin (*teen*)			-ti (*ty*)	
13	*thirteen*	[zértin]	20	*twenty*	[tuénti]
14	*fourteen*	[fórtin]	30	*thirty*	[zérti]
15	*fifteen*	[fíftin]	40	*forty*	[fórti]
16	*sixteen*	[síxtin]	50	*fifty*	[fífti]
17	*seventeen*	[séventin]	60	*sixty*	[síxti]
18	*eighteen*	[éitin]	70	*seventy*	[séventi]
19	*nineteen*	[náintin]	80	*eighty*	[éiti]
			90	*ninety*	[náinti]

Pronunciar los otros números es muy sencillo. Sólamente añadiremos los números chiquitos. Por ejemplo:

25	es *twenty* (20) - *five* (5)
52	es *fifty* (50) - *two* (2)
91	es *ninety* (90) - *one* (1)

ADVICE!

- Te van a gustar los números más grandes en inglés:

100	**one hundred**	[uán jándred]
200	**two hundred**	[tu jándred]
1,000	**one thousand**	[uán záosend]
2,000	**two thousand**	[tu záosend]
1,000,000	**one million**	[uán mílion]
2,000,000	**two million...**	

123,456,789 por ejemplo, es **one hundred twenty-three million, four hundred fifty-six thousand, seven hundred eighty-nine.**

- No te olvides de los números ordinales. ¡Encuentra el resto tú sólo!

first	[férst]	**1st**	primero
second	[sécond]	**2nd**	segundo
third	[zerd]	**3rd**	tercero
fourth	[fórdt]	**4th**	cuarto
fifth	[fífdt]	**5th**	quinto
sixth	[síxdt]	**6th**	sexto
seventh	[sévendt]	**7th**	séptimo
eighth	[éidt]	**8th**	octavo
ninth	[náindt]	**9th**	noveno
tenth	[téndt]	**10th**	décimo
eleventh	[ilévendt]	**11th**	undécimo
twelfth	[tuélfdt]	**12th**	duodécimo

- Y siempre necesitarás palabras que describen **how much** [jáo mach]:

ambos	**both**	[bod]
casi	**almost**	[álmost]
demasiado	**too much**	[tu mach]
el resto	**the rest**	[de rest]
ninguno	**none**	[nan]
tanto	**so much**	[sóu mach]
todo	**all**	[al]
varios	**several**	[séveral]

Scramble Puzzle [Las cosas diarias]

Descifra las palabras y escríbelas en las líneas. Las respuestas están invertidas.

1. pmcrueto _____
2. cilepn _____
3. cirah _____
4. oyenm _____
5. ohues _____
6. teabl _____
7. wreat _____
8. lhotcnig _____
9. kolcc _____
10. gtihl _____

10. light
9. clock
8. clothing
7. water
6. table
5. house
4. money
3. chair
2. pencil
1. computer

I BET YOU CAN!

3. Conecta cada palabra con su término opuesto:

old	*teacher*
clean	*woman*
father	*dirty*
black	*young*
student	*poor*
rich	*white*
man	*mother*

4. Traduce lo más rápido que puedas:

el libro _____
la ropa _____
el agua _____
la silla _____
la comida _____

5. Llena los espacios en blanco:

One, two, three _____
first, second, third _____
twenty, thirty, forty _____

(Las respuestas están en la página 329.)

Form a Phrase! [form a fréis]
(¡Forma una frase!)

Una técnica clave para añadir más detalle a una frase es unir unas cuantas palabras a una simple preposición:

con	**with**	[uíd]	**with my friends**	[uíd mái frens]
sin	**without**	[uidáut]	**without money**	[uidáut máni]
a	**to**	[tu]	**to my house**	[tu mái jáus]
de	**from**	[from]	**from Lupe**	[from lúpe]
en	**in**	[in]	**in California**	[in california]
para	**for**	[for]	**for the family**	[for de fámili]
por	**by**	[bái]	**by the chair**	[bái de chéar]

ADVICE!

- Mira las otras traducciones:

de	**of**	[av]	**He's the President of Mexico.**
			[jis de président av méxico]
	from	[from]	**It's from María.**
			[ets from maría]
en	**at**	[at]	**She's at my house.**
			[chis at mái jáus]
	on	[on]	**It's on television.**
			[ets on televíchen]
	in	[in]	**He's in the bathroom.**
			[jis in de bázrum]

Singular and Plural
[síniular and plúral]
(Singular y plural)

Tomemos unos minutos para repasar cómo se forma el singular y el plural en inglés. Esta es la información más importante:

• Pon **the** [de] ("el", "la", "los" o "las") delante de las palabras que nombran las cosas, las personas y los lugares. En general, **the** indica cosas que ya están entendidas. Se usa **the** con palabras singulares o plurales:

Look at the teacher.
[luc at de tícher]
Look at the teachers.
[luc at de tíchers]

She is at the school.
[chi es at de scul]
They are at the schools.
[dei ar at de sculs]

• Pon **a** [a] o **an** [an] ("un" o "una") delante de nombres de cosas, lugares y personas cuando éstos se refieren a cualquier cosa, lugar o persona. Siempre se usan con palabras singulares. Recuerda que **an** sólo va antes de las palabras que comienzan con las vocales **a**, **e**, **i**, **o**, **u**.

This is a book.
This is an apple.

[dis es a buc]
[dis es an ápel]

• Para hablar de muchas cosas (el plural), pon casi siempre la terminación **s** o **es** en la palabra singular.

Look at the chair.
[luc at de chéar]
Look at the watch.
[luc at de uách]

Look at the chairs.
[luc at de chéars]
Look at the watches.
[luc at de uáchis]

• Recuerda que algunas palabras en inglés tienen una forma de plural irregular.

Look at the man.
[luc at de man]

Look at the men.
[luc at de men]

Look at the child.
[luc at de cháil]

Look at the children.
[luc at de chíldren]

Look at the tooth.
[luc at de tus]

Look at the teeth.
[luc at de tis]

Look at the foot.
[luc at de fut]

Look at the feet.
[luc at de fit]

¿Y los artículos indefinidos?

un libro	**a book**	[a buc]
unos libros	**some books**	[sam bucs]
un gato	**a cat**	[a cat]
unos gatos	**some cats**	[sam cats]

 ## HOW DO YOU WRITE IT?

• Mira lo que pasa con los sustantivos que terminan con una consonante seguida de **y**: en el plural la **y** se cambia por la terminación **ies**.

una mosca	**one fl<u>y</u>**	[uán flái]
dos moscas	**two fl<u>ies</u>**	[tu fláis]

• La mayoría de los sustantivos que terminan en **f** o **fe** en inglés, cambian su terminación en plural a la terminación **ves**.

half—halves	[jaf—javs]
knife—knives	[náif—náivs]
wife—wives	[uáif—uáivs]

• Los sustantivos terminados en la letra **o** y que están precedidos por una consonante, forman el plural con la terminación **es**.

potato—potatoes	[potéito—potéitos]
hero—heroes	[jíro—jíros]

• Estudia los sustantivos que tienen plurales irregulares. Tendrás que memorizártelos:

sheep—sheep	[chiip—chiip]
man—men	[man—men]
mouse—mice	[máus—máis]
foot—feet	[fut—fit]
ox—oxen	[ox—óxen]
woman—women	[uóman—uímen]
child—children	[cháil—chíldren]
tooth—teeth	[tus—tis]
goose—geese	[gus—guis]

I BET YOU CAN!

6. Escribe la forma plural de las siguientes palabras.

book	*books*
box	*boxes*
class	_____
brother	_____
friend	_____
cousin	_____
watch	_____
cafeteria	_____
door	_____
window	_____
wish	_____
teacher	_____
pencil	_____
pen	_____
ox	_____
sheep	_____
lunch	_____
tooth	_____
man	_____
hero	_____

(Las respuestas están en la página 329.)

This and That [dis an dat]
(Esto y aquello)

Repasa estas palabras importantes antes de seguir adelante.

ese, esa, aquel, aquello, aquella	***that*** [dat]
That American friend.	[dat américan fren]
Ese amigo americano.	
estos o estas	***these*** [dis]
These small cars.	[dis smol cars]
Estos carros pequeños.	
este o esta	***this*** [dis]
This yellow paper.	[dis iélou péipar]
Este papel amarillo.	
esos, esas, aquellos, aquellas	***those*** [dóus]
Those big men.	[dóus bic men]
Esos hombres grandes.	

🗣 HOW DO YOU PRONOUNCE IT?

Si se trata de pronombres, se añade ***one***.

Quiero éste y ése.   ***I want this one and that one.***
[ái uánt dis uán an dat uán]

I BET YOU CAN!

7. A ver si te acuerdas. Cambia estas frases al plural:

the house	*the houses*
the bathroom	_____
that car	_____
a friend	_____
this chair	_____

(Las respuestas están en la página 329.)

Do You Have a Question?
[du iú jav a cuéschen]
(¿Tienes alguna pregunta?)

Las palabras y frases interrogativas son muy poderosas en inglés.

¿Cuántos?	*How many?*	[jáo méni]
¿Cuántos días?	*How many days?*	[jáo méni déis]
¿Cuánto?	*How much?*	[jáo mach]
¿Cuánto cuesta?	*How much does it cost?*	
	[jáo mach das et cost]	
¿Cómo?	*How?*	[jáo]
¿Cómo estás?	*How are you?*	[jáo ar iú]
¿Qué?	*What?*	[uát]
¿Qué pasa?	*What's happening?*	
	[uáts jápenin]	
¿Dónde?	*Where?*	[uéar]
¿Dónde está?	*Where is it?*	[uéar es et]
¿Cuál?	*Which?*	[uích]
¿Cuál es?	*Which one?*	[uích uán]
¿Cuándo?	*When?*	[uén]
¿Cuándo es la fiesta?	*When is the party?*	
	[uén es de párti]	
¿Quién?	*Who?*	[ju]
¿Quién es ella?	*Who is she?*	[ju es chi]
¿De quién?	*Whose?*	[jus]
¿De quién es el carro?	*Whose car is it?*	[jus car es et]

ADVICE!

• Ten en cuenta que no todas las frases interrogativas pueden ser traducidas literalmente. Aquí tienes un ejemplo:

How old are you?   ¿Cuántos años tienes?
[jáo old ar iú]   (En vez de "¿Cuán viejo eres?")

- ¿Por qué? es **why?** [uái]. Para responder usa la palabra **because...**

  ¿Por qué está él en la casa?   **Why is he at home?**
  [uái es ji at jóum]

  Porque está enfermo.   **Because he is sick.**
  [bicós ji es sic]

- Combina las palabras que ya conoces para crear nuevas frases interrogativas:

¿De dónde?	**From where?**	[from uéar]
¿Para cuándo?	**For when?**	[for uén]
¿A quién?	**To whom?**	[tu jum]
¿Con qué?	**With what?**	[uít uát]

- Nota la diferencia para hacer preguntas en el plural:

  ¿Cuál es?   **Which one is it?**
  [uích uán es et]

  ¿Cuáles son?   **Which ones are they?**
  [uích uáns ar déi]

  ¿De quién es?   **Whose is it?**
  [jus es et]

  ¿De quiénes son?   **Whose are they?**
  [jus ar déi]

- Sigue esta fórmula para conducir una entrevista:

  ¿Cuál es tu...?   **What's your...?**   [uáts iór]

nombre	**name**	[néim]
dirección	**address**	[ádres]
número de teléfono	**phone number**	[fóun námber]
fecha de nacimiento	**date of birth**	[déit av bérs]
edad	**age**	[éich]
lugar de nacimiento	**place of birth**	[pléis av bérs]
seguro social	**social security**	[sóchial secúriti]
licencia de conducir	**driver's license**	[dráivers láisens]
correo electrónico	**e-mail address**	[ímeil ádres]

Tell Me Your Name! [tel mi iór néim]
(¡Dime tu nombre!)

Cuando te dirijas hacia otras personas por su nombre, te ayudará mucho ser capaz de pronunciar esos nombres correctamente, pues esto hace que la gente se sienta más cómoda. También recuerda que la mayoría de los norteamericanos sólo usan el apellido del padre:

Primer nombre **First name**	**Mary** [férst néim]
Apellido paterno **(Father's) last name**	**Smith** [fáders las néim]

 ADVICE!

- **What is your name?** [uát es iór néim] significa ¿Cómo te llamas? o ¿Cuál es tu nombre? en español.
- A veces, los norteamerianos, mencionan su **middle name** [mídel néim] o segundo nombre:

   Mary <u>Ann</u> Smith

- Cuando una mujer se casa, usualmente ella se cambia el apellido paterno por el del esposo:

   Mary Ann Smith se casa con **John David Jones**
   Ahora se llama **Mary Ann Jones**

HOW DO YOU WRITE IT?

• Cuando escribes exclamaciones o preguntas en inglés, no necesitas poner los signos al principio:

How are you?	¿Cómo está?
Good-bye!	¡Adiós!

I BET YOU CAN!

¡Contesta estas preguntas en voz alta!

What's your name?
What's your address?
How old are you?
Who is your friend?
Whose book is this?

(Answers will vary.)

The Answers [de ánsers]
(Las respuestas)

Cuando te hagan todas estas **questions** [cuéschens] en inglés, tú deberás saber cómo responder. Aquí tienes las formas más informales.

¿Cómo estás?	**How are you?**	
aburrido	**bored**	[bord]
así-así	**not bad**	[nat bad]
bien	**fine**	[fáin]
cansado	**tired**	[táird]
enfermo	**sick**	[sic]
feliz	**happy**	[jápi]
mal	**not well**	[nat uél]
más o menos	**pretty good**	[príti gud]
preocupado	**worried**	[uórid]
regular	**OK**	[oquéi]
triste	**sad**	[sad]

Ahora, repasa las palabras básicas de lugar, y no tengas miedo de apuntar con el dedo:

¿Dónde está?	*Where is it?*	[uéar es et]
abajo	*down*	[dáun]
adelante	*straight ahead*	[stréit ajéd]
adentro	*inside*	[insáid]
afuera	*outside*	[autsáid]
a la derecha	*to the right*	[tu de ráit]
a la izquierda	*to the left*	[tu de left]
al lado	*next to* o *beside*	[next tu, bisáid]
allá	*way over there*	[uéi over der]
allí	*there*	[der]
aquí	*here*	[jir]
arriba	*up*	[ap]
cerca	*near* o *close to*	[níar, clóus tu]
debajo	*under* o *below*	[ánder, bilóu]
detrás	*behind*	[bijáind]
encima	*above* o *on the top*	[abóv, on de top]
en el fondo	*at the bottom*	[at de bótom]
enfrente	*in front*	[in front]
lejos	*far*	[far]

¡Todos conocen las palabras relacionadas con la gente! ¿Todavía estás apuntando?

¿Quién lo hizo?	*Who did it?*	[ju did et]
Yo	*I did!*	[ái did]
Usted o Tú	*You did!*	[iú did]
El	*He did!*	[ji did]
Ella	*She did!*	[chi did]
Ellos o Ellas	*They did!*	[déi did]
Ustedes	*You* o *You guys did!*	[iú, iú gáis did]
Nosotros	*We did!*	[uí did]
¿De quién es?	*Whose is it?*	[jus es et]
Es	*It's*	[ets]
mi	*my...*	[mái]
tu	*your...*	[iór]
su (de ustedes)	*your...*	[iór]
su (de él)	*his...*	[jis]
su (de ella)	*her...*	[jer]
su (de ellos)	*their...*	[déar]
nuestro	*our...*	[áur]

¿Para quién?	**For whom?**	[for jum]
Para...	**For...**	[for]
mí	**me**	[mi]
usted o ti	**you**	[iú]
él	**him**	[jim]
ella	**her**	[jer]
ustedes	**you**, **you guys**	[iú, iú gáis]
ellos o ellas	**them**	[dem]
nosotros	**us**	[as]

ADVICE!

- Unas cuantas palabras de lugar que son frases completas:

enfrente de	**in front of**	[in front av]
encima de	**on top of**	[on top av]

- Cuando estés hablando acerca de más de una persona o cosa, los adjetivos posesivos no cambian de forma.

Son mis amigas.	Son nuestros amigos.
They are <u>my</u> friends.	**They are <u>our</u> friends.**
[déi ar mái frens]	[déi ar áur frens]

- Los pronombres pueden ser usados en referencia a las cosas y a la gente:

¿Y los libros, dónde están ellos?
And the books, where are they?
[an de bucs, uéar ar déi]

- **It** [et] es otro pronombre. Siempre indica una cosa, concepto o animal.

The car? It is great!	[de car? et es gréit]
The dog? It is great!	[de doc? et es gréit]
Love? It is great!	[lav? et es gréit]

- ¡Nota como no hay diferencia en inglés entre la forma informal (tú) y la forma formal (usted)!

You are Tony.	Tú eres Antonio.
[iú ar tóni]	Usted es Antonio.

• Fíjate en todas la diferentes maneras en que estos pronombres pueden ser usados en inglés. Estaremos practicando cada una de estas maneras más adelante.

> Yo quiero mi libro, así que démelo a mí. Es mío.
> **I want my book, so give it to me. It's mine.**
> [ái uánt mái buc, sóu guív et tu mi. Ets máin]

• ¿Quién sabe? Podrías necesitar un pronombre reflexivo de vez en cuando. Aquí tienes una lista. Practica todo sin preocuparte por la gramática:

yo mismo, misma	**myself**	[maisélf]
usted, tú mismo, misma	**yourself**	[iorsélf]
él mismo	**himself**	[jimsélf]
ella misma	**herself**	[jersélf]
ustedes mismos, mismas	**yourselves**	[iorsélfs]
ellos mismos, ellas mismas	**themselves**	[demsélfs]
nosotros mismos, nosotras mismas	**ourselves**	[aursélfs]

Lo hizo ella misma.	**She did it herself.** [chi did et jersélf]
Lo hice yo mismo.	**I did it myself.** [ái did et maisélf]
Lo hicimos nosotros mismos.	**We did it ourselves.** [uí did et aursélfs]

• Ahora, trata con estas otras palabras que representan posesión. ¿Sabes lo que significan?

mío o mía	**mine** [máin]
¿El dinero? Es mío.	**The money? It's mine.** [de máni? ets máin]
suyo o suya	**yours, his, hers, theirs** [iórs, jis, jers, déars]
¿La silla? Es suya.	**The chair? It's hers.** [de chéar? ets jers]

• Crea tu propio grupo de tres o cuatro expresiones favoritas y úsalas todo el tiempo.

al revés	**backwards**	[bácuerds]
boca abajo	**upside down**	[ápsaid dáun]
el otro lado	**the other side**	[de áder sáid]

I BET YOU CAN!

Traduce y practica:

Me? **My name is Susan.**

_____

Her? **Her name is Kathy.**

_____

Us? **Our names are Susan and Kathy.**

_____

ADVICE!

• Si algo o alguien le pertenece a alguna persona o cosa, añade una **'s** al nombre del propietario. (Es decir, para formar el posesivo de cualquier palabra en singular, hay que añadir una **'s**.)

Es el perro del estudiante. **It is the student's dog.**
Es el gato del jefe. **It is the boss's cat.**

• Ahora, para formar el posesivo de cualquier palabra en plural que termina en **s**, basta con añadir un **'**.

Es el perro de los estudiantes. **It is the students' dog.**
Es el gato de los jefes. **It is the bosses' cat.**

• Finalmente, para formar el posesivo de cualquier palabra en plural que _no_ termina en **s**, hay que añadir una **'s**.

Estas son tiendas de mujeres.
These are women's stores.

• Nota que no tienes que mencionar el objeto de posesión:

Es el libro de Bob.
It's Bob's book. **It's Bob's.**
Ella está en la oficina del médico.
She's at the doctor's office. **She's at the doctor's.**

• Aquí tienes una tabla muy útil:

yo	*I*	[ái]	tú o usted	*you*	[iú]
mi	*my*	[mái]	tu o su	*your*	[iór]
mío	*mine*	[máin]	tuyo o suyo	*yours*	[iórs]
para mí	*to me*	[tu mi]	para ti o usted	*to you*	[tu iú]
él	*he*	[ji]	ella	*she*	[chi]
su	*his*	[jis]	su	*her*	[jer]
suyo	*his*	[jis]	suya	*hers*	[jers]
para él	*to him*	[tu jim]	para ella	*to her*	[tu jer]
nosotros	*we*	[uí]	ustedes	*you*	[iú]
nuestro	*our*	[áur]	de ustedes	*your*	[iór]
el nuestro	*ours*	[áurs]	lo de ustedes	*yours*	[iórs]
para nosotros	*to us*	[tu as]	para ustedes	*to you*	[tu iú]
	ellos	*they*	[déi]		
	de ellos	*their*	[déar]		
	lo de ellos	*theirs*	[déars]		
	para ellos	*to them*	[tu dem]		

When Is It? [uén es et]
(¿Cuándo es?)

Para comunicarte bien en un idioma extranjero, deberás incluir vocabulario referente a palabras que indican momento o tiempo:

ahora	*now*	[náu]
antes	*before*	[bifór]
ayer	*yesterday*	[iésterdei]
de la mañana	*A.M.*	[ei em]
de la tarde	*P.M.*	[pi em]
desde	*since*	[síns]
después	*after*	[áfter]
durante	*during*	[diúrin]
entonces	*then*	[den]
hasta	*until*	[antíl]
hoy	*today*	[tudéi]
luego	*later*	[léiter]
mañana	*tomorrow*	[tumárou]
mientras	*while*	[uáil]

nunca	**never**	[néver]
pronto	**soon**	[sun]
siempre	**always**	[álueis]
tarde	**late**	[léit]
temprano	**early**	[érli]
todavía	**yet**	[iét]
recién	**lately**	[léitli]

What Time Is It? [uát táim es et]
(¿Qué hora es?)

¿Por qué no te tomas algunos *minutes* [mínits] para repasar tu habilidad para decir la hora? Para contestar, simplemente da la hora, seguida por los minutos. Por ejemplo, seis y quince es *six-fifteen*.

Lee en voz alta estos ejemplos:

Son las...	**It's...**	[ets]
A las...	**At...**	[at]
3:40	**three-forty**	
10:30	**ten-thirty**	
12:10	**twelve-ten**	

- Estudia estas oraciones importantes:

No llegue tarde.
Don't be late.   [dont bi léit]

Llegamos con anticipación.
We're early.   [uír érli]

Siento mucho llegar tarde.
I'm so sorry I'm late.   [am sóu sóri am léit]

Trabajan hasta tarde.
They work late.   [déi uérc léit]

Tu reloj está adelantado.
Your clock is fast.   [iór clac es fast]

Tu reloj de pulsera es lento.
Your watch is slow.   [iór uách es slóu]

Estamos retrasados.
We're running late.   [uír ránin léit]

HOW DO YOU PRONOUNCE IT?

Pronuncia cada palabra bien. No te apures:

when	[uén]
why	[uái]
which	[uích]
what	[uát]
where	[uéar]

What Is the Date? [uát es de déit]
(¿Cuál es la fecha?)

¿Recuerdas las palabras en el calendario? Deberías estar diciéndolas todos los días:

Los días de la semana
Days of the Week [déis av de uíc]

lunes	**Monday**	[mándei]
martes	**Tuesday**	[tiúsdei]
miércoles	**Wednesday**	[uénsdei]
jueves	**Thursday**	[zérsdei]
viernes	**Friday**	[fráidei]
sábado	**Saturday**	[sáderdei]
domingo	**Sunday**	[sándei]

Los meses del año
Months of the Year [mans av de íer]

enero	**January**	[llánueri]
febrero	**February**	[fébrueri]
marzo	**March**	[márch]
abril	**April**	[éiprol]
mayo	**May**	[méi]
junio	**June**	[llun]
julio	**July**	[llulái]
agosto	**August**	[águest]
septiembre	**September**	[septémber]
octubre	**October**	[octóber]
noviembre	**November**	[novémber]
diciembre	**December**	[dicémber]

ADVICE!

- El fin de semana es el **weekend.**   [uíquen]
- Para decir la hora exacta, usa **o'clock.**   [oclác]

Son la dos.	**It's two o'clock.**	[ets tu oclác]
A las ocho.	**At eight o'clock.**	[at éit oclác]

- Examina estas otras frases de tiempo:

un cuarto para	**a quarter till**	[a cuórter til]
y media	**half past**	[jaf pas]
de la noche	**in the evening**	[in de ívnin]
a mediados de	**in the middle of**	[in de mídel av]
medianoche	**midnight**	[mídnait]
mediodía	**noon**	[nun]
en punto	**on the dot**	[on de dat]
anoche	**last night**	[las náit]
el próximo mes	**next month**	[next mándt]
la semana pasada	**last week**	[las uíc]
hace una hora	**an hour ago**	[an áur egó]
pasado mañana	**the day after tomorrow**	
	[de déi áfter tumárou]	
anteayer	**the day before yesterday**	
	[de déi bifór iésterdei]	

- Tú también necesitarás los números ordinales:

El cuatro de junio	**June fourth**
	[llun fórdt]
El seis de octubre	**October sixth**
	[octóber síxdt]
El catorce de febrero	**February fourteenth**
	[fébrueri fortíndt]

- Lee estos dos números separadamente:

2,020	**two thousand twenty**

I BET YOU CAN!

8. Conecta estas palabras opuestas:

sick	*never*
tomorrow	*happy*
sad	*after*
always	*today*
before	*fine*

9. Dilo en inglés:

11:45 P.M.
November 2, 2001
On Monday, at noon.

10. Llena los espacios en blanco:

January, February, _____, April, May, _____

Tuesday, Wednesday, _____, Friday, Saturday,

_____

(Las respuestas están en la página 329.)

HOW DO YOU WRITE IT?

Prueba estos pequeños consejos sobre el uso de letras mayúsculas (**capital letters**) en inglés:

• La primera palabra de la oración siempre se escribe con letra mayúscula.

> ¿Cómo estás?   **How are you?**

• Los nombres propios de personas, lugares y cosas siempre se escriben con letra mayúscula:

> Juan es de Cuba.   **John is from Cuba.**

• Los nombres de los días de la semana y los meses del año se escriben siempre con letra mayúscula:

> lunes y martes   **Monday and Tuesday**

• Los nombres de religiones, nacionalidades e idiomas se escriben siempre con letra mayúscula:

español, inglés y francés **Spanish, English, and French**

• Las primeras letras de las palabras claves en los títulos de los libros u obras de arte también son escritas con letra mayúscula.

Me encanta el libro **English for Latinos.**

• Recuerda que las palabras en inglés no llevan acentos. Los signos ˜ (ñ) y ¨ (ü) tampoco existen.

The Interview [de ínterviu]
(La entrevista)

La verdad es que tú siempre puedes aprender a comunicarte cuando estás forzado a hacerlo. Continúa entrevistando a las personas que conozcas y dominarás el idioma en poco tiempo. Así es como deberás proceder:

Buenos días, señor. **Good morning, sir.**
[gud mórnin, ser]

Soy estudiante de inglés. **I am an English student.**
[ái am an ínglech stiúden]

¿Podría hacerle algunas preguntas? **May I ask you some questions?**
[méi ái asc iú sam cuéschens]

Traduce mientras repasas:

Where do you live? **There, in that house.**
What's your name? **Bob Brown.**
And how old are you? **I'm thirty.**

ADVICE!

• Para estar seguro de que estás preparado para seguir adelante, añade un grupo más de expresiones antes de comenzar con los verbos y la estructura de las oraciones.

algo	***something***	[sámsin]
alguien	***someone***	[sámuan]
cualquier cosa	***anything***	[énisin]
cualquier persona	***anyone***	[éniuan]
nada	***nothing***	[násin]
nadie	***no one***	[no uán]
todo	***everything***	[évrizin]
todo el mundo	***everyone***	[évriuan]
en alguna parte	***somewhere***	[sámuer]
en cualquier parte	***anywhere***	[éniuer]
en ninguna parte	***nowhere***	[nóuer]
en todas partes	***everywhere***	[évriuer]

GRAMMAR

• Se usan las palabras ***someone, somebody, something*** y ***somewhere*** en las oraciones afirmativas:

Estoy buscando algo.
I'm looking for something.
[am lúquin for sámsin]

• Se usan las palabras ***anyone, anybody, anything*** y ***anywhere*** en las oraciones negativas:

No puedo ver nada.
I can't see anything.
[ái cant si énisin]

• Estas palabras son sinónimas:

someone	=	***somebody***	[sámbadi]
no one	=	***nobody***	[nóbadi]
everyone	=	***everybody***	[évribadi]
anyone	=	***anybody***	[énibadi]

How Is the Weather? [jáo es de uéder]
(¿Cómo está el tiempo?)

¿Puedes llevar a cabo una conversación abreviada? Por lo menos aprende a hacer comentarios sobre el tiempo:

Esta es mi estación favorita.	**This is my favorite season.** [dis es mái féivorit síson]	
Es...	**It's...**	[ets]
la primavera	**spring**	[sprin]
el verano	**summer**	[sámer]
el otoño	**fall**	[fol]
el invierno	**winter**	[uínter]
Hace...	**It's...**	[ets]
buen tiempo	**nice weather**	[náis uéder]
calor	**hot**	[jat]
frío	**cold**	[cold]
sol	**sunny**	[sáni]
viento	**windy**	[uíndi]
Está...	**It's...**	[ets]
brumoso	**foggy**	[fógi]
despejado	**clear**	[clíer]
granizando	**hailing**	[jéilin]
helado	**icy**	[áisi]
húmedo	**humid**	[iúmid]
lloviendo	**raining**	[réinin]
lloviznando	**drizzling**	[drízlin]
nevando	**snowing**	[snóuin]
nublado	**cloudy**	[cláudi]
templado	**warm**	[uórm]
tormentoso	**stormy**	[stórmi]

Word Search Puzzle 1
(La hora, el calendario y el clima)

Busca las palabras escondidas:

HOUR	TUESDAY	JUNE
MINUTE	THURSDAY	SEPTEMBER
WEEK	SUNDAY	DECEMBER
MONTH	JANUARY	SPRING
MONDAY	MARCH	CLOUDY

```
G  U  E  T  S  A  H  N  S  R  Y  A  A  O  O  S
T  E  I  S  R  C  J  M  Y  A  W  E  I  G  F  S
S  A  Y  N  R  N  S  I  D  P  E  R  L  S  P  N
K  H  N  A  H  A  T  N  F  D  E  R  E  F  J  S
S  N  M  M  O  H  O  U  R  B  K  Y  Z  F  Q  R
Q  R  S  O  A  M  C  T  M  G  A  L  H  R  G  E
K  N  R  H  N  E  Q  E  Q  D  N  J  E  G  C  R
A  O  R  O  N  T  T  L  S  X  P  B  N  A  U  S
X  D  T  U  D  P  H  E  W  P  M  Y  G  U  E  C
I  L  J  R  E  M  U  S  P  E  R  D  R  T  M  E
N  H  M  S  Z  T  R  N  C  A  E  I  Z  O  C  H
R  H  O  U  C  L  S  E  U  L  Y  L  N  Y  H  P
S  I  P  N  E  F  D  N  N  R  O  R  R  G  E  Q
S  O  O  D  D  P  A  O  F  N  S  U  N  T  E  E
C  T  E  A  A  J  Y  S  C  H  W  S  D  R  E  G
L  V  E  Y  N  W  T  S  M  W  N  E  T  Y  K  R
```

(Las respuestas están en la página 339.)

AM, IS, and ARE
[am, es, an ar]
(Soy, eres, es y somos)

Para tener una conversación normal, necesitarás las palabras **am**, **is** y **are**. Estas palabras se derivan del verbo **to be** [tu bi] que en español se traduce como "ser" o "estar". Ponles mucha atención:

I am...	[ái am]	Yo soy/estoy
He or She is...	[ji or chi es]	El o Ella es/está
You are...	[iú ar]	Tú eres/estás o Ustedes son/están
They are...	[déi ar]	Ellos o Ellas son/están
We are...	[uí ar]	Nosotros somos/estamos

Mira los diferentes usos:

John is big.		
Juan es grande.	(descripción)	
Mary is in the house.		
María está en la casa.	(ubicación)	
Are you O.K.?		
¿Estás bien?	(sentimiento)	
I am Victor.		
Soy Víctor.	(nombre)	
Are they doctors?		
¿Son médicos?	(ocupación)	
We are from Cuba.		
Somos de Cuba.	(origen)	
She is Puerto Rican.		
Ella es puertorriqueña.	(nacionalidad)	
Who is working?		
¿Quién está trabajando?	(acción)	
You are my friends.		
Son mis amigos.	(información)	

HOW DO YOU WRITE IT?

Recuerda que muchas personas aplican la "Regla de Combinar" con *am, is, are*:

> *I'm a student.*
> *You're correct.*
> *He's Mexican.*
> *We're intelligent.*
> *They're in the office.*

ADVICE!

• No se pueden usar las formas verbales solas. Tienes que mencionarlas con el nombre o el pronombre. Por ejemplo:

<u>**You**</u> **are fine.**	[iú ar fáin]	Estás bien.
<u>**He**</u> **is fine.**	[ji es fáin]	Él está bien.
<u>**I**</u> **am fine.**	[ái am fáin]	Estoy bien.

• A veces *am*, *is* y *are* no corresponden a "ser" o "estar". Observa:

It is cold.	[et es cold]	Hace frío.
I am hungry.	[ái am jángri]	Tengo hambre.
There are two apples.	[der ar tu ápels]	Hay dos manzanas.

• Usa *is* [es] cuando hables de *it* [et] (una cosa):

It is a chair.	[et es a chéar]	Es una silla.
It is important.	[et es impórtan]	Es importante.
It's five o'clock.	[ets fáiv oclác]	Son las cinco.

• *Are* [ar] es muy importante en inglés, porque aunque lo puedes usar con *You* [iú] (tú), también lo decimos cuando hablamos de "más de uno" (ustedes, ellos, nosotros, etc.):

You are my friend. [iú ar mái fren]	Tú eres mi amigo.
You are my friends. [iú ar mái frens]	Ustedes son mis amigos.
They are Americans. [dei ar américans]	Ellas son americanas.
We are intelligent. [uí ar intélichent]	Nosotros somos inteligentes.

HOW DO YOU PRONOUNCE IT?

Para hacer las preguntas con *am*, *is* o *are* en inglés, pon estas palabras antes de todo, y sube la voz al final de la frase:

> *Is Richard a STUDENT?*
> *Are you HAPPY?*

I BET YOU CAN!

11. A ver si puedes traducir algunas frases del inglés al español:

> *I am a student.*
> *He is Mexican.*
> *You are my friend.*
> *Kathy is in the hospital.*
> *The students are intelligent.*
> *Susan and Carol are ten.*
> *We are very happy.*
> *Are you and John hot?*
> *Is it ten-fifteen?*
> *Is there a problem?*

12. Llena los espacios en blanco con *am*, *is* o *are*:

> *My friend _____ an excellent doctor.*
> *The boys _____ in the car.*
> *Mary's party_____ at 7:30 tonight.*
> *I _____ twenty, and he _____ thirty.*
> *_____ you a student?*
> *Where _____ the tables?*

(Las respuestas están en la página 329.)

Not [nat]
(No)

Ponemos *not* [nat] después de *am*, *is* y *are* para decir "no":

I am not sick. [ái am nat sic]	No estoy enfermo.
She is not in the house. [chi es nat in de jáus]	Ella no está en la casa.
We are not from Texas. [uí ar nat from téxas]	No somos de Texas.

Y puedes juntar palabras con la Regla de Combinar (las contracciones):

He isn't here. [ji esnt jir]	El no está aquí.
We aren't teachers. [uí árent tíchers]	No somos maestros.
It isn't green. [et esnt grin]	No es verde.

ADVICE!

- Usa la palabra *any* para indicar la idea de "ninguno":

There aren't any books. [der árent éni bucs]	No hay libros.
There isn't any water. [der esnt éni uáter]	No hay agua.

- Estas cuatro palabras trabajan bien con *is* y *are*:

This isn't big. [dis esnt bic]	Esto no es grande.
That isn't small. [dat esnt smol]	Eso no es pequeño.
These aren't my pens. [dis árent mái pens]	Estas no son mis plumas.
Those aren't my pencils. [dóus árent mái pénsils]	Esos no son mis lápices.

I BET YOU CAN!

13. *Translate!* [tránsleit] (¡Traduce!)

> *Mr. Smith isn't here.*
> *The books aren't blue.*
> *I'm not from Chile.*
> *It's not important.*
> *This isn't my soda.*

14. ¡Di que NO con *NOT*! Completa las frases:

> *I am from Spain.*   *I am not from Spain.*
> *Charlie is my brother.* *Charlie is not my brother.*
> *We are in the hospital.* *We* _____
> *It is seven o'clock.*   _____
> *They are hungry.*   _____

(Las respuestas están en la página 330.)

Spanish in Action! [spánich in ákchon] (¡El español en acción!)

Aunque la forma del verbo *to be* [tu bi] es muy usable, no expresa acción. Cuando aprendas a usar los verbos en inglés, podrás hablar acerca de lo que está pasando en el mundo a tu alrededor.

Empecemos con una lista simple:

caminar	*to walk*	[tu uóc]
comer	*to eat*	[tu it]
correr	*to run*	[tu ran]
dormir	*to sleep*	[tu slip]
escribir	*to write*	[tu ráit]
hablar	*to talk*	[tu toc]
ir	*to go*	[tu góu]
lavar	*to wash*	[tu uóch]
leer	*to read*	[tu rid]
limpiar	*to clean*	[tu clin]
manejar	*to drive*	[tu dráiv]
trabajar	*to work*	[tu uérc]

Nunca podrás aprender suficientes palabras de acción en inglés. Al final de este libro encontrarás más de cien verbos en un diccionario especializado, para ser usados como referencia. Cuando te encuentres con un verbo al momento de estar estudiando o practicando, búscalo en inglés o español para que aprendas su origen y significado.

 ADVICE!

• Tú sabes que muchas palabras en inglés se asemejan a su equivalente en español. Esto ocurre con bastante frecuencia en el mundo de los verbos. Mira:

absorber	**to absorb**	[tu absórb]
controlar	**to control**	[tu contról]
plantar	**to plant**	[tu plant]
referir	**to refer**	[tu rifér]
visitar	**to visit**	[tu vísit]

• ¡Cuidado! ¡Las palabras parecidas pero no equivalentes están por todas partes!

to assist	[asíst]	significa ayudar (no asistir)
to embarrass	[embáras]	significa avergonzar (no embarazar)
to contest	[cantést]	significa disputar (no contestar)

• Muchos verbos reflexivos en español son frases completas en el inglés:

acostarse	**to lie down**	[tu lái dáun]
bañarse	**to take a bath**	[tu téic a bas]
levantarse	**to stand up**	[tu stan ap]
secarse	**to dry off**	[tu drái of]
sentarse	**to sit down**	[tu sit dáun]
vestirse	**to get dressed**	[tu guét drest]

Necesito bañarme.
I need to take a bath.
[ái nid tu téic a bas]

¿Quiere sentarse?
Do you want to sit down?
[du iú uánt tu sit dáun]

The Infinitive Form
[de infínitif form]
(La Forma Infinitiva)

El problema al ir aprendiendo todos los nombres (infinitivos) de los verbos en inglés es el hecho de que muchos no se pronuncian como se escriben. Por eso, anda practicando en voz alta:

to eat	[tu it]
to work	[tu uérc]
to write	[tu ráit]
to drive	[tu dráiv]
to run	[tu ran]

Sin embargo (¡buenas noticias!), todos los tiempos verbales repiten la misma palabra clave. Veamos estos ejemplos:

La Forma Infinitiva:

He wants <u>to work</u>.	[ji uánts tu uérc]	Quiere trabajar.
<u>Work</u>!	[uérc]	¡Trabaja!
I'm <u>working</u>.	[am uérquin]	Estoy trabajando.
I <u>worked</u>.	[ai uérkt]	Trabajé.
Joe <u>works</u>.	[llóu uércs]	José trabaja.

Mira—si alguien menciona cualquier frase con **work**, ¡tiene algo que ver con trabajar! Es decir, para entender lo que te están diciendo, escucha la parte de la palabra que incluye "la acción".

También se usa la forma infinitiva del verbo para completar el significado de una variedad de verbos. Estudia los ejemplos:

Quiere trabajar.	***He wants to work.***	[ji uánts tu uérc]
Le gusta dormir.	***He likes to sleep.***	[ji láics tu slip]
Necesita comer.	***He needs to eat.***	[ji nids tu it]

Haz tus propias frases:

He wants _____.
He likes _____.
He needs _____.

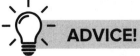

ADVICE!

• A veces deberás usar la forma infinitiva del verbo para completar el significado de una variedad de adjetivos y adverbios:

Es fácil para manejar.	***It is easy to drive.***
	[et es ísi tu dráiv]
Es imposible para leer.	***It is impossible to read.***
	[et es impásibel tu rid]

• Usa la forma infinitiva del verbo después de la frase ***in order*** para expresar la razón o motivo para hacer algo:

I work in order to eat!   [ái uérc in órder tu it]

Demand it! [demánd et]
(¡Ordénelo!)

Una manera muy ventajosa de memorizar la forma básica de los verbos es a través del uso de órdenes o mandatos.

Estas órdenes no son más que verbos en la forma infinitiva. Mira el patrón:

hablar	***to speak***	[tu spic]
¡Hable!	***Speak!***	[spic]
caminar	***to walk***	[tu uóc]
¡Camine!	***Walk!***	[uóc]
escribir	***to write***	[tu ráit]
¡Escriba!	***Write!***	[ráit]
ir	***to go***	[tu góu]
¡Vaya!	***Go!***	[góu]
correr	***to run***	[tu ran]
¡Corra!	***Run!***	[ran]
leer	***to read***	[tu rid]
¡Lea!	***Read!***	[rid]

I BET YOU CAN!

15. Trata por tu cuenta:

caminar	*to walk*	¡Camine!	_____
comer	*to eat*	¡Coma!	_____
limpiar	*to clean*	¡Limpie!	_____

(Las respuestas están en la página 330.)

Y una de las formas más efectivas de usar las formas infinitivas del verbo es combinarlas con frases simples que expresan órdenes. Por ejemplo, mira lo que pasa cuando tú añades estos verbos en la forma infinitiva a la frase **Would you please...** [uód iú plis] que implica "Favor de..."

Favor de...	**Would you please...**
escribir el número	**write the number**
ir a la fiesta	**go to the party**
hablar en inglés	**speak in English**

Aquí tienes otro secreto. Añadiendo la palabra **Don't** al frente del verbo, tú comunicas la orden NO.

Favor de no comer la comida.
Please don't eat the food.

The Imperative Form
[de impératif form]
(La Forma Imperativa)

- La forma imperativa del verbo expresa una orden o pedido. El sujeto "tú" o "ustedes" (**you**, singular o plural) está sobreentendido, pero no es mencionado:

Regresa más tarde.	**(You) Come back later.**
	[cam bac léiter]
Espera afuera.	**(You) Wait outside.**
	[uéit autsáid]

- **Please**, usado al principio o al final de una oración en forma imperativa, hace a la expresión más amable:

Por favor regresa más tarde.	**Please come back later.**
Espera afuera, por favor.	**Wait outside, please.**

- Para dar una orden a más de una persona, usa las mismas palabras.

¡Regresen!	**Come back!**	[cam bac]
¡Esperen!	**Wait!**	[uéit]

- Cualquier palabra puede ser aprendida rápidamente si se practica en conexión con las palabras que expresan una orden. Por ejemplo, para aprenderte los nombres de los muebles, haz que una persona de habla inglesa te ordene tocar, mirar o señalar los objetos alrededor de la casa.

Toque...	**Touch**	**Touch the table.**
	[tach]	[tach de téibol]
Mire...	**Look**	**Look at the lamp.**
	[luc]	[luc at de lamp]
Señale...	**Point to**	**Point to the chair.**
	[póint tu]	[póint tu de chéar]

Aa GRAMMAR

Estudia esta lista de mandatos. ¿Puedes ver el órden de las palabras?

Ayúdeme	*Help me*	[jelp mi]
Démelo	*Give it to me*	[guív et tu mi]
Dígamelo	*Tell it to me*	[tel et tu mi]
Empújelo	*Push it*	[puch et]
Escríbamelo	*Write it for me*	[ráit et for mi]
Hágamelo	*Do it for me*	[du et for mi]
Míreme	*Look at me*	[luc at mi]
Muéstremelo	*Show it to me*	[chóu et tu mi]
Préndalo	*Turn it on*	[tern et on]
Sáquelo	*Take it out*	[téic et áut]
Sígame	*Follow me*	[fólou mi]
Tíremelo	*Throw it to me*	[sróu et tu mi]
Tráigamelo	*Bring it to me*	[brinc et tu mi]

I BET YOU CAN!

16. Cambia las siguientes oraciones a la forma negativa. Mira el ejemplo:

(Sit) there.   *Don't sit there.*
(Give) this to him.   _____
(Close) the door.   _____
(Open) the book.   _____
(Wait) in the other office. _____

Ahora, haz las oraciones del ejercicio previo más amables añadiéndoles ***please*** al principio o al final de cada oración.

(Sit) there.   *(Please sit there.* o *Sit there, please.)*

(Las respuestas están en la página 330.)

Words That Every Latino Should Know
[uérds dat évri latíno chud nóu]
(Palabras que cada latino debiera saber)

Aquí tienes un grupo más de palabras de acción. Estas van a serte muy valiosas, así que ¡no te olvides de leerlas en voz alta!

caminar	*to walk*	[tu uóc]
cerrar	*to close*	[tu clóus]
cocinar	*to cook*	[tu cuc]
comprar	*to buy*	[tu bái]
contestar	*to answer*	[tu ánser]
dar	*to give*	[tu guív]
empezar	*to begin*	[tu biguín]
escuchar	*to listen*	[tu lísen]
estudiar	*to study*	[tu stádi]
hablar	*to speak*	[tu spic]
jugar	*to play*	[tu pléi]
lavar	*to wash*	[tu uóch]
limpiar	*to clean*	[tu clin]
llamar	*to call*	[tu col]
llegar	*to arrive*	[tu aráiv]
llevar	*to carry*	[tu quéri]
mirar	*to look*	[tu luc]
pagar	*to pay*	[tu péi]
parar	*to stop*	[tu stap]
pasar	*to happen*	[tu jápen]
preguntar	*to ask*	[tu asc]
terminar	*to end*	[tu end]
tomar	*to take*	[tu téic]
trabajar	*to work*	[tu uérc]
usar	*to use*	[tu iús]

¡Más, más y más! No te quejes, pues ya hemos visto muchas de ellas antes:

abrir	*to open*	[tu ópen]
aprender	*to learn*	[tu lern]
beber	*to drink*	[tu drinc]
comer	*to eat*	[tu it]
correr	*to run*	[tu ran]
decir	*to say*	[tu séi]
dormir	*to sleep*	[tu slip]
entender	*to understand*	[tu anderstán]
escribir	*to write*	[tu ráit]

ir	*to go*	[tu góu]
leer	*to read*	[tu rid]
morir	*to die*	[tu dái]
poner	*to put*	[tu put]
recibir	*to receive*	[tu risív]
salir	*to leave*	[tu liv]
vender	*to sell*	[tu sel]
venir	*to come*	[tu cam]
ver	*to see*	[tu si]
vivir	*to live*	[tu liv]
volver	*to return*	[tu ritérn]

ADVICE!

- Muchas de las palabras en inglés tienen más de una traducción en español.

jugar	*to play*	[tu pléi]
tocar	*to play (music)*	[tu pléi miúsic]
salir	*to leave (somewhere)*	[tu liv sámuer]
dejar	*to leave (behind)*	[tu liv bijáind]
ahorrar	*to save (things)*	[tu séiv zíngs]
salvar	*to save (a life)*	[tu séiv a láif]
regresar	*to return (somewhere)*	[tu ritérn sámuer]
devolver	*to return (something)*	[tu ritérn sámsin]
saber	*to know (something)*	[tu nóu sámsin]
conocer	*to know (someone)*	[tu nóu sámuan]

- Y no te olvides de estos sinónimos:

contestar	*to answer, to respond*	[tu ánser, tu rispón]
hablar	*to talk, to speak*	[tu toc, tu spic]
ocurrir	*to occur, to happen*	[tu oquér, tu jápen]
terminar	*to end, to finish*	[tu end, tu fínich]
empezar	*to begin, to start*	[tu biguín, tu start]

- Algunos verbos cambian su significado cuando se combinan con otras palabras: ***to get up*** [tu guét ap] (levantarse); ***to get in*** [tu guét in] (entrar).

2

I Practice Every Day!

[ái práctis évri déi]
(¡Yo practico todos los días!)

Welcome to Planet Present Tense
[uélcam tu plánet présen tens]
(Bienvenidos al planeta del Tiempo Presente)

¡Nuestro vuelo hacia el inglés avanzado ha comenzado!

Más adelante se divisa un mundo de verbos con acción en el Tiempo Presente del Indicativo. Este es un lugar visitado frecuentemente y muy conocido por su abundancia de habitantes regulares e irregulares. No tengas miedo, ya que el planeta Tiempo Presente puede ser conquistado fácilmente. Todo lo que necesitas son unos cuantos atajos hacia una comunicación exitosa.

Al momento de entrar en esta útil área de las conjugaciones verbales, agárrate a cuantos verbos infinitivos te sea posible. Si me escuchas, ten la seguridad de que pronto notarás la diferencia. Como siempre, usa la lista de verbos al final de este libro como referencia.

Everyday Actions [évridei ákchons]
(Acciones cotidianas)

En este capítulo, exploraremos el uso de los verbos en el magnífico planeta Tiempo Presente, donde todo pasa repetidamente y en forma regular. Pronto descubrirás que comunicarte con verbos en inglés en las actividades diarias es fácil y divertido. Así que relájate, respira profundamente y ven conmigo.

Primero, en el Tiempo Presente del Indicativo, puedes usar las formas básicas (infinitivos) de los verbos para comunicar tus ideas:

I <u>work</u> there.	Trabajo allí.
You <u>work</u> there.	Trabaja allí.
They <u>work</u> there.	Trabajan allí.
We <u>work</u> there.	Trabajamos allí.

¿Te das cuenta? ¡Solamente necesitas el infinitivo **work** para hablar de mucha gente que trabaja! No olvides, eso sí, que si hablas de una sola cosa o persona, la forma básica cambia pues debes usar una **s** al final:

She works there.	Ella trabaja allí.
He works here.	El trabaja aquí.
My car works O.K.	Mi carro funciona bien.
It works great!	¡Trabaja excelente!

HOW DO YOU WRITE IT?

Mira los ejemplos abajo. Algunas palabras de acción cambian un poco cuando la acción es hecha por una sola persona.

I fish.	*We try.*	*They go.*
Ed fishes.	*Mr. Peterson tries.*	*She goes.*

I BET YOU CAN!

17. Cambia los verbos de la izquierda según el ejemplo:

I work.	<u>José works.</u>
I drive.	**She _____.**
I play.	**Paula _____.**
I write.	**He _____.**
I walk.	**Mr. Smith _____.**

(Las respuestas están en la página 330.)

ADVICE!

• Este sistema es idéntico en todos los verbos regulares en inglés. Estudia las traducciones:

Hablar	***To Speak***	[tu spic]
hablo	***I speak***	[ái spic]
hablas	***You speak***	[iú spic] (singular)
habla	***He speaks, She speaks***	[ji spics, chi spics]
hablan	***You speak*** (plural),	
	They speak	[iú spic, déi spic]
hablamos	***We speak***	[uí spic]

• La tercera persona de la forma singular puede referirse a cualquier objeto o animal:

¡Come mucho!	***It eats a lot!***	[et its a lat]
¡Se mueve!	***It moves!***	[et muvs]

• Aquí puedes ver cómo se construyen tanto la negación como la pregunta. Hablaremos de estas formas muy pronto:

¿Vive en la casa?	***Does he live in the house?***
	[das ji liv in de jáus]
No, no vive en la casa.	***No, he doesn't live in the house.***
	[nóu, ji dásent liv in de jáus]

• A veces el presente indicativo puede ser traducido en forma diferente en el inglés. Por ejemplo:

Yo siempre hablo español.
I always speak Spanish.	[ái álueis spic spánich]
I always do speak Spanish.	[ái álueis du spic spánich]
I'm always speaking Spanish.	[am álueis spíquin spánich]

• Una forma excelente de recordar las formas de conjugar los verbos es escribirlas en pequeñas tarjetas de cartón. En un lado escribe los tiempos del verbo y en el otro lado escribe en letras grandes la forma infinitiva. Tu tarea será tratar de recordar los tiempos del verbo sin voltear la tarjeta. Desarrolla maneras de simplificar tu aprendizaje:

I, You, They, We speak
He, She, It speaks

The Present: More Information
[de présen mor informéichen]
(El Presente: más información)

Estudia y practica este grupo de verbos comunes. Recuerda que sólo requieren una letra extra para conversar en la tercera persona del singular. Necesitas traducir todo sin ayuda:

work	**She works in the office.**
	[chi uércs in de áfis]
write	**Tony writes in Spanish.**
	[tóni ráits in spánich]
sit	**He sits in the chair.**
	[ji sits in de chéar]
eat	**The dog eats meat.**
	[de doc its mit]
sleep	**Frank sleeps a lot.**
	[franc slips a lat]
speak	**Mrs. Martin speaks Spanish.**
	[mísis mártin spics spánich]
walk	**Mr. Smith walks to school.**
	[míster smid uócs tu scul]
drink	**The cat drinks milk.**
	[de cat drincs milc]

A propósito, algunas formas de la tercera persona del singular terminan con las letras **es**. Normalmente son los verbos que terminan con las letras **x**, **z**, **s**, **ch** y **s**. Estudia, por favor:

mirar	**to watch**	**watches**	**He watches TV.**
		[uáchis]	[ji uáchis tiví]
pescar	**to fish**	**fishes**	**She fishes at night.**
		[fíchis]	[chi fíchis at náit]
besar	**to kiss**	**kisses**	**Mary kisses John.**
		[quísis]	[méri quísis llon]

Y no te olvides que algunos verbos son muy raros. En tales verbos, casi todas sus letras cambian en su forma y pronunciación.

tener	**to have**	**has**	**Mike has money.**
		[jas]	[máic jas máni]
hacer	**to do**	**does**	**Sandra does the work.**
		[das]	[sándra das de uérc]
ser	**to be**	**is**	**Bob is my friend.**
		[es]	[bob es mái fren]

¡Sería una buena idea si empiezas a memorizar las palabras que necesitas usar diariamente!

HOW DO YOU PRONOUNCE IT?

Mientras tus palabras básicas sean claras y fuertes, la mayoría de la gente se dará cuenta de lo que estás queriendo decir. Cuando pronuncies las siguientes palabras, recuerda que la **s** suena más como una **z** (inglesa):

jugar	**to play**	**She plays tennis.**
	[tu pléi]	[chi pléis ténis]
correr	**to run**	**He runs fast.**
	[tu ran]	[ji rans fast]
cantar	**to sing**	**She sings well.**
	[tu sing]	[chi sings uél]
vivir	**to live**	**He lives here.**
	[tu liv]	[ji livs jir]
leer	**to read**	**She reads books.**
	[tu rid]	[chi rids bucs]

HOW DO YOU WRITE IT?

Cuando la forma del verbo termina con una consonante junto a la **y**, las últimas letras cambian a **ies**. Así:

estudiar	**study**	**studies**	**She studies English.**
	[stádi]	[stádiz]	[chi stádiz ínglech]

Recuerda que el cambio ocurre en la tercera persona del singular:

tratar	**try**	**tries**	**Bob** _____
	[trai]	[traiz]	
cargar	**carry**	**carries**	**Susan** _____
	[quéri]	[quériz]	
volar	**fly**	**flies**	**Frank** _____
	[flái]	[fláiz]	

¿Pronunciaste la **s** al final de estas palabras más como una **z**?

I BET YOU CAN!

18. Debes saber cómo hacer este ejercicio:

I go	*He goes*
I play	*He plays*
I teach	*He* _____
I study	*He* _____
I drive	*He* _____

19. Repite cada palabra tres veces y busca las traducciones:

wishes	[uíchis]	*boxes*	[báxis]
passes	[pásis]	*watches*	[uáchis]
buzzes	[básis]	*kisses*	[quísis]
searches	[sérchis]	*launches*	[lánchis]
dresses	[drésis]	*teaches*	[tíchis]

20. Practica escuchando y pronunciando los sonidos diferentes para la letra **s**. Hay varias páginas de web (gratuitas) donde se puede practicar su pronunciación. En la lista abajo, escribe **s** o **z** para mostrar como se pronuncia la letra **s**. Mira los ejemplos:

also	s	*was*	_____
busy	z	*class*	_____
this	_____	*his*	_____
these	_____	*goes*	_____
those	_____	*some*	_____

(Las respuestas están en la página 330.)

Aa ✓ GRAMMAR

En inglés, la posición de los pronombres personales casi siempre está al revés. Compara los dos idiomas:

We talk to them.	[uí toc tu dem]	Les hablamos.
I understand you.	[ái anderstán iú]	Te entiendo.
She writes to us.	[chi ráits tu as]	Ella nos escribe.
He has it.	[ji jas et]	El lo tiene.
Do you send them?	[du iú send dem]	¿Los mandas?

CROSSWORD PUZZLE 1
(El Tiempo Presente del Indicativo)

ACROSS
1. vuela
3. mueve
4. se apura
10. llega
12. sale
13. come
14. maneja
15. duerme
18. camina
19. entiende

DOWN
1. pesca
2. trabaja
5. fuma
6. mira
7. baila
8. practica
9. besa
11. se da cuenta
16. canta
17. tiene

(El crucigrama terminado está en la página 340.)

Nothing Like the Present
[názin láic de présen]
(Nada como el Presente)

En el planeta Tiempo Presente, todo lo que escuchas se refiere a actividades regulares y repetitivas. Aprende cada una de estas expresiones que a menudo acompañan a comentarios hechos en el Tiempo Presente del Indicativo.

a diario	*daily*	[déili]
a menudo	*often*	[ófen]
a veces	*sometimes*	[sámtaims]
cada semana	*each week*	[ich uíc]
casi nunca	*seldom*	[séldom]
con frecuencia	*frequently*	[frícuentli]
nunca	*never*	[néver]
siempre	*always*	[álueis]
todo el tiempo	*all the time*	[al de táim]
todos los días	*every day*	[évri déi]
usualmente	*usually*	[iúchuali]

Ahora, ¡pronuncia y traduce estos ejemplos!

They always drive fast.
[déi álueis dráiv fast]
Sometimes he sleeps in the living room.
[sámtaims ji slips in de lívin rum]
We watch TV every day.
[uí uách tiví évri déi]

ADVICE!

• Hay algunas formas verbales que pueden combinarse con infinitivos para expresar mensajes completos e importantes. Mira la columna de la izquierda y nota cómo se combina con infinitivos:

I could...	Podría	*...walk.*	caminar.
[ái cud]		[uóc]	
I like to...	Me gusta	*...sing.*	cantar.
[ái láic tu]		[sing]	
I have to...	Tengo que	*...work.*	trabajar.
[ái jaf tu]		[uérc]	
I need to...	Necesito	*...eat.*	comer.
[ái nid tu]		[it]	

I want to... [ái uánt tu]	Quiero	***...go.*** [góu]	ir.
I should... [ái chud]	Debería	***...study.*** [stádi]	estudiar.
I can... [ái can]	Puedo	***...read.*** [rid]	leer.
I must... [ái mast]	Debo	***...laugh.*** [laf]	reír.

• Mira el poder de esta frase:

Acabo de...	***I just finished...*** [ái llast fínicht]
Acabo de leer.	***I just finished reading.*** [ái llast fínicht rídin]

• Muchos verbos auxiliares solamente tienen una sola forma (el condicional):

Debería...	***I should...*** [ái chud]
Deberías...	***You should*** (singular)... [iú chud]
Debería...	***He should, She should...*** [ji chud, chi chud]
Deberían...	***You should*** (plural), ***They should...*** [iú chud, déi chud]
Deberíamos...	***We should...*** [uí chud]

Es importante saber que el tiempo condicional ***should*** tiene mucha más fuerza en inglés que en español; es decir, cuando alguien te dice ***You should go***, realmente te está diciendo "Debes ir". Hablaremos más del tiempo condicional en el Capítulo 7. Por ahora, mira como cambia la intención cuando se usa ***should***:

Inglés	Traducción	Intención
We should walk. [uí chud uóc]	Deberíamos caminar.	Debemos caminar.
She should not speak. [chi chud nat spic]	No debería hablar.	No debe hablar.
I should write. [ái chud ráit]	Debería escribir.	Debo escribir.

• Para aclarar a quién te estás refiriendo, cuando hagas una pregunta coloca el pronombre personal antes de la forma del verbo:

¿Quiere usted mover la silla?
Do you want to move the chair?

• Recuerda que los verbos regulares no son los verbos auxiliares:

will [uíl] (futuro)	***I will go.***	Iré.
can [can] (habilidad)	***I can go.***	Puedo ir.
may [méi] (posibilidad, permiso)	***I may go.***	Podría ir.
might [máit] (posibilidad)	***I might go.***	Iría.
should, must [chud, mast] (obligación)	***I should go.***	Debo ir.

 HOW DO YOU PRONOUNCE IT?

Hay muchos verbos en inglés que suenan casi igual (***watch-wash*** [uách-uách], ***live-leave*** [liv-liv]). Por ahora, cuando te encuentres en tal situacíon, no contestes con una sola palabra sino con una frase que indique el significado de tu verbo.

I BET YOU CAN!

21. ¡Conéctalas!

dream	nadar
fight	encontrar
find	llorar
help	cortar
swim	besar
should	deber
cut	soñar
cook	ayudar
kiss	pelear
cry	cocinar

(Las respuestas están en la página 330.)

Idiomatic Expressions
[idiomátic expréchons]
(Expresiones idiomáticas)

Mucha gente usa expresiones idiomáticas para expresarse.
Aquí tienes algunos ejemplos que usan verbos en el presente
indicativo. ¿Puedes traducirlos?

to put on	ponerse	*I always put on my shoes.* [ái álueis put on mái chus]
to take off	quitarse	*She often takes off her jacket.* [chi ófen téics of jer lláquet]
to get on	subirse	*They get on the big bus.* [déi guét on de bic bas]
to get off	bajarse	*We get off here.* [uí guét of jir]
to turn on	prender	*He turns on the light.* [ji terns on de láit]
to turn off	apagar	*You turn off the TV.* [iú tern of de tiví]

ADVICE!

• Una expresión puede tener más de una traducción. Por ejemplo,
to get off significa bajarse o salir del trabajo:

I get off at eight. [ái guét of at éit]	Salgo del trabajo a las ocho.
I get off the subway. [ái guét of de sábuei]	Me bajo del metro.

• Y mira lo que pasa con la palabra *take* [téic] cuando cambiamos
la preposición al final:

to take off [tu téic of]	quitarse, despegar
to take out [tu téic áut]	sacar, llevarse algo, salir con alguien

to take up [tu téic ap]	empezar, emprender, ocupar
to take on [tu téic on]	retar, desafiar
to take in [tu téic in]	comprender, acoger

- Aquí tienes más expresiones. Dilas en voz alta:

to give in [tu guív in]	rendirse	*I always give in to my friends.*
to find out [tu fáind áut]	descubrir	*Can you find out who he is?*
to look for [tu luc for]	buscar	*Please look for my book.*

- ¿Has visto cuántas expresiones idiomáticas son verbos reflexivos en español?

burlarse de	***to make fun of***	[tu méic fan av]
caerse	***to fall down***	[tu fol dáun]
cansarse de	***to get tired of***	[tu guét táird av]
darse prisa	***to hurry up***	[tu jári ap]
dormirse	***to fall asleep***	[tu fol aslíp]
olvidarse de	***to forget about***	[tu forguét abáut]
preocuparse	***to worry about***	[tu uóri abáut]

They make fun of me because I always fall asleep in class and forget about my exams.

- En inglés, ***to know*** [tu nóu] significa "saber" y "conocer":

No sé el número.	*I don't know the number.*
¿Sabe mucho usted?	*Do you know a lot?*
Sabemos cocinar.	*We know how to cook.*
Conozco a su tío.	*I know your uncle.*
¿Le conoce a usted?	*Does he know you?*
Conocen a Luz.	*They know Luz.*

I BET YOU CAN!

22. Cambia las frases a la tercera persona del singular. Usa el pronombre **She**:

I study English every day.	*She studies English every day.*
I like to study Spanish.	*She likes to study Spanish.*
I live in Miami.	_____
I am a good student.	_____
I want to learn English well.	_____
I teach English.	_____
I am very busy today.	_____
I go to the movies very often.	_____
I do these exercises every day.	_____
I see Mr. Ryan on the bus every day.	_____

23. Traduce las oraciones:

Please get up.	_____
Please look for the book.	_____
Please hurry up.	_____
Please take off your shoes.	_____
Please get on the bus.	_____

(Las respuestas están en la página 330.)

Don't! and Doesn't!
[dont an dásent]
(¡No!)

Durante tu aprendizaje del inglés, vas a descubrir muchos usos de la palabra **not**. Por ejemplo, ésta se combina con **do** para hacer la palabra **don't**, la cual se usa en muchas expresiones y frases comunes.

Como ya aprendiste, **don't** significa "no" cuando se encuentra enfrente de las palabras de acción:

Don't run!	[dont ran]	¡No corras!
Don't smoke!	[dont smóuc]	¡No fumes!
Don't walk!	[dont uóc]	¡No camines!
Don't worry!	[dont uóri]	¡No te preocupes!
Don't be afraid!	[dont bi afréid]	¡No tengas miedo!
Don't do it!	[dont du et]	¡No lo hagas!

Mira lo que pasa cuando pones los pronombres personales enfrente de **don't**:

I don't have it.	[ái dont jav et]	No lo tengo.
You don't need it.	[iú dont nid et]	No lo necesitas.
We don't want it.	[uí dont uánt et]	No lo queremos.

Usa **doesn't** [dásent] con los verbos para decir "no" cuando hables de una sola persona o cosa (la tercera persona singular). Esta es la combinación de **does** con **not**:

Lucy does not (doesn't) smoke.
[lúsi das nat (dásent) smóuc]
Lucy no fuma.
My car does not (doesn't) move.
[mái car das nat (dásent) muv]
Mi carro no se mueve.
The store does not (doesn't) close.
[de stóar das nat (dásent) clóus]
La tienda no cierra.

ADVICE!

- Observa más palabras de negación aquí. Estudia los significados:

I cannot stand it. [ái canát stan et]	No lo aguanto.
I did not realize. [ái did nat rialáis]	No me di cuenta.
We have not finished. [uí jav nat fínicht]	No hemos terminado.
He could not come. [ji cud nat cam]	El no pudo venir.
I will not do it. [ái uíl nat du et]	No lo voy a hacer.

GRAMMAR

Sigue practicando los mandatos comunes con la forma negativa:

Levántese	***Stand up***	[stan ap]
Siéntese	***Sit down***	[sit dáun]
Acuéstese	***Lie down***	[lái dáun]
Vístase	***Get dressed***	[guét drest]
Váyase	***Leave***	[liv]
No se levante	***Don't stand up***	[dont stan ap]
No se siente	***Don't sit down***	[dont sit dáun]
No se acueste	***Don't lie down***	[dont lái dáun]
No se vista	***Don't get dressed***	[dont guét drest]
No se vaya	***Don't leave***	[dont liv]

Y nota el orden de estas palabras en inglés:

Don't tell it to me!	¡No me lo digas!
Don't bring it to us!	¡No nos la traigas!
Don't give it to him!	¡No se lo des!
Don't buy it for her!	¡No se lo compres!

I BET YOU CAN!

24. Llena los espacios en blanco con ***don't*** o ***doesn't***:

I _____ like chocolate.
Sandra _____ like candy.
We _____ want new shoes.
She _____ want beer.
They _____ need an apartment.

25. Sigue el ejemplo:

I do not play.	<u>*I don't play.*</u>
She does not work.	_____
We do not fight.	_____
He does not drive.	_____
They do not sing.	_____

(Las respuestas están en la página 330.)

Do and Does
[du an das]
(Auxiliares)

Como ya sabemos, las palabras ***don't*** y ***doesn't*** siempre se usan en inglés para expresar "no" y se ponen antes de los verbos. Las palabras ***do*** y ***does*** también son importantes, porque se usan para formular preguntas. Mira los ejemplos que siguen:

Where do you live?	¿Dónde vives?
[uéar du iú liv]	
Do they like milk?	¿Les gusta la leche?
[du déi láic milc]	
What do you want?	¿Qué quieres?
[uát du iú uánt]	
Does she eat fish?	¿Come ella pescado?
[das chi it fich]	
When does he work?	¿Cuándo trabaja él?
[uén das ji uérc]	

Estas palabras también se emplean en afirmaciones. Por eso, cuando te pregunten algo, escucha por ***does*** y ***do***:

Does he speak English?	**No, he <u>doesn't</u>.**
Do you understand?	**Yes, I <u>do</u>!**

I BET YOU CAN!

26. Traduce y pronuncia en voz alta:

Does your friend work every day?
Do you speak Spanish or Italian?
Does Fred drink coffee?

¡Practica!

He sings.	*He doesn't sing.*	*Does he sing?*
She dances.	*She doesn't dance.*	*Does she dance?*
Jim reads.	*Jim doesn't read.*	*Does Jim read?*

¡Conversa!

Where do you work?   *At the hotel.*
                              And you?
I don't work. I'm a student.   *Really?*
                              Do you go to school?
Yes, I go to the university.   *What do you study?*
English, Art, and Music.   *Wow! That's great!*

27. Llena los espacios en blanco con **do** o **does**:

_____ *you read a lot of books?*
_____ *Samuel speak Spanish?*
_____ *they have bicycles?*
What _____ *Philip want?*
Where _____ *you guys live?*
When _____ *we work?*

(Las respuestas están en la página 330.)

ADVICE!

• Lee cada una de las oraciones en inglés en voz alta y trata de traducirlas sin mirar a la izquierda.

Trabajo en el restaurante.	***I work in the restaurant.*** [ái uérc in de réstoran]
No estudiamos italiano.	***We don't study Italian.*** [uí dont stádi itálian]
¿Habla usted español?	***Do you speak Spanish?*** [du iú spic spánich]
Ella compra muchos libros.	***She buys a lot of books.*** [chi báis a lat av bucs]
Los niños toman leche.	***The children drink milk.*** [de chíldren drinc milc]
Comemos mucha fruta.	***We eat a lot of fruit.*** [uí it a lat av frut]
Carlos vende carros.	***Carlos sells cars.*** [cárlos sels cars]
¿Lee usted artículos políticas?	***Do you read political articles?*** [du iú rid polítical árticols]
El no corre en el parque.	***He doesn't run in the park.*** [ji dásent ran in de parc]
¡Siempre aprendemos inglés!	***We always learn English!*** [uí álueis lern ínglech]
¿Dónde vives?	***Where do you live?*** [uéar du iú liv]
Abro las puertas a las nueve.	***I open the doors at nine.*** [ái ópen de dóars at náin]
Pedro no recibe nada.	***Peter doesn't receive anything.*** [píter dásent risív énizin]
Escriben en inglés.	***They write in English.*** [déi ráit in ínglech]
No permiten perros.	***They don't allow dogs.*** [déi dont aláu docs]

• Puedes poner énfasis en algo que estás diciendo por medio de las palabras **do** y **does**:

She knows him.	***She <u>does</u> know him!***	[chi das nóu jim]
I call you.	***I <u>do</u> call you!***	[ái du col iú]

● Los infinitivos se aprenden mejor cuando son estudiados como oraciones o frases completas:

marcar el número	***to dial the number***
	[tu dáial de námber]
tocar la puerta	***to knock at the door***
	[tu noc at de dóar]
mirar televisión	***to watch TV***
	[tu uách tiví]

● Por lo general, debes juntar tus ideas de la misma manera. Sin embargo, en inglés las emociones y el significado pueden cambiar de acuerdo a la manera en que son colocadas las palabras. Fíjate:

Forma común:

Mi padre trabaja mucho en la oficina.
My father works a lot at the office.

Forma muy rara:

En la oficina, mi padre trabaja mucho.
At the office, my father works a lot.

● Describe tus actividades añadiendo unas pocas palabras con la terminación ***ly*** [li]. En inglés, tales palabras son los adverbios. Para que aprendas más acerca de ellos, por favor observa:

claro	***clear***	[clíar]
claramente	***clearly***	[clíarli]
fácil	***easy***	[ísi]
fácilmente	***easily***	[ísili]
lento	***slow***	[slóu]
lentamente	***slowly***	[slóuli]
rápido	***quick***	[cuíc]
rápidamente	***quickly***	[cuícli]
triste	***sad***	[sad]
tristemente	***sadly***	[sádli]
valiente	***brave***	[bréiv]
valientemente	***bravely***	[bréivli]

I work quickly, but my friend works slowly.
Yo trabajo rápidamente, pero mi amigo trabaja lentamente.

I have it! [ái jav et]
(¡Lo tengo!)

Have [jav] significa "tener" y es una de las palabras de más valor en el idioma inglés.

Do you have a problem?	¿Tienes un problema?
No, I don't have a problem.	No, no tengo un problema.
Do you have wifi?	¿Tienen ustedes wifi?
Yes, we have wifi.	Sí, tenemos wifi.

Has [jas] es otra forma del verbo *to have* y significa "tiene". Se usa cuando hablamos de una sola persona o cosa (la tercera persona del singular). Por ejemplo:

Tina has a book.	Tina tiene un libro.
My car has gas.	Mi carro tiene gasolina.
The country has fifty states.	El país tiene cincuenta estados.

ADVICE!

• *Have* y *Has* tienen también otros usos. Por ahora, usa estas palabras tan solo para decir "tener".

• Para decir que no se tiene algo, necesitarás combinar *doesn't* o *don't* con *have*. Recuerda que *doesn't* se refiere a una sola cosa o persona:

We don't have one.	No tenemos uno.
You don't have time.	No tienes tiempo.
She doesn't have a coat.	Ella no tiene un abrigo.
He doesn't have a car.	El no tiene un carro.

● Una construcción usada a menudo en inglés se llama **tag ending**. Esta se usa para hacer una pregunta o para confirmar un hecho que ya conocemos. Las **tag endings** están compuestas de un pronombre y un verbo auxiliar, y se emplean para expresar negación después de una oración afirmativa, o bien, al revés, para expresar afirmación después de una oración negativa. Por ejemplo:

> **She has a book, doesn't she?**
> [chi jas a buc, dásent chi]
> Ella tiene un libro, ¿no es así?
> **He doesn't have a pencil, does he?**
> [ji dásent jav a pénsil, das ji]
> El no tiene un lápiz, ¿o es que lo tiene?
> **They play tennis, don't they?**
> [déi pléi ténis, dont déi]
> Ellos juegan tenis, ¿no es así?
> **You don't drive, do you?**
> [iú dont dráiv, du iú]
> Tú no manejas, ¿o sí lo haces?

● Para hacer preguntas con **have**, empieza tus oraciones con **do**, **don't**, **does** o **doesn't**:

> **Do you have a password?**   **Don't you have a password?**
> **Does Tony have paper?**   **Doesn't Tony have paper?**

● Las respuestas cortas se usan en inglés para contestar preguntas directas. Todo lo que necesitas es un sujeto y un verbo auxiliar. Mira estos ejemplos:

> **Do you have it?**   **Yes, I do.**
> **Does she have an iPhone?**   **Yes, she does.**
> **Are they your friends?**   **No, they aren't.**
> **Does Bob sing?**   **Yes, he does.**
> **Is it 6:00?**   **No, it isn't.**

• En inglés, el verbo **to be** se usa a veces como el verbo "tener" en español:

(tengo) miedo	**(I am) afraid**	[ái am afréid]
(tienen) frío	**(they are) cold**	[déi ar cold]
(tiene) quince años	**(she is) fifteen years old**	
	[chi es fiftín íers old]	
(tengo) calor	**(I am) hot**	[ái am jat]
(tienen) hambre	**(they are) hungry**	[déi ar jángri]
(tiene) sueño	**(he is) sleepy**	[ji es slípi]
(tenemos) sed	**(we are) thirsty**	[uí ar zérsti]
(tienes) razón	**(you are) right**	[iú ar ráit]
(tengo) suerte	**(I am) lucky**	[ái am láqui]
(tienen) cuidado	**(they are) careful**	[déi ar quérful]

• Aquí tienes todas las formas del verbo **to have** en el tiempo presente. ¿Puedes traducirlas?

Singular	Plural
I have	*we have*
you have	*you have*
he has	*they have*
she has	
it has	

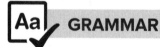

GRAMMAR

• En las conversaciones diarias en inglés, evita comenzar una pregunta con una preposición:

Correcto: **What are they looking at?**
[uát ar déi lúquin at]
Incorrecto: **At what are they looking?**

Correcto: **What country does he come from?**
[uát cántri das ji cam from]
Incorrecto: **From what country is he?**

I BET YOU CAN!

28. Primero lee lo que sigue en voz alta y después escribe la traducción al español en los espacios en blanco:

Don't smoke in the house! _____

_____

We don't like hot food. _____

_____

I don't speak much English. _____

_____

My mother doesn't live in Mexico. _____

_____

That charger doesn't work well. _____

_____

He doesn't want the chair. _____

_____

Do you have beer? _____

_____

They don't have the money. _____

_____

Francisco doesn't have a job. _____

_____

29. Escribe la forma correcta del verbo *to have* en cada uno de los espacios en blanco:

Helen <u>has</u> a red watch.
I <u>have</u> many friends.
We _____ new clothes.
You _____ a good laptop.
The dog _____ food.
This room _____ a big door.
I _____ an old house.
Mary _____ a black cell phone.
John _____ a problem.
John and Henry _____ an excellent doctor.

(Las respuestas están en la página 331.)

HOW DO YOU WRITE IT?

Con las palabras de acción, el prefijo *un* [an] en inglés generalmente significa "des-" en español:

enganchar	***to hook***	[tu juc]
desenganchar	***to unhook***	[tu ánjuc]
hacer	***to do***	[tu du]
deshacer	***to undo***	[tu ándu]
enchufar	***to plug in***	[tu plac in]
desenchufar	***to unplug***	[tu ánplac]

We Practice at Home
[uí práctis at jom]
(Practicamos en casa)

La mayoría de los principiantes en el idioma inglés saben cómo se llama cada uno de los cuartos. Observa cuán bien se combina este vocabulario con los verbos en el tiempo presente:

el baño	***bathroom*** [bázrum]
	We clean the bathroom.
el dormitorio	***bedroom*** [bédrum]
	We study in the bedroom.
el garaje	***garage*** [garách]
	We work in the garage.
la cocina	***kitchen*** [quítchen]
	We eat in the kitchen.
la sala	***living room*** [lívin rum]
	We talk in the living room.

Sigue adelante, pero esta vez crea tus propias oraciones:

el desván	*attic*	[átic]
el sótano	*basement*	[béisment]
la sala de familia	*den*	[den]
el comedor	*dining room*	[dáinin rum]
el vestidor	*dressing room*	[drésin rum]
el cuarto de visitas	*guest room*	[guést rum]
el pasillo	*hallway*	[jóluei]
la biblioteca	*library*	[láibreri]
la sala de juegos	*playroom*	[pléirum]
el depósito	*storeroom*	[stóarum]

Ahora, mira otras partes de la *house*. ¿Cuáles son las palabras más fáciles para recordar?

el balcón	*balcony*	[bálconi]
el bar	*bar*	[bar]
la cerca	*fence*	[féns]
la chimenea	*chimney*	[chímni]
la entrada para carros	*driveway*	[dráivuei]
el fogón	*fireplace*	[fáierpleis]
el gabinete	*cabinet*	[cábinet]
la pared	*wall*	[uál]
el patio	*yard*	[iárd]
la piscina	*pool*	[púul]
el piso	*floor*	[flóar]
el pórtico	*porch*	[porch]
el portón	*gate*	[géit]
la puerta	*door*	[dóar]
el ropero	*closet*	[cláset]
el techo	*ceiling*	[sílin]
el tejado	*roof*	[ruf]
la terraza	*terrace*	[téras]
la ventana	*window*	[uíndou]

ADVICE!

• Anota las formas de este popular verbo. Es ideal para conversaciones cotidianas sobre cosas del hogar:

Necesitar   **To Need**
[tu nid]

necesito   **I need**
[ái nid]

I need a fence.
[ái nid a féns]

necesitas   **You need** (sing.)
[iú nid]

Do you need the bathroom?
[du iú nid de bázrum]

necesita   **He needs, She needs**
[ji nids, chi nids]

He needs a new kitchen.
[ji nids a niú quítchen]

necesitan   **You need** (pl.), **They need**
[iú nid, déi nid]

They don't need a pool.
[déi dont nid a púul]

necesitamos   **We need**
[uí nid]

We need more windows.
[uí nid mor uíndous]

Furniture and Fixtures
[férnicher an fíxchers]
(Los muebles y los artefactos)

Estoy seguro que ya puedes nombrar en inglés a muchos de los muebles sin ninguna ayuda. Trata de traducir estas palabras en inglés sin mirar al español.

el armario	*armoire* [ármuar]	_____
el banquillo	*stool* [stul]	_____
el baúl	*chest* [chest]	_____
la cama	*bed* [bed]	_____
la ducha	*shower* [cháuer]	_____
el escritorio	*desk* [desc]	_____
el excusado	*toilet* [tóilet]	_____
el estufa	*stove* [stóuv]	_____
la lámpara	*lamp* [lamp]	_____
el lavabo	*bathroom sink* [bázrum sinc]	_____
el lavadero	*kitchen sink* [quítchen sinc]	_____
el librero	*bookshelf* [búkchelf]	_____
la mesa	*table* [téibol]	_____
la mesita de noche	*nightstand* [náistan]	_____
la pintura	*painting* [péintin]	_____
el refrigerador	*refrigerator* [rifricheréitor]	_____
el reloj	*clock* [clac]	_____
la silla	*chair* [chéar]	_____
el sillón	*armchair* [ármchear]	_____
el sofá	*sofa* [sófa]	_____
el televisor	*television* [televíchen]	_____
la tina	*bathtub* [báztab]	_____
el tocador	*dresser* [dréser]	_____
el horno	*oven* [áven]	_____
el archivo	*file cabinet* [fáil cábinet]	_____

HOW DO YOU PRONOUNCE IT?

Este sonido da problemas a muchos estudiantes hispanos, pues en español la "v" a menudo se pronuncia igual que la "b". Debes recordar que en inglés su pronunciación requiere poner los dientes superiores sobre el labio inferior:

> *live*
> *very*
> *visit*
> *have*
> *five*
> *love*

La "v" inglesa nunca debe pronunciarse como la letra "b". Aquí tienes dos frases para practicar:

> ***Vivian visits Victor in the valley.***
> Vivian visita a Victor en el valle.
> ***In Virginia, I live near five rivers.***
> En Virginia vivo cerca de cinco ríos.

More Household Things
[mor jáusjol zings]
(Más cosas caseras)

Sigue caminando por la casa, señalando y nombrando cosas en inglés. ¡Sé tan detallado como quieras!

las alfombras	*rugs*	[racs]
las barandas	*banisters*	[bánisters]
los cajones	*drawers*	[dróers]
las cortinas	*curtains*	[quértens]
las escaleras	*stairs*	[stéars]
los escalones	*steps*	[steps]
los grifos	*faucets*	[fósets]
los mosquiteros	*screens*	[scríns]
las pantallas	*lampshades*	[lámpcheids]
los parlantes	*speakers*	[spíquers]
los postigos	*shutters*	[cháters]
las repisas	*shelves*	[chelfs]

In the Yard [in de iár] (En el patio)

el basurero	**trash can**	[trach can]
la hamaca	**hammock**	[jámoc]
la parrilla	**barbecue grill**	[bárbeqiú gril]
los rociadores	**sprinklers**	[sprínclers]
la silla de patio	**lawn chair**	[lon chéar]
la silla de playa	**beach chair**	[bich chéar]
la sombrilla	**umbrella**	[ambréla]

The Appliances [de apláianses] (Los electrodomésticos)
Aquí tienes una manera muy práctica de repasar los nombres de los artefactos caseros. ¡Sólo añade una orden y comienza a entretener a tus amigos y familiares!

Prenda...	**Turn on...**	[tern on]
Apague...	**Turn off...**	[tern of]
Traiga...	**Bring...**	[brinc]
Mire...	**Look at...**	[luc at]
Recoja...	**Pick up...**	[pic ap]
Mueva...	**Move...**	[muv]
Toque...	**Touch...**	[tach]
Enchufe...	**Plug in...**	[plac in]
Desenchufe	**Unplug...**	[ánplac]
Limpie...	**Clean...**	[clin]

el abridor de garajes	**garage door opener** [garách dóar ópener]
el acondicionador de aire	**air conditioner** [ér condíchoner]
el ambientador	**air freshener** [er fréchener]
la báscula	**scale** [squéil]
el calentador	**heater** [jíter]
el calentador de agua	**hot water heater** [jat uáter jíter]
el cine casero	**home theater** [jóum siéter]
la computadora	**computer** [compiúter]
el congelador	**freezer** [fríser]
la copiadora	**copier** [cápier]
el deshumidificador	**dehumidifier** [dijiumidifáier]
el detector de humo	**smoke detector** [smóuc detéctor]
el escáner	**scanner** [scáner]
el horno microonda	**microwave** [máicroueiv]
la impresora	**printer** [prínter]
la lavadora	**washer** [uácher]
el lavaplatos	**dishwasher** [díchuacher]
la licuadora	**blender** [blénder]

la pantalla grande	**TV screen** [tiví scrin]
los parlantes	**speakers** [spíquers]
el radio	**radio** [rédio]
la secadora	**dryer** [dráier]
el secador de pelo	**hair dryer** [jéar dráier]
el sistema de música	**music system** [miúsic sístem]
el teléfono portátil	**cordless phone** [córdles fóun]
la tostadora	**toaster** [tóuster]
el ventilador	**fan** [fan]

Scramble Puzzle (Los electrodomésticos)

Descifra las palabras y escríbelas en las líneas. Las respuestas están invertidas.

1. iretnrp _____
2. rsahew _____
3. traseot _____
4. eerferz _____
5. sadrehwsih _____
6. debnelr _____
7. eyrrd _____
8. ecrrroed _____
9. toeepnleh _____
10. aernscn _____

10. scanner
9. telephone
8. recorder
7. dryer
6. blender
5. dishwasher
4. freezer
3. toaster
2. washer
1. printer

ADVICE!

• No a todo se le puede pegar el nombre o tocar:

la tubería	**plumbing**	[plámin]
la calefacción	**heating**	[jítin]
la electricidad	**electricity**	[ilectríciti]

• Estos artefactos y dispositivos deben aprenderse para emergencias:

la alarma	**alarm** [alárm]
el botiquín	**medicine chest** [médisin chest]
la caja de fusibles	**fuse box** [fiús box]
la caja de primeros auxilios	**first aid kit** [férst éid quit]

el enchufe	***electrical outlet*** [eléctrical áutlet]
el extintor	***fire extinguisher*** [fáier extíncuicher]
el interruptor	***light switch*** [láit suích]
el medidor de gas	***gas meter*** [gas míter]
el sistema de seguridad	***security system*** [secúriti sístem]
el termostato	***thermostat*** [térmostat]
la válvula de agua	***water valve*** [uáter válv]

- ¿Cuán específico quieres ser?

el buzón	***mailbox***	[méilbax]
la cerradura	***lock***	[loc]
la perilla	***doorknob***	[dóarnob]
el timbre	***doorbell***	[dóarbel]

- ***And for Decoration...*** [an for decoréichen] (Y para decoración...)

Necesito...	***I need the...***
Vendo...	***I sell the...***
Tengo...	***I have the...***

la alfarería	***pottery***	[páteri]
la alfombra	***rug***	[rac]
la canasta	***basket***	[básquet]
el cenicero	***ashtray***	[áchtrei]
el espejo	***mirror***	[míror]
la estatua	***statue***	[stáchiu]
el florero	***vase***	[véis]
la leña	***firewood***	[fáieruod]
la maceta	***flower pot***	[fláur pat]
el marco	***picture frame***	[píkcher fréim]
el ornamento	***ornament***	[órnament]
el pedestal	***pedestal***	[pédestal]
la planta artificial	***artificial plant***	[artifíchal plant]
el retrato	***portrait***	[pórtret]
el tapete	***mat***	[mat]
el tapiz	***tapestry***	[tápestri]

• *In the Kitchen* [in de quítchen] (En la cocina)
Trata de nombrar en inglés todos los artefactos de la cocina, los utensilios y los electrodomésticos. Menciona algunas actividades sobre la vida alrededor de la cocina, usando el tiempo presente de los verbos:

cocinar	*to cook* [tu cuc] *I need to cook...*
beber	*to drink* [tu drinc]
comer	*to eat* [tu it]
vaciar	*to empty* [tu émpti]
llenar	*to fill* [tu fil]
preparar	*to prepare* [tu pripéar]
meter	*to put inside* [tu put insáid]
sacar	*to take out* [tu téic áut]
usar	*to use* [tu iús]
lavar	*to wash* [tu uóch]

los platos	*dishes* *They use white dishes.*	[díchis]
los cubiertos	*silverware* *She has nice silverware.*	[sílveruear]
los utensilios	*utensils* *Where are the utensils?*	[iuténsils]

¡No pares ahora!

el plato hondo	*bowl*	[bóul]
el plato	*plate*	[pléit]
la loza de porcelana	*china*	[cháina]

la fuente	*platter*	[pláter]
la taza	*cup*	[cap]
la olla	*pot*	[pat]
el tenedor	*fork*	[forc]
la rejilla	*rack*	[rac]
el frutero	*fruit dish*	[frut dich]
el asador	*roasting pan*	[róustin pan]
el embudo	*funnel*	[fánel]
el rodillo	*rolling pin*	[rólin pin]
el vaso	*glass*	[glas]
el salero	*saltshaker*	[soltchéiquer]
la plancha	*griddle*	[gridl]
la cacerola	*saucepan*	[sóspan]
el cuchillo	*knife*	[náif]

¿Quieres aprender más?

el platillo	*saucer*	[sóser]
el cucharón	*ladle*	[ladl]
la espátula	*spatula*	[spáchula]
el molde	*mold*	[mold]
la cuchara	*spoon*	[spun]

la servilleta	*napkin*	[nápquin]
el colador	*strainer*	[stréiner]
el sartén	*pan*	[pan]
la tetera	*tea kettle*	[tí quetl]
el pelador	*peeler*	[píler]
el termo	*thermos*	[térmos]
el pimentero	*pepper shaker*	[péper chéiquer]
las tenazas	*tongs*	[tongs]
el cántaro	*pitcher*	[pítcher]
la bandeja	*tray*	[tréi]
el mantelito individual	*place mat*	[pléis mat]

ADVICE!

• Algunos alimentos van en recipientes especiales. Observa los diferentes nombres:

mantequilla	*butter* [báter]	la mantequillera	*butter dish* [báter dich]
café	*coffee* [cáfi]	la cafetera	*coffee pot* [cáfi pat]
salsa	*gravy* [gréivi]	la salsera	*gravy boat* [gréivi bóut]
ensalada	*salad* [sálad]	la ensaladera	*salad bowl* [sálad bóul]

HOW DO YOU PRONOUNCE IT?

Cuidado con las palabras que se pronuncian casi igual pero que se escriben distinto. Para la mayoría de tales palabras nos resulta imposible ofrecerte pronunciaciones que muestren la diferencia. Por eso, busca las traducciones y usa las palabras con gente que habla buen inglés; escuchándolas oirás las diferencias entre unas y otras:

their	[déar]	**there**	[der]
sun	[san]	**son**	[san]
wait	[uéit]	**weight**	[uéit]
threw	[zru]	**through**	[zru]
weak	[uíc]	**week**	[uíc]
cent	[sent]	**sent**	[sent]
flower	[fláur]	**flour**	[fláur]
sale	[séil]	**sail**	[séil]
but	[bat]	**bat**	[bat]
hear	[jír]	**here**	[jir]
some	[sam]	**sum**	[sam]
whole	[jóul]	**hole**	[jóul]
meet	[mit]	**meat**	[mit]
mail	[méil]	**male**	[méil]
our	[áur]	**hour**	[áur]
break	[bréic]	**brake**	[bréic]
pair	[per]	**pear**	[pér]
buy	[bái]	**by**	[bái]
so	[sóu]	**sew**	[sóu]
too	[tu]	**two**	[tu]

• **More Machines** [mor machíns] (Más máquinas)

Me gusta...	**I like (the)...** [ái láic de]
el abrelatas	**can opener** [can ópener]
la batidora	**mixer** [míxer]
la cafetera	**coffee maker** [cáfi méiquer]
el comprimidor de basura	**trash compacter** [trach cómpacter]

el desechador	**garbage disposal** [gárbich dispósal]
la hielera	**ice maker** [áis méiquer]
la licuadora	**blender** [blénder]
la máquina de palomitas	**popcorn popper** [pápcorn páper]
el procesador de alimentos	**food processor** [fud procésor]

I BET YOU CAN!

30. Conecta las palabras que pertenecen a la misma categoría:

pot	**picture frame**
fork	**spoon**
stove	**pan**
portrait	**oven**
rug	**mat**

Examina el vocabulario de las últimas páginas y llena los espacios en blanco. A ver, cuán creativo puedes ser.

We use the knife to cut.
We use the blender to mix.
We use the _____ to _____
We use the _____ to _____
We use the _____ to _____
We use the _____ to _____

(Las respuestas están en la página 331.)

ADVICE!

• ¿Cansado? ¡No importa! El cansancio indica que estás aprendiendo. ¡Siempre cuando sea posible, no olvides señalar o tocar los objetos que mencionas en voz alta en inglés!

• No te sorprendas si a veces dos personas pronuncian distinto la misma palabra. Los Estados Unidos comprende un gran territorio y los residentes del sur y del norte tienden a tener acentos distintos y pronunciaciones que difieren en la extensión de las vocales.

• Las casas vienen en todas las formas y tamaños:

Vive en...	*He lives in the...*	[ji livs in de]
el apartamento	*apartment*	[apártmen]
la cabaña	*cabin*	[cábin]
la casa rodante	*mobile home*	[móbil jóum]
el condominio	*condominium*	[condomínium]
la mansión	*mansion*	[mánchon]

• Aprende a ampliar tu conversación cuando hablas de un mismo tema:

el cuadro	*picture*	[píkcher]
el dibujo	*drawing*	[dróin]
la fotografía	*photograph*	[fótograf]
la pintura	*painting*	[péintin]
el retrato	*portrait*	[pórtret]

3

I'm Practicing Now!

[am práctisin náu]
(¡Estoy practicando ahora!)

What's Happening Now? The Present Progressive!
[uáts jápenin náu, de présen progrésiv]
(¿Qué está pasando ahora? ¡El Presente Progresivo!)

Todavía hay mucho más terreno que cubrir en el planeta Tiempo Presente.

Muchos principiantes han tenido éxito con el tiempo Presente Progresivo (o Continuo) porque se refiere a lo que está pasando en este momento. El Presente Progresivo es similar a los verbos con las terminaciones "-ando" y "-iendo" en español.

A menudo, la terminación *ing* [ing] al final de una palabra nos indica que una acción está ocurriendo en el momento presente:

I'm working.	[am uérquin]	Estoy trabajando.
John is speaking.	[llon es spíquin]	Juan está hablando.
They're reading.	[déir rídin]	Están leyendo.

Lo único que necesitas para usar esta terminación es una palabra de acción. Mira los siguientes ejemplos:

eat	[it]	comer
eating	[ítin]	comiendo
play	[pléi]	jugar
playing	[pléin]	jugando
learn	[lern]	aprender
learning	[lérnin]	aprendiendo

Para hacer oraciones completas, debemos usar **am**, **is** o **are**:

I am eating.	[ái am ítin]	Yo estoy comiendo.
She is playing.	[chi es pléin]	Ella está jugando.
We are learning.	[uí ar lérnin]	Nosotros estamos aprendiendo.

ADVICE!

• Recuerda que en inglés siempre necesitas incluir los pronombres:

Are you working?	[ar iú uérquin]
She is running.	[chi es ránin]
They are speaking Spanish.	[déi ar spíquin spánich]

• ¡Mira! Ahora tienes una nueva manera de expresar las ideas más complicadas:

I am walking with my friends to the market because we don't have a car.
Estoy caminando al mercado con mis amigos porque no tenemos un carro.

Estudia este ejemplo. ¿Puedes traducirlo?

He is driving while she is looking at her GPS. The two friends are returning from their vacation in Florida.

• Aquí tienes todas las formas del Presente Progresivo en inglés. Escribe una frase usando cada una de las formas del verbo:

To Go [tu góu] Ir

I am going (I'm going) [ái am góin, am góin]
I'm going to the market. _____

We are going (we're going) [uí ar góin, uír góin]

_____

You are going (you're going) [iú ar góin, iúr góin]

_____

He is going (he's going) [ji es góin, jis góin]

_____

She is going (she's going) [chi es góin, chis góin]

_____

It is going (it's going) [et es góin, ets góin]

_____

They are going (they're going) [déi ar góin, déir góin]

_____

• El tiempo Presente Progresivo describe una acción que está sucediendo ahora, hoy o mañana. Por ejemplo, ***He's working!*** podría significar que él está trabajando ahora mismo o que tiene un trabajo o que trabajará en el futuro.

31. Traduce:

     He's working now. _____

     He's working today. _____

     He's working tomorrow. _____

     (Las respuestas están en la página 331.)

• Cuando te refieras al clima, usa la palabra ***it*** [et]:

    It's raining.   [ets réinin]   Está lloviendo.
    It's snowing.   [ets snóuin]   Está nevando.

• ¿Sabes qué? La frase ***going to*** [góin tu] también se usa para hablar de los eventos en el futuro:

    Voy a comer.   ***I'm going to eat.***
                   [am góin tu it]
    Vamos a estudiar.   ***We're going to study.***
                   [uír góin tu stádi]
    Van a salir.   ***They're going to leave.***
                   [déir góin tu liv]

• En el tiempo Presente Progresivo, los verbos ***come***, ***leave***, ***arrive*** y ***return*** también describen una acción en el futuro. Mira:

    We are coming tomorrow.
    She is leaving next week.
    They are returning in June.

I BET YOU CAN!

¡Practica esta conversación con tus amigos! Cambia las palabras si quieres:

Where's Mary?   **She is working at the Chinese Restaurant.**

What is she doing?   **She's cleaning tables and washing dishes.**

32. Traduce y lee en voz alta:

Bill and Cecilia are kissing in the car.

_____

My father isn't listening to the stereo.

_____

The baby is crying and his sister is yelling.

_____

Those trees in the garden are growing fast.

_____

Is the secretary using the copier in the office?

_____

33. Cambia el verbo entre paréntesis al tiempo Presente Progresivo:

Martin (go) to his class.   _____

She (wait) for me.   _____

Look! It (begin) to rain.   _____

The men (paint) the office.   _____

They (take) the books.   _____

We (make) new chairs.   _____

Listen! The telephone (ring).   _____

We (study) the words now.   _____

He (leave) at this moment.   _____

(Las respuestas están en la página 331.)

HOW DO YOU WRITE IT?

Con algunos verbos, deberás cambiar las últimas letras antes de agregar la terminación ***ing***. Fíjate como estos verbos tienen una letra repetida antes de la terminación:

abrazar	***to hug*** [tu jag]	***hugging*** [jáguin]	***He's hugging.***
brincar	***to hop*** [tu jop]	***hopping*** [jópin]	***He's hopping.***
correr	***to run*** [tu ran]	***running*** [ránin]	***He's running.***
empezar	***to begin*** [tu biguín]	***beginning*** [biguínin]	***He's beginning.***
parar	***to stop*** [tu stap]	***stopping*** [stápin]	***He's stopping.***
pegar	***to hit*** [tu jit]	***hitting*** [jítin]	***He's hitting.***
sentarse	***to sit*** [tu sit]	***sitting*** [sítin]	***He's sitting.***

Estos verbos pierden la letra **e** al final:

cerrar	***to close*** [tu clóus]	***closing*** [clóusin]	***She's closing.***
escribir	***to write*** [tu ráit]	***writing*** [ráitin]	***She's writing.***
manejar	***to drive*** [tu dráiv]	***driving*** [dráivin]	***She's driving.***
tomar	***to take*** [tu téic]	***taking*** [téiquin]	***She's taking.***
venir	***to come*** [tu cam]	***coming*** [cámin]	***She's coming.***
vivir	***to live*** [tu liv]	***living*** [lívin]	***She's living.***

I BET YOU CAN!

A propósito, ¿te has fijado cuántas palabras se contraen en el inglés hablado?

He is talking.   *He's talking.*
She is not listening.   *She isn't listening.*

34. Cambia el tiempo Presente Simple al tiempo Presente Progresivo. Asegúrate que comprendes la diferencia en el significado cuando estos tiempos del verbo cambian. El Presente Simple generalmente tiene que ver con actividades que se repiten consistentemente, mientras que el Presente Progresivo se refiere a acciones que ocurren en este mismo momento.

Henry sleeps on the sofa.
Henry is sleeping on the sofa.

She goes to the kitchen.

_____

They come to the apartment.

_____

The boy takes out the dishes.

_____

The girl fills the pitcher.

_____

We use those glasses.

_____

Alice puts the food in the pot.

_____

It cooks on the stove.

_____

I eat with a fork and knife.

_____

He eats lunch in the cafeteria.

_____

She does her work well.

_____

We learn English rapidly.

_____

He prepares dinner for us.

_____

He speaks very slowly.

_____

He puts cream in his coffee.

_____

(Las respuestas están en la página 331.)

More Important Information
[mor impórtan informéichen]
(Más información importante)

• El Presente Progresivo negativo se logra usando *not* después del verbo auxiliar *to be*. Generalmente el negativo se escribe en forma de contracción:

> *She is studying English.*
> *She is not studying English.*
> *She isn't studying English.*

• El Presente Progresivo interrogativo se logra usando el verbo auxiliar *to be* antes del sujeto:

> *They are sleeping.*   *Are they sleeping?*

I BET YOU CAN!

35. A. Cambia las siguientes frases del Presente Progresivo afirmativo al negativo sin contracción y después al negativo con contracción. Mira el ejemplo:

The cell phone is ringing.
The cell phone is not ringing.
The cell phone isn't ringing.

Kathy is washing the dishes.

_____

_____

They are sitting at the table.

_____

_____

She is working on the fourth floor.

_____

_____

The man is cleaning the room now.

_____

_____

They are walking in the park.

_____

_____

You are having lunch outside.

_____

_____

John is doing well now.

_____

_____

We are watching a movie.

_____

_____

He is looking for the smartwatch.

_____

_____

36. B. Cambia las frases del ejercicio A a la forma interrogativa:

The cell phone is ringing.
(Is the cell phone ringing?)

37. Cambia las siguientes oraciones del Presente Progresivo al Presente Simple y vice versa.

Estoy manejando a la oficina con dos de mis amigos.
I'm driving to the office with two of my friends.
[am dráivin tu de áfis uíd tu av mái frens]
I drive to the office with two of my friends.

_____

_____

¿Están vendiendo las sillas negras en la tienda?
Are they selling the black chairs at the store?
[ar déi sélin de blac chéars at de stóar]

_____

_____

Raúl está escribiendo muchas cosas en inglés y español.
Raul is writing many things in English and Spanish.
[raúl es ráitin méni zings in ínglech an spánich]

_____

_____

No trabajamos en el jardín hoy porque Roberto no está aquí.
We don't work in the garden today because Bob isn't here.
[uí dont uérc in de gárden tudéi bicós bob esnt der]

_____

_____

Juan come su cena enfrente del televisor todas las noches.
John eats his dinner in front of the TV every night.
[llon its jis díner in front av de tiví évri náit]

_____

_____

Me levanto temprano cada mañana porque yo limpio la casa.
I get up early every morning because I clean the house.
[ái guét ap érli évri mórnin bicós ái clin de jáus]

_____

_____

(Las respuestas están en la página 331.)

ADVICE!

Te lo repito: La terminación verbal ***ing*** generalmente se usa con cualquier forma del verbo ***to be***. Mira:

I was working.	Estaba trabajando.
[ái uás uérquin]	
I have been working.	He estado trabajando.
[ái jav bin uérquin]	
I will be working.	Estaré trabajando.
[ái uíl bi uérquin]	
I had been working.	Había estado trabajando.
[ái jad bin uérquin]	
I could be working.	Podría estar trabajando.
[ái cud bi uérquin]	
I should have been working.	Debería haber estado trabajando.
[ái chud jav bin uérquin]	

Gerunds [llérunds]
(Los gerundios)

Las formas verbales terminadas en **ing** generalmente se llaman **gerunds** (gerundios). Además de usarse en el Presente Progresivo, como ya hemos visto, pueden también emplearse de otras maneras. Por ejemplo, después de algunos verbos pueden ser usados como sustantivos. Estudia los ejemplos:

He enjoys reading. [ji enchóis rídin]	Le gusta leer.
Please stop dancing. [plis stap dánsin]	Favor de no bailar.
Do you like cooking? [du iú láic cúquin]	¿Te gusta cocinar?
Let's start singing. [lets star sínguin]	Vamos a cantar.
I hate working. [ái jéit uérquin]	Odio trabajar.
We love swimming. [uí lav suímin]	Nos encanta nadar.
She prefers sitting. [chi priférs sítin]	Ella prefiere sentarse.

Los **gerunds** también se usan en expresiones idiomáticas:

It's worth seeing. [ets uérs síin]	Vale la pena verlo.
It's no use trying. [ets nóu iús tráin]	No vale la pena tratar.
I don't mind walking. [ái dont máind uóquin]	No me importa caminar.

Y como los **gerunds** son sustantivos, también pueden ser usados con preposiciones:

We are tired _of_ running.	[uí ar táierd av ránin]
I need more practice _in_ speaking.	[ái nid mor práctis in spíquin]
Thank you _for_ coming.	[zenk iú for cámin]
He walks _without_ falling.	[ji uócs uidáut fólin]
We insist _on_ paying.	[uí insíst on péin]

I BET YOU CAN!

38. Usando gerundios, completa las siguientes oraciones usando tus propias palabras:

I am interested in _____.
He doesn't feel like _____.
Please start _____.
We love _____.
I thank you for _____.
They don't mind _____.

(Las respuestas están en la página 332.)

ADVICE!

• No sólo los gerundios son usados como sustantivos. Muchos verbos básicos del inglés son también usados de la misma manera:

We work hard.   *Our work is hard.*
Trabajamos duro.   Nuestro trabajo es duro.
I love my family.   *There is love in my family.*
Amo a mi familia.   Hay amor en mi familia.

39. ¡Más ejemplos! ¿Puedes traducirlos sin ayuda?

They kiss every day. _____
He smiles a lot. _____
Can I help you? _____
Do you drink beer? _____
I want to plan a party. _____
She's dressing now. _____
It's a little kiss. _____
Look at his smile. _____
I need help. _____
We want a drink. _____
We're looking at the plan. _____
She likes her dress. _____

(Las respuestas están en la página 332.)

• A propósito, la forma verbal con la terminación *ing* es también llamada presente del participio, *present participle* en inglés.

Lots of People [lats av pipl]
(Mucha gente)

En el Capítulo *Two* aprendimos los nombres de los objetos alrededor de la casa. Esta vez, juntaremos palabras que se relacionan con la gente, o *people*.

Es probable que tú ya sepas algunas de estas palabras:

Estoy llamando a tu...	*I'm calling your...* [am cálin iór]
compañera/compañero	*buddy* [bádi]
socia/socio	*partner* [pártner]
amante	*lover* [láver]
compañera de cuarto/ compañero de cuarto	*roommate* [rúmeit]
novia	*girlfriend* [guérlfren]
novio	*boyfriend* [bóifren]
¿Es...?	*Is he/she a/an...?* [es ji/chi a/an]
adolescente	*teenager* [tinéicher]
adulta/adulto	*adult* [ádult]
anciana/anciano	*elderly person* [élderli pérson]

ADVICE!

- Si están comprometidos para casarse, "novia y novio" son ***bride and groom*** [bráid an grum] en inglés.
- Siempre hay más palabras que aprender:

> ***buddy*** [bádi] = ***pal*** [pal]
> ***young person*** [iáng pérson] = ***kid*** [kid]
> ***lover*** [láver] = ***sweetheart*** [suítjar]

HOW DO YOU WRITE IT?

Usa la coma (**,**) para separar las palabras, las frases y las oraciones. Nota que la coma también puede usarse antes de ***and*** ("y"):

> ***We need books, pencils, and paper.***
> ***We're eating dinner, watching TV, and going to bed.***

Usa la coma también para indicar los días de la semana, las fechas, las direcciones y los nombres geográficos:

> ***He lives in Baltimore, Maryland.***
> ***Today is Friday, October 16, 2019.***

A Lot of Family
[a lat av fámili]
(Mucha familia)

Hablar acerca de la familia es muy importante, así que avanza lo más rápido que puedas con la lista que sigue:

la abuela	*grandmother*	[granmáder]
el abuelo	*grandfather*	[granfáder]
la cuñada	*sister-in-law*	[síster in lóu]
el cuñado	*brother-in-law*	[bráder in lóu]
la nieta	*granddaughter*	[grandóter]
el nieto	*grandson*	[gransán]
la nuera	*daughter-in-law*	[dóter in lóu]
el primo	*cousin*	[cásin]
la sobrina	*niece*	[nis]
el sobrino	*nephew*	[néfiu]
la suegra	*mother-in-law*	[máder in lóu]
el suegro	*father-in-law*	[fáder in lóu]
la tía	*aunt*	[ant]
el tío	*uncle*	[áncol]
el yerno	*son-in-law*	[san in lóu]

¿Puedes escribir algunas frases usando el tiempo Presente Progresivo?

(to work)	*My aunt is working a lot.*
(to live)	*Her brother-in-law is living here.*
(to make)	*Your cousin is making tacos.*
(to talk)	
(to study)	
(to eat)	
(to play)	
(to sleep)	
(to write)	
(to ask for)	
(to follow)	
(to go)	
(to read)	

Más y más familia:

los abuelos	**grandparents**	[gránperens]
los bisabuelos	**great grandparents**	[gréit gránperens]
los padres	**parents**	[pérens]
los tatarabuelos	**great-great grandparents**	[gréit gréit gránperens]
los tataranietos	**great-great grandchildren**	[gréit gréit gránchildren]

ADVICE!

• Cada persona alrededor de nosotros puede ser identificada de una manera u otra. Apréndete los nombres de cada uno de estos individuos:

el ciudadano	**citizen**	[sítisen]
el desamparado	**homeless**	[jómles]
el extranjero	**foreigner**	[fóriner]
el incapacitado	**disabled person**	[diséibeld pérson]
el inmigrante	**immigrant**	[ímigran]
el residente	**resident**	[résiden]
el vecino	**neighbor**	[néibor]
el visitante	**visitor**	[vísitor]

• Hablemos acerca de nuestras diferencias físicas:

ciego	**blind, visually impaired**	[bláin, víchuali impéard]
diestro	**right-handed**	[ráit jánded]
femenino	**female**	[fímeil]
masculino	**male**	[méil]
minusválido	**handicapped**	[jándicapt]
miope	**near-sighted**	[níar sáited]
présbita	**far-sighted**	[far sáited]
sordo	**deaf, hearing impaired**	[def, jíarin impéard]
zurdo	**left-handed**	[left jánded]

• Las de abajo se refieren al estado marital:

casado	**married**	[mérid]
divorciado	**divorced**	[divórst]
separado	**separated**	[sépareited]
soltero	**single**	[síngol]
viudo	**widowed**	[uídoud]

Conduce una breve entrevista en inglés, o saca tus álbumes de fotografías y comienza a señalar a la gente. ¿Puedes reconocer a alguna de estas personas?

la ahijada	***goddaughter***	[gádoter]
el ahijado	***godson***	[gádsan]
la hijastra	***stepdaughter***	[stépdoter]
el hijastro	***stepson***	[stépsan]
la madrastra	***stepmother***	[stépmader]
la madrina	***godmother***	[gádmader]
el padrastro	***stepfather***	[stépfader]
el padrino	***godfather***	[gádfader]

 HOW DO YOU PRONOUNCE IT?

En cada una de las siguentes palabras hay una letra que no se pronuncia. Este problema es muy común en inglés, así que siempre ten cuidado con la pronunciación y escritura de las palabras:

half	[jaf]	***knee***	[ni]	***scissors***	[sísors]
island	[áilan]	***walk***	[uóc]	***pneumonia***	[niumónia]
answer	[ánser]	***talk***	[toc]	***Christmas***	[crísmas]
doubt	[dáut]	***wrong***	[rong]	***listen***	[lísen]
climb	[cláim]	***wrist***	[rist]	***guarantee***	[gáranti]
thumb	[zam]	***guest***	[guést]	***knot***	[nat]
honor	[ónor]	***sword***	[sor]	***whole***	[jóul]
knock	[noc]	***build***	[bild]	***whistle***	[uísl]

Race and Nationality
[réis an nachonáliti]
(Raza y nacionalidad)

Identifica a la personas que te rodean de acuerdo a su raza o nacionalidad. Usa estas palabras en inglés para describirlas:

Ella es...	*She's...*	[chis]
americana	*American*	[américan]
amerindia	*Native American*	[néitiv américan]
asiática	*Asian*	[éichan]
blanca	*white*	[uáit]
del Oriente Medio	*Middle Eastern*	[mídel ístern]
europea	*European*	[iuropían]
hispana	*Hispanic*	[jispánic]
latina	*Latin*	[látin]
negra	*black*	[blac]
polinesia	*Polynesian*	[poliníchen]

Muy bien. Ahora sé más específico:

El es...	*He's...*	[jis]
afroamericano	*African-American*	[áfrican américan]
anglosajón	*Anglo-Saxon*	[ánglo sáxon]
asiáticoamericano	*Asian-American*	[éichan américan]
latinoamericano	*Latin-American*	[látin américan]

Aquí tienes otro patrón. Sólo pon la palabra apropiada:

El hombre es...	*The man is...*	[de man es]
africano	*African*	[áfrican]
alemán	*German*	[chérman]
árabe	*Arab*	[árab]
australiano	*Australian*	[austrélian]
canadiense	*Canadian*	[canédian]
chino	*Chinese*	[chainís]
escocés	*Scottish*	[scátich]
español	*Spanish*	[spánich]
francés	*French*	[french]

griego	**Greek**	[gric]
holandés	**Dutch**	[dach]
inglés	**English**	[ínglech]
irlandés	**Irish**	[áirich]
italiano	**Italian**	[itálian]
japonés	**Japanese**	[llapanís]
norteamericano	**a U.S. citizen**	[a iú es sítisen]
portugués	**Portuguese**	[porchuguís]
ruso	**Russian**	[ráchan]
sueco	**Swedish**	[suídich]
suizo	**Swiss**	[suís]
vietnamita	**Vietnamese**	[vietnamís]

¿Y cómo estamos al sur de la frontera?

Soy...	**I'm...**	[am]

argentino	**Argentinian**	[archentínian]
boliviano	**Bolivian**	[bolívian]
brasileño	**Brazilian**	[brasílian]
chileno	**Chilean**	[chílean]
costarricense	**Costa Rican**	[cósta rícan]
cubano	**Cuban**	[quiúban]
dominicano	**Dominican**	[domínican]
ecuatoriano	**Ecuadorean**	[ecuadórean]
guatemalteco	**Guatemalan**	[guatemálan]
haitiano	**Haitian**	[jéichian]
hondureño	**Honduran**	[jondúran]
mexicano	**Mexican**	[méxican]
nicaraguense	**Nicaraguan**	[nicaráguan]
panameño	**Panamanian**	[panaménian]
paraguayo	**Paraguayan**	[paraguáian]
peruano	**Peruvian**	[perúvian]
puertorriqueño	**Puerto Rican**	[puertorícan]
salvadoreño	**Salvadorean**	[salvadórean]
uruguayo	**Uruguayan**	[iuruguáian]
venezolano	**Venezuelan**	[venesuélan]

HOW DO YOU WRITE IT?

Revisa este nuevo vocabulario. Nota que en inglés estas palabras están escritas con letra mayúscula.

Usted es...	*You are...*	[iú ar]
budista	*Buddhist*	[búdist]
católico	*Catholic*	[cátolic]
cristiano	*Christian*	[críschan]
judío	*Jewish*	[llúich]
musulmán	*Muslim*	[múslim]
protestante	*Protestant*	[prótestan]

 I BET YOU CAN!

40. Conecta estas palabras con sus antónimos:

son-in-law	*adult*
young person	*daughter-in-law*
friend	*short*
tall	*enemy*

41. Termina esta lista:

Spain	*Spanish*
Portugal	_____
Greece	_____
France	_____
Italy	_____
Canada	_____

(Las respuestas están en la página 332.)

What's Your Profession?
[uáts iór proféchon]
(¿Cuál es tu profesión?)

Frecuentemente, las conversaciones importantes en inglés incluyen frases sobre la gente en el trabajo. Mientras conversamos acerca de las ocupaciones, por qué no echamos un vistazo al siguiente vocabulario:

He's reading about the...
I'm talking to the...
We're waiting for the...

el abogado	*lawyer*	[lóier]
el arquitecto	*architect*	[árquitect]
el bombero	*firefighter*	[fáierfaiter]
el cajero	*cashier*	[cachíer]
el campesino	*farmer*	[fármer]
el carpintero	*carpenter*	[cárpenter]
el cartero	*mail carrier*	[méil cárier]
el cocinero	*cook*	[cuc]
el consultor	*consultant*	[consáltan]
el dentista	*dentist*	[déntis]
el dependiente	*clerk*	[clerc]
el doctor	*doctor*	[dóctor]
el enfermero	*nurse*	[nérs]
el ingeniero	*engineer*	[enchiníar]
el maestro	*teacher*	[tícher]
el mecánico	*mechanic*	[mecánic]
el mesero	*waiter*	[uéiter]
el plomero	*plumber*	[plámer]
el policía	*police officer*	[polís áfiser]
el secretario	*secretary*	[sécretari]
el vendedor	*salesman*	[séilsman]

More Workers! [mor uérquers]
(¡Más trabajadores!)

Continúa practicando el Tiempo verbal Presente con el siguiente grupo de palabras relacionadas con el trabajo. Estos títulos son un poquito más específicos, así que encuentra un verbo especial que se ajuste a la profesión.

el artista	***artist***	[ártist]
	The artist is painting.	
el conserje	***janitor***	[chánitor]
	The janitor is cleaning.	
el bibliotecario	***librarian***	[laibrérian]
el botones	***bellhop***	[béljop]
el camionero	***truck driver***	[trac dráiver]
el cantinero	***bartender***	[bártender]
el chofer	***chauffeur***	[chófer]
el cirujano	***surgeon***	[sérchon]
el contratista	***contractor***	[cantráctor]
el escritor	***writer***	[ráiter]
el jardinero	***gardener***	[gárdener]
el lavaplatos	***dishwasher***	[díchuacher]
el entrenador	***coach***	[coch]
el niñero	***babysitter***	[béibisiter]

el obrero	*laborer*	[léiborer]
el pintor	*painter*	[péinter]
el técnico	*technician*	[tecníchen]

Y, siempre es bueno saber como llamar a las personas que trabajan en el mundo de los negocios.

el asistente	*assistant*	[asísten]
el cliente	*client*	[cláien]
el dueño	*owner*	[óuner]
el empleado	*employee*	[emplóyi]
el empresario	*employer*	[emplóier]
el gerente	*manager*	[mánacher]
el jefe	*boss*	[bos]
el presidente	*president*	[présiden]
el supervisor	*supervisor*	[superváiser]

Algunos títulos son más especiales que otros. ¿Conoces algunas personas que tengan estas profesiones?

el actor	*actor*	[áctor]
la actriz	*actress*	[áctres]
el astronauta	*astronaut*	[ástronot]
el atleta	*athlete*	[ázlit]
el buzo	*diver*	[dáiver]
el cómico	*comedian*	[comídian]
el guía	*guide*	[gáid]
el juez	*judge*	[chach]
el músico	*musician*	[miusíchan]

el payaso	*clown*	[cláun]
el piloto	*pilot*	[páilot]
el sacerdote	*priest*	[príst]
el soldado	*soldier*	[sólcher]

Please Describe [plis descráib]
(Favor de describir)

Fortalece tus conocimientos con estas palabras útiles. Usa las oraciones en los ejemplos para practicar tu gramática:

Tom is _____ and _____.
He's a _____ boy.
Pamela is _____ and _____.
She's a _____ girl.

bella	*beautiful*	[biútiful]
calvo	*bald*	[báld]
cobarde	*cowardly*	[cáuarli]
cortés	*polite*	[poláit]
de edad mediana	*middle-aged*	[mídel éicht]
extraño	*strange*	[strench]
inteligente	*smart*	[smart]
interesante	*interesting*	[ínterestin]
loco	*crazy*	[créisi]
maduro	*mature*	[machiúr]
mayor (edad)	*older*	[ólder]
menor (edad)	*younger*	[iánguer]
moreno (cabello)	*brunette*	[brunét]
moreno (piel)	*dark-skinned*	[darc squínd]
paciente	*patient*	[péichent]
pelirrojo	*red-headed*	[red jéded]
perezoso	*lazy*	[léisi]
puntual	*prompt*	[promt]
quieto	*quiet*	[cuáiet]
rubio	*blonde*	[blond]
rudo	*rude*	[rud]
sabio	*wise*	[uáis]
saludable	*healthy*	[jélsi]
simpático	*nice*	[náis]
tímido	*shy*	[chái]
tosco	*rough*	[raf]
trabajador	*industrious*	[indástrias]
valiente	*brave*	[bréiv]

ADVICE!

• Ten en mente que docenas de palabras descriptivas se derivan de las palabras básicas:

ambicioso	*ambitious*	[ambíches]
ambición	*ambition*	[ambíchen]
peligroso	*dangerous*	[déncheres]
peligro	*danger*	[déncher]
famoso	*famous*	[féimes]
fama	*fame*	[féim]

• Si quieres dar una buena descripción de alguien, tendrás que hablar con más detalle.

abrazadera	*braces*	[bréisis]
cicatriz	*scar*	[scar]
descalzo	*barefoot*	[béarfut]
desnudo	*naked*	[néiqued]
lentes	*glasses*	[glásis]
peluca	*wig*	[uíg]
tatuaje	*tattoo*	[tatú]

• Ya te habrás podido dar cuenta que muchas de las palabras descriptivas en inglés tienen la terminación *ed*. La forma del verbo *Past Participle* (participio pasado) es una simple alteración de nuestra palabra base. Aunque luego estaremos hablando más de este tema, tómate unos minutos para leer estos ejemplos:

confundir	*to confuse*	[tu canfiús]
confundido	*confused*	[canfiúsd]
sorprender	*to surprise*	[tu sarpráis]
sorprendido	*surprised*	[sarpráisd]
cansar	*to tire*	[tu táir]
cansado	*tired*	[táierd]

• La cosa es simple: mientras más vocabulario sepas, mejor te irá en la vida. Aquí tienes unas cuantas de mis favoritas:

Estoy...	*I'm...*	[am]
disponible	*available*	[avélabel]
ocupado	*busy*	[bísi]
perdido	*lost*	[lost]
listo	*ready*	[rédi]
equivocado	*wrong*	[rong]

• En tu nuevo nivel de inglés, necesitas aprender todas las palabras que ves más abajo. ¡Adelante!

duro	*hard*	[jard]
blando	*soft*	[soft]
claro	*clear*	[clíar]
oscuro	*dark*	[darc]
abierto	*open*	[ópen]
cerrado	*closed*	[clóusd]
recto	*straight*	[stréit]
torcido	*crooked*	[crúqued]
ancho	*wide*	[uáid]
estrecho	*narrow*	[nárou]
mojado	*wet*	[uét]
seco	*dry*	[drái]
profundo	*deep*	[dip]
bajo	*shallow*	[chálou]
áspero	*rough*	[raf]
liso	*smooth*	[smus]
vacío	*empty*	[émpti]
lleno	*full*	[ful]
pesado	*heavy*	[jévi]
ligero	*light*	[láit]
grueso	*thick*	[zic]
delgado	*thin*	[zin]
apretado	*tight*	[táit]
flojo	*loose*	[lus]
mejor	*better*	[béter]
peor	*worse*	[uérs]
romo	*dull*	[dal]
afilado	*sharp*	[charp]

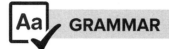 **GRAMMAR**

La forma superlativa de los adjetivos de una sola sílaba es formada añadiendo la terminación **est**:

warm—warmest	[uórm—uórmest]
high—highest	[jái—jáiest]
big—biggest	[bic—bíguest]
hot—hottest	[jat—játest]

La forma superlativa de los adjetivos de más de una sílaba generalmente requiere la palabra **most**.

interesting—most interesting
[ínterestin—móust ínterestin]
difficult—most difficult
[dífical—móust dífical]
beautiful—most beautiful
[biútiful—móust biútiful]
expensive—most expensive
[expénsiv—móust expénsiv]

Cuando usas la forma superlativa, tendrás que agregar la palabra **the**.

Es lo más grande.	**It is the biggest.**
Ella es la más alta.	**She is the tallest.**

Los superlativos de las palabras **good** y **bad** son irregulares:

good—best	[gud—best]
bad—worst	[bad—uérst]

Es el mejor mecánico en la ciudad.
He is the best mechanic in town.
[ji es de best mecánic in táun]

Tengo la peor nota en la clase.
I have the worst grade in the class.
[ái jav de uérst gréid in de clas]

I BET YOU CAN!

42. ¿Cuál es la palabra opuesta?

wide	_____
correct	_____
loud	_____
wet	_____
cowardly	_____
empty	_____

43. Traduce sin ayuda y pronuncia éstas en voz alta:

necessary	_____
fantastic	_____
terrible	_____
professional	_____
sentimental	_____
diligent	_____
magnificent	_____
romantic	_____
intoxicated	_____
cruel	_____
probable	_____
imaginative	_____
possible	_____
intellectual	_____

44. ¿Qué está pasando aquí?

unprofessional	_____
unnecessary	_____
unimaginative	_____

(Las respuestas están en la página 332.)

Word Search Puzzle 2
(Las descripciones)

Busca las palabras escondidas:

YOUNGER	STRANGE	AVAILABLE
BRUNETTE	NICE	INTERESTING
DANGEROUS	FAMOUS	BUSY
RUDE	DIFFICULT	SMART
BRAVE	POLITE	BAREFOOT
HEALTHY	WISE	THIN
ROUGH	SHY	

```
E  T  X  H  B  E  D  B  I  L  O  W  S  F  E  D
R  U  D  E  A  V  A  I  L  A  B  L  E  R  S  R
R  T  S  T  R  A  N  G  E  R  O  K  E  C  L  I
K  S  R  O  E  T  G  I  R  O  U  G  H  N  T  A
E  M  X  V  F  U  E  B  R  U  N  E  T  T  E  J
I  A  A  R  O  X  R  U  P  U  E  L  D  L  D  A
C  R  O  L  O  C  O  S  O  L  U  T  S  Y  W  N
B  T  X  H  T  H  U  Y  L  C  C  N  H  T  H  D
I  N  T  E  R  E  S  T  I  N  G  T  Y  I  N  T
R  I  O  A  I  M  J  F  T  F  L  G  A  P  N  E
A  R  L  I  E  N  F  L  E  A  I  A  G  E  L  G
S  S  I  D  E  I  D  I  E  M  I  Y  Y  Y  O  E
S  I  K  V  D  C  E  H  Z  O  B  H  N  E  M  J
D  M  M  Z  T  E  W  Z  Q  U  Y  D  L  E  I  T
O  S  N  S  E  I  O  W  I  S  E  L  R  I  D  X
M  Q  S  R  N  T  I  T  N  H  E  Q  H  F  M  I
```

(Las respuestas están en la página 339.)

How's It Going? [jáos et góin]
(¿Cómo te va?)

También es buena idea hablar de las emociones. Para memorizar mejor y pasarlo bien al mismo tiempo, actúa mientras practicas. Es decir, para **anxious** pon cara de ansiedad y para **sad** ponte triste. Recuerda que estas palabras describen tanto al hombre como a la mujer:

Estoy...	*I am...*	[ái am]
aburrido	**bored**	[bord]
ansioso	**anxious**	[ánkchas]
calmado	**calm**	[calm]
cansado	**tired**	[táierd]
cómodo	**comfortable**	[cámftabl]
confundido	**confused**	[canfiúsd]
emocionado	**excited**	[exáited]
enfermo	**sick**	[sic]
enojado	**upset**	[apsét]
espantado	**scared**	[squéard]
feliz	**happy**	[jápi]
interesado	**interested**	[ínterested]
nervioso	**nervous**	[nérvas]
preocupado	**worried**	[uórid]
relajado	**relaxed**	[reláxt]
sorprendido	**surprised**	[sarpráisd]
triste	**sad**	[sad]

How Do You Feel? [jáo du iú fil]
(¿Cómo te sientes?)

¡Dile a tu terapista como te sientes!

Me siento...	*I feel...*	[ái fil]
abusado	*abused*	[abiúsd]
agotado	*exhausted*	[exósted]
amado	*loved*	[lavd]
amargado	*bitter*	[bíter]
apático	*apathetic*	[apasétic]
avergonzado	*ashamed*	[achéimd]
celoso	*jealous*	[chélas]
culpable	*guilty*	[guílti]
débil	*faint*	[féint]
deprimido	*depressed*	[diprést]
dolorido	*sore*	[sóar]
frustrado	*frustrated*	[frastréited]
furioso	*furious*	[fiúrias]
hostil	*hostile*	[jóstail]
impaciente	*impatient*	[impéichent]
inquieto	*restless*	[réstles]
inseguro	*insecure*	[insequiúr]
mal	*poorly*	[púarli]
mareado	*dizzy*	[dísi]
odiado	*hated*	[jéited]
raro	*strange*	[strénch]
responsable	*responsible*	[rispánsibol]
seguro	*confident*	[cánfident]
sensible	*sensitive*	[sénsitiv]
soñoliento	*sleepy*	[slípi]
sospechoso	*suspicious*	[saspíchas]

ADVICE!

• ¡Concéntrate en los verbos básicos! Es la mejor manera de aprender descripciones:

Descripción	Verbo	
confused	**(to confuse)**	confundir
exhausted	**(to exhaust)**	agotar
hated	**(to hate)**	odiar
loved	**(to love)**	amar
surprised	**(to surprise)**	sorprender

¡Ten mucho cuidado con las palabras **good** y **well**!

Good es un adjetivo y siempre describe al sustantivo.

> **They are good pictures.**
> [déi ar gud píkchers]

Well es usualmente usado como un adverbio.

> **They work well together.**
> [déi uérc uél tuguéder]

Well puede ser usado como un adjetivo cuando el significado es "estar en buena salud" (**to be in good health**).

> **He was sick, but now he's well.**
> [ji uás sic, bat náu jis uél]

HOW DO YOU WRITE IT?

En las palabras que comienzan con la letra **h** muda, tendrás que escribir el artículo **an** en vez de **a**. Esto es debido a que el primer sonido de la palabra será el sonido de la vocal y no el de la consonante **h**. Estudia este ejemplo:

> **She's an honest person.**
> [chis an ónest pérson]

Pero, **It is a hot day.**
[et es a jat déi]
Porque la **h** de **hot** no es muda.

The Human Body
[de jiúman bádi]
(El cuerpo humano)

Aquí tienes una visión general de las partes del cuerpo en inglés, además de algunas frases útiles que expresan órdenes para que practiques:

Señale...	*Point to (the)...*	[póint tu de]
Mire...	*Look at (the)...*	[luc at de]
Toque...	*Touch (the)...*	[tach de]
el brazo	*arm*	[arm]
la cabeza	*head*	[jed]
el codo	*elbow*	[élbou]
el dedo	*finger*	[fínguer]
la espalda	*back*	[bac]
la mano	*hand*	[jand]
el ojo	*eye*	[ái]
la oreja	*ear*	[íar]
el pecho	*chest*	[chest]
el pie	*foot*	[fut]
la pierna	*leg*	[lec]
la rodilla	*knee*	[ni]

Continúa, pero esta vez, practica con estas dolorosas expresiones:

Me duele _____.	*My _____ hurts.*	[jerts]
Me duelen _____.	*My _____ hurts.*	[jerts]
la boca	*mouth*	[máus]
el cuello	*neck*	[nec]
el dedo del pie	*toe*	[tóu]
el diente	*tooth*	[tus]
el estómago	*stomach*	[stómac]
el hombro	*shoulder*	[chóulder]
la nariz	*nose*	[nóus]

What a Face! [uát a féis] (¡Qué cara!)
Mírate en el espejo detenidamente. ¿Qué ves?

la barbilla	*chin*	[chin]
la ceja	*eyebrow*	[áibrau]
las encías	*gums*	[gams]
la fosa nasal	*nostril*	[nóstril]
el labio	*lip*	[lip]
la mandíbula	*jaw*	[cho]
la mejilla	*cheek*	[chic]
el párpado	*eyelid*	[áilid]
la pestaña	*eyelash*	[áilach]

Y no te olvides de incluir esos órganos internos. Esta vez, trata de hacer un comentario médico:

el bazo	*spleen*	[splin]
el cerebro	*brain*	[bréin]
la corazón	*heart*	[jart]
el hígado	*liver*	[líver]
el intestino	*intestine*	[intéstin]
el pulmón	*lung*	[lang]
el riñón	*kidney*	[quídni]
la vejiga	*bladder*	[bláder]
la vesícula	*gallbladder*	[golbláder]

ADVICE!

• Aquí tienes palabras que pueden ayudarte a describir a la gente con más detalle aún:

Estoy dibujando...	*I'm drawing the...*	[am dróuin de]
las arrugas	*wrinkles*	[ríncls]
la barba	*beard*	[béard]
la coleta	*ponytail*	[póniteil]
los granos	*pimples*	[pímpls]
los hoyuelos	*dimples*	[dímpls]
el lunar	*mole*	[móul]
las patillas	*sideburns*	[sáidberns]
las pecas	*freckles*	[frécls]
las verrugas	*warts*	[uárts]

● Más palabras claves que puedes usar:

Es...	*It's the...*	[ets de]
el aliento	*breath*	[bres]
el cutis	*complexion*	[camplékchen]
la facción	*feature*	[fíchur]
el gesto	*gesture*	[chéscher]
el habla	*speech*	[spich]
la voz	*voice*	[vóis]

● Nunca sabes cuándo podrás necesitar estos otros términos:

Veo...	*I see the...*	[ái si de]
la carne	*flesh*	[flech]
el hueso	*bone*	[bóun]
el músculo	*muscle*	[masl]
el nervio	*nerve*	[nerv]
el pelo o cabello	*hair*	[jéar]
la piel	*skin*	[squin]
la sangre	*blood*	[blad]
la vena	*vein*	[véin]

● Ya que estamos hablando de la salud, no dudes en usar una de esas frases de emergencia:

Tengo un(a)...	*I have a/an...*	[ái jav a/an]
alergia	*allergy*	[álerchi]
contusión	*bruise*	[brus]
cortadura	*cut*	[cat]
dolor	*pain*	[péin]
dolor de cabeza	*headache*	[jédeic]
dolor de estómago	*stomachache*	[stómaceic]
dolor de garganta	*sore throat*	[sóar sróut]
dolor de muela	*toothache*	[túseic]
fiebre	*fever*	[fíver]
herida	*injury*	[ínchuri]
hueso quebrado	*broken bone*	[bróquen bóun]
infección	*infection*	[infékchen]
quemadura	*burn*	[bern]
torcedura	*sprain*	[spréin]
tos	*cough*	[cof]
úlcera	*ulcer*	[ólser]

Necesito...	*I need the...*	[ái nid de]
la cirugía	*surgery*	[súrcheri]
primeros auxilios	*first aid*	[férst éid]
las radiografías	*X-rays*	[eks réis]
la receta médica	*prescription*	[prescrípchon]
el seguro médico	*health insurance*	[jels inchúrans]
la terapia	*therapy*	[sérapi]
el tratamiento	*treatment*	[trítment]

• Estudia:

Estoy resfriado.	*I have a cold.*	[ai jav a cold]
Tengo gripe.	*I have the flu.*	[ai jav de flu]

HOW DO YOU PRONOUNCE IT?

Los sonidos indicados con las letras *ur*, *or*, *ir* o *er* en inglés son difíciles de pronunciar, así que repite estas palabras muchas veces, ojalá con alguien que sepa bien el inglés para que te pueda corregir:

nurse	[nérs]	*word*	[uérd]
Thursday	[zérsdei]	*prefer*	[prifér]
thirty	[zérti]	*first*	[férst]
girl	[guérl]	*birthday*	[bérsdei]

I BET YOU CAN!

45. Traduce:

She has wrinkles on her face.

_____

There's a lot of blood in the veins.

_____

My wrists and ankles hurt.

_____

Point to the cut on your hand.

_____

The burn is on the skin.

_____

(Las respuestas están en la página 332.)

CROSSWORD PUZZLE 2
(El Cuerpo Humano)

ACROSS
1. el hombro
5. los dientes
7. el cuello
9. la cabeza
10. la barbilla
11. la nariz
12. el brazo
13. los pies
16. la vesícula

DOWN
1. el estómago
2. el hígado
3. la mano
4. la espalda
6. la garganta
8. la rodilla
9. el corazón
13. el dedo
14. la ceja
15. el codo
17. el cerebro

(El crucigrama terminado está en la página 340.)

4

I Will Practice Soon!

[ái uíl práctis sun]
(¡Practicaré pronto!)

Futureworld
[fiúcheruerld]
(El Mundo del Futuro)

Quizás hayas notado que hasta ahora todas nuestras experiencias en inglés han ocurrido en el Tiempo Presente. En otras palabras, podemos decir lo que estamos haciendo (***We're studying now!***) y lo que hacemos diariamente (***We study every day!***). Esto es excelente, pero estas formas del presente no nos sirven cuando tenemos que hablar de lo que haremos mañana. Por eso, querido estudiante, nuevamente estamos partiendo hacia otro territorio desconocido de los verbos, es decir, las palabras de acción en inglés: ¡El Mundo del Futuro, donde todos los habitantes hablan de lo que va a pasar!

What Will Be, Will Be [uát uíl bi, uíl bi] (Qué será, será)

¿Estás listo para el planeta del Tiempo Futuro? Calentemos el motor primero con lo que hemos aprendido en el planeta Tiempo Presente.

46. Practica:

	Ahora... *Right now...*	Todos los días... *Every day...*
(I)	*I'm writing in English.*	*I write in English.*
(Mary)	*She's sleeping in the bed.*	*She sleeps in the bed.*
(We)	*We're dancing a lot.*	_____
(They)	*They're closing the doors.*	_____
(You)	*You're drinking milk.*	_____

(Las respuestas están en la página 332.)

Ahora, sigamos con las actividades futuras. Generalmente, todo lo que haces es agregar la palabra *will* [uíl] al tiempo presente. Mientras practicas, exagera la pronunciación de la palabra *will*:

To Speak	[tu spic]	Hablar
I will speak	[ái uíl spic]	hablaré
You (sing.) *will speak*	[iú uíl spic]	hablarás
He, She will speak	[ji, chi uíl spic]	hablará
You (pl.), *They will speak*	[iú, déi uíl spic]	hablarán
We will speak	[uí uíl spic]	hablaremos

Ahora, usando la misma fórmula, haz frases con estos verbos:

To Work

I will work in the office.

You (sing.) _____

He _____

You (pl.) _____

We _____

To Sell

I will sell hair dryers.

You (sing.) _____

She _____

They _____

We_____

To Go

I will go to see my mother.

You (sing.) _____

He _____

You (pl.)_____

We_____

 ADVICE!

• Esta forma con la palabra **will** es llamada Tiempo Futuro. Sin embargo, si es puesta en forma de pregunta, también puede usarse para expresar esperanza, deseo o disposición:

¿Podrías ayudarme?   **Will you help me?** [uíl iú jelp mi]

• Usa la Regla de Combinar para formar las contracciones:

I will	[ái uíl]	**I'll**	[áil]
He will	[ji uíl]	**He'll**	[jil]
She will	[chi uíl]	**She'll**	[chil]
It will	[et uíl]	**It'll**	[etl]
You will	[iú uíl]	**You'll**	[iúl]
They will	[déi uíl]	**They'll**	[déil]
We will	[uí uíl]	**We'll**	[uíl]

I BET YOU CAN!

47. Crea frases en el Tiempo Futuro usando las palabras de la columna izquierda:

after o **afterwards**　　　después
[áfter, áfteruerds]　　　　　***I'll eat afterwards.***
　　　　　　　　　　　　　　─────────────────

tomorrow　　　　　　　　mañana
[tumárou]　　　　　　　　　─────────────────

in a few days　　　　　　en pocos días
[in a fiú déis]　　　　　　　─────────────────

next year　　　　　　　　el próximo año
[next íer]　　　　　　　　　─────────────────

the day after tomorrow　pasado mañana
[de déi áfter tumárou]　　　─────────────────

some day　　　　　　　　algún día
[sam déi]　　　　　　　　　─────────────────

in the future　　　　　　en el futuro
[in de fiúcher]　　　　　　　─────────────────

the following one　　　　el o la siguiente
[de fólouin uán]　　　　　　─────────────────

later　　　　　　　　　　luego
[léiter]　　　　　　　　　　─────────────────

later on　　　　　　　　más tarde
[léiter on]　　　　　　　　　─────────────────

soon　　　　　　　　　　pronto
[sun]　　　　　　　　　　　─────────────────

48. Cambia estas oraciones al Tiempo Futuro. Escribe la forma completa del verbo en los espacios en blanco:

He studies in his room.　***He will study in his room.***
She works in this office.　────────────────────
You speak English well.　────────────────────
I go to the garage a lot.　────────────────────
They walk to work.　　　　────────────────────

(Las respuestas están en la página 332.)

Aa✓ GRAMMAR

Aprende la diferencia entre estas dos partes de la oración. Son tan importantes en el inglés como en el español:

Los adjetivos describen a los sustantivos:

> *a beautiful day*   *an interesting idea*

Los adverbios describen al verbo explicándonos cómo se hace la acción:

> *She works quietly.*   *They write clearly.*

Algunas palabras como ***fast*** [fast], ***hard*** [jard] y ***late*** [léit], toman tanto el lugar del adjetivo como del adverbio:

> *It is a late program.* [et es a léit prógram]
> *I am working late.* [ái am uérquin léit]
>
> *She'll have a hard time.* [chil jav a jard táim]
> *She will study hard.* [chi uíl stádi jard]

I won't do it! [ái uónt du et]
(¡No lo voy a hacer!)

Forma el negativo del Tiempo Futuro colocando la palabra ***not*** después del auxiliar ***will***. Date cuenta de que la contracción de la forma negativa del verbo se escribe ***won't*** en las tres diferentes personas, en el singular y en el plural:

I will not move.	*(I won't move.)*
We will not move.	*(We won't move.)*
You will not move.	*(You won't move.)*
He will not move.	*(He won't move.)*
She will not move.	*(She won't move.)*
It will not move.	*(It won't move.)*
They will not move.	*(They won't move.)*

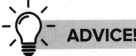

ADVICE!

• Aquí tienes la forma interrogativa. Lee en voz alta. Todo comienza con **will**:

will I go	***Will I go with you?***
will we go	***Will we go to the hotel?***
will you go	***Will you go at five?***
will he go	***Will he go to his house?***
will she go	***Will she go to work?***
will it go	***Will it go in the hole?***
will they go	***Will they go with us?***

• Forma diferentes preguntas en el Tiempo Futuro usando las palabras **Who**, **How**, **When**, **What**:

Who will come to the party?   [ju uíl cam tu de párti]
¿Quién vendrá a la fiesta?

How many will she buy?   [jáo méni uíl chi bái]
¿Cuántos comprará?

When will I see you again?   [uén uíl ái si iú eguén]
¿Cuándo te veré de nuevo?

What will happen today?   [uát uíl jápen tudéi]
¿Qué pasará hoy?

• ¡Importantísimo! La forma del verbo **to be** en el Tiempo Futuro es **will be**:

I will be (I'll be)	[ái uíl bi, áil bi]
we will be (we'll be)	[uí uíl bi, uíl bi]
you will be (you'll be)	[iú uíl bi, iúl bi]
he will be (he'll be)	[ji uíl bi, jil bi]
she will be (she'll be)	[chi uíl bi, chil bi]
it will be (it'll be)	[et uíl bi, etl bi]
they will be (they'll be)	[déi uíl bi, déil bi]

• En las declaraciones en el Tiempo Futuro con la palabra **there**, es común cambiar **there will be** por **there'll be**:

Will there be a test?   ***Yes, there'll be a test.***

Mira la diferencia entre el presente y el futuro en estas frases sigue leyendo todo:

He is in the house.   *He'll be in the house.*
It is on the desk.   *It'll be on the desk.*
We are very busy.   *We'll be very busy.*
There is a table.   *There'll be a table.*
They are at home.   *They'll be at home.*

• Forma el tiempo Futuro *Continuo* usando **will be** y el presente participio del verbo principal. El tiempo Futuro Continuo describe una acción que ocurrirá cuando otra acción está pasando. Como siempre, las contracciones se usan en la mayoría de los casos:

I will be working.   *(I'll be working.)*
We will be working.   *(We'll be working.)*
You will be working.   *(You'll be working.)*
He will be working.   *(He'll be working.)*
She will be working.   *(She'll be working.)*
It will be working.   *(It'll be working.)*
They will be working.   *(They'll be working.)*

I will be sleeping when you return this evening.
[ái uíl bi slípin uén iú ritérn dis ívnin]
They'll be painting the house by the time you arrive there.
[déil bi péintin de jáus bái de táim iú aráiv der]

 ## HOW DO YOU PRONOUNCE IT?

Fíjate cómo ciertas combinaciones de letras dan ciertos tipos determinados de pronunciación.

church	[cherch]	*sir*	[ser]
hurt	[jert]	*firm*	[ferm]
curl	[querl]	*third*	[zerd]
burn	[bern]	*first*	[férst]
earn	[ern]	*word*	[uérd]
early	[érli]	*work*	[uérc]
learn	[lern]	*world*	[uérld]
earth	[ers]	*worse*	[uérs]

I BET YOU CAN!

49. Cambia estas oraciones a la forma negativa, usando la palabra "won't":

He will see us at three o'clock. _____
She will be back in an hour. _____
He will drive the car. _____
They will open the door. _____
She will meet us here. _____

50. Traduce estas oraciones:

He will be studying. _____
I'll be at work. _____
Will she go with us? _____
You'll like the movie. _____
There'll be food. _____

(Las respuestas están en la página 332.)

I'm Going to Do It! [am góin tu du et]
(¡Voy a hacerlo!)

¿Recuerdas el verbo **to go** ("ir") que encontramos en el planeta Tiempo Presente? Pues bien, también es la forma usada para hablar sobre las acciones que pasarán en el futuro. Lee:

I'm going to eat.   Voy a comer.
[am góin tu it]
I'm going to watch TV.   Voy a mirar televisión.
[am góin tu uách tiví]
I'm going to sleep.   Voy a dormir.
[am góin tu slip]

¡Mira! Todo lo que tienes que hacer es añadir la forma infinitiva del verbo. Vamos a tratar unos cuantos ejercicios más:

Vamos a textear más tarde. **We're going to text later.**
Van a cocinar mañana. **They're going to cook tomorrow.**

Ella va a venir en el futuro. **She's going to come in the future.**

I BET YOU CAN!

51. Y ahora trata tú. ¡Sigue el ejemplo que se te ha dado, y descubre las dos diferentes maneras de hablar de los eventos futuros!

I'll drive tomorrow.
I'm going to drive tomorrow.

They'll clean the room.
They're going to clean the room.

Joe will leave at eight. _____

We'll have a party. _____

He'll work late. _____

(Las respuestas están en la página 332.)

 GRAMMAR

Otra manera de mejorar tu nivel del inglés es alargar las oraciones. Una manera fácil de hacerlo es comprendiendo que las palabras **who**, **which** y **that** ("quién", "cuál" y "ese" o "esa") también pueden significar "que". Así es, las tres palabras inglesas pueden significar la misma palabra en español.

Es el hombre *que* vive en la casa grande.
He's the man who lives in the big house.
[jis de man ju livs in de bic jáus]

Comeré la comida *que* está en la mesa.
I'll eat the food that's on the table.
[áil it de fud dats on de téibol]

La casa en *que* él vive se pintará el próximo lunes.
The house in which she lives will be painted next Monday.
[de jáus in uích chi livs uíl bi péinted next mándei]

I BET YOU CAN!

52. Busca el significado de estas palabras. Te ayudarán en el futuro:

might _____   **could** _____
may _____   **would** _____

Repasa y revisa los usos de las palabras de acción:

What do you do?   ¿Qué haces?
What are you doing?   ¿Qué estás haciendo?
What are you going to do? ¿Qué vas a hacer?

I work a lot.   Trabajo mucho.
I'm working now.   Estoy trabajando ahora mismo.
I'm going to work later.   Voy a trabajar más tarde.

53. ¿Cuánto inglés sabes? Traduce:

We're not going to Ecuador.

_____

Fred is going to run.

_____

Mrs. Smith isn't going to cook.

_____

We will dance at the club.

_____

We won't drive to your house.

_____

Where are you going after work?

_____

54. Completa las siguientes oraciones con la forma ***going to*** del Tiempo Futuro, usando los verbos encerrados entre paréntesis. Usa tanto la forma completa como la de contracción:

They _____ (see) us next weekend.

They are going to see us next weekend.
They're going to see us next weekend.

We _____ (eat) at six tonight.
I _____ (leave) on Tuesday.
They _____ (move) next year.
We _____ (get up) early in the morning.
She _____ (drive) to California in the summer.

(Las respuestas están en las páginas 332–333.)

ADVICE!

• Mira los dos ejemplos de uso de ***going to*** en frases negativas e interrogativas:

He's going to dance:

Negative: *He's not going to dance* o
            He isn't going to dance.
Question: *Is he going to dance?*

We're going to eat:

We're not going to eat o *We aren't going to eat.*
Are we going to eat?

I BET YOU CAN!

55. Ahora, hazlas tú solo:

She's going to go.	*They're going to sleep.*
Negative: _____	_____
_____	_____
Question: _____	_____

(Las respuestas están en la página 333.)

• El Tiempo Pasado en la forma del verbo ***going to*** indica una acción que fue planeada o intentó planearse pero que no ocurrió. Mira este ejemplo del Tiempo Pasado del verbo ***to be going to*** y úsalo para crear tus propias frases.

> *I was going to speak.*
> *We were going to speak.*
> *You were going to speak.*
> *He was going to speak.*
> *She was going to speak.*
> *It was going to speak.*
> *They were going to speak.*

Iba a hablar con ella, pero tuve problemas con el teléfono.
I was going to speak with her, but I had trouble with the phone.
[ái uás góin tu spic uíd jer, bat ái jad trabl uíd de fon]

City Spanish [síti spánich] (El español urbano)

En el planeta Futuro, todo el mundo se dirige a hacer algo. Vamos a pasar por la ciudad, donde hay muchas cosas que hacer y mucho vocabulario que aprender.

Mira...	*Look at the...*	[luc at de]
la acera	*sidewalk*	[sáiduoc]
la calle	*street*	[strit]
la carretera	*highway*	[jáiuei]
la cuadra	*city block*	[síti bloc]
el edificio	*building*	[bíldin]
la esquina	*corner*	[córner]
el semáforo	*traffic light*	[tráfic láit]

¿Y qué lugar te gusta más?

el aeropuerto	*airport*	[érport]
el banco	*bank*	[banc]
la biblioteca	*library*	[láibrari]
el cine	*movie theater*	[múvi ziéter]
el café	*coffee shop*	[cáfi chop]
el centro comercial	*mall, shopping center*	[mal, chópin center]
el correo	*post office*	[post áfis]
el departamento de bomberos	*fire department*	[fáier dipártmen]
la escuela, el colegio	*school*	[scul]

la estación de autobús	*bus station*	[bas stéichon]
la estación de policía	*police station*	[polís stéichon]
la fábrica	*factory*	[fáctori]
la farmacia	*pharmacy*	[fármasi]
la gasolinera	*gas station*	[gas stéichon]
el hospital	*hospital*	[jóspital]
la iglesia	*church*	[cherch]
la librería	*bookstore*	[búcstor]
el mercado	*market*	[márquet]
el museo	*museum*	[miusíum]
la oficina	*office*	[áfis]
el parque	*park*	[parc]
el salón de belleza	*beauty salon*	[biúti salón]
la tienda	*store*	[stor]
la universidad	*college, university*	[cálech, iunivérsiti]

What Place? [uát pléis]
(¿Qué lugar?)

Mientras caminas por la ciudad, nombra todo lo que ves:

¿Dónde está...?	*Where's the...?*	[uéars de]
la caseta de peaje	*toll booth*	[tol bus]
la fuente	*fountain*	[fáunten]
el letrero	*billboard*	[bílbord]
el lote de carros	*car lot*	[car lat]
la parada de autobús	*bus stop*	[bas stap]
el poste de teléfono	*telephone pole*	[télefon póul]
el puente	*bridge*	[brích]
el rascacielos	*skyscraper*	[scáiscreiper]
el señal de pare	*stop sign*	[stap sáin]
la torre	*tower*	[táuer]
el túnel	*tunnel*	[tánel]
la vía del ferrocarril	*railroad track*	[réilroud trac]

¿Qué está pasando adentro? Sigue mirando y nombrando:

| Estamos en... | **We're at the...** | [uír at de] |
| Estaremos en... | **We'll be at the...** | [uíl bi at de] |

el ascensor	**elevator**	[elevéitor]
el baño público	**restroom**	[réstrum]
el buzón	**mailbox**	[méilbax]
la entrada	**entrance**	[éntrans]
la escalera mecánica	**escalator**	[escaléitor]
las escaleras	**stairs**	[stéars]
el piso	**floor**	[flóar]
la puerta giratoria	**rotating door**	[róteitin dóar]
la salida	**exit**	[éxit]
el salón	**lobby**	[lóbi]

Aquí tienes más español relacionado con las calles de la ciudad:

| Voy a estacionar en... | **I'm going to park at the...** |
| | [am góin tu parc at de] |

la avenida	**avenue**	[áveniu]
el bulevar	**boulevard**	[búlevar]
el callejón	**alley**	[áli]
el camino	**road**	[róud]
el estacionamiento	**parking lot**	[párquin lat]
la ruta	**route**	[ráut]
el sendero	**path**	[pas]

Describe el lugar en que vives. Combina el vocabulario que ya conoces con las palabras que ves más abajo.

| Vivo en... | **I live in the...** | [ái liv in de] |
| Manejaré a... | **I'll drive to the...** | [áil dráiv tu de] |

las afueras	**outskirts**	[áutsquerts]
el área	**area**	[área]
el centro	**downtown**	[dáuntaun]
la ciudad	**city**	[síti]
la comunidad	**community**	[camiúniti]
el condado	**county**	[cáunti]
el distrito	**district**	[dístrict]
el estado	**state**	[stéit]
la frontera	**border**	[bórder]
el pueblo	**town**	[táun]

el sitio	*site*	[sáit]
la vecindario	*neighborhood*	[néiborjud]
la villa	*village*	[vílich]
la zona	*zone*	[zóun]

 GRAMMAR

Los prefijos, llamados *prefixes* [prífixis] en inglés, pueden usarse para crear el significado opuesto de un adjetivo o verbo. Estudia la lista que sigue y crea frases con todas las nuevas palabras.

capaz	*capable*	[quéipabl]
incapaz	*incapable*	[inquéipabl]
doblar	*to fold*	[tu fold]
desdoblar	*to unfold*	[tu anfóld]
honesto	*honest*	[ónest]
deshonesto	*dishonest*	[disónest]
obedecer	*to obey*	[tu obéi]
desobedecer	*to disobey*	[tu dísobei]
estar de acuerdo	*to agree*	[tu agrí]
estar en desacuerdo	*to disagree*	[tu disagrí]
feliz	*happy*	[jápi]
infeliz	*unhappy*	[anjápi]
paciente	*patient*	[péichent]
impaciente	*impatient*	[impéichent]
justo	*fair*	[féar]
injusto	*unfair*	[anféar]
maduro	*mature*	[machúr]
inmaduro	*immature*	[ímachur]
sincero	*sincere*	[sinsíar]
insincero	*insincere*	[insinsíar]
pronunciar (bien)	*pronounce*	[pranáuns]
pronunciar (mal)	*mispronounce*	[mispranáuns]

¡Tú deberías saber lo que estas palabras significan!

| *regular—irregular* | [régular—irrégular] |
| *legal—illegal* | [lígal—ilígal] |

ADVICE!

- Aquí tienes más lugares del centro de la ciudad:

la carnicería	**meat market**	[mit márquet]
la floristería	**florist**	[flórist]
la joyería	**jewelry store**	[chúleri stóar]
la lavandería	**laundromat**	[lóndromat]
la mueblería	**furniture store**	[férnicher stóar]
la panadería	**bakery**	[béiqueri]
la peluquería	**barber shop**	[bárber chop]
la zapatería	**shoe store**	[chu stóar]

- ¿Has tenido oportunidad de visitar cualquiera de estos lugares? ¡Pues ahora hazlo en inglés!

el almacén	**warehouse**	[uéarjaus]
el bar	**bar**	[bar]
el campamento	**camp**	[camp]
la cárcel	**jail**	[chéil]
el cementerio	**cemetery**	[sémeteri]
el club	**club**	[clab]
el muelle	**pier**	[píer]
el municipio	**city hall**	[síti jal]
el zoológico	**zoo**	[súu]

- ¿Y qué de los lugares de oración?

Vamos a...	**We go to the...**	[uí góu tu de]
Iremos a...	**We'll go to the...**	[uíl góu tu de]

la capilla	**chapel**	[chápel]
la catedral	**cathedral**	[casídral]
la iglesia	**church**	[cherch]
la mezquita	**mosque**	[mosc]
la sinagoga	**synagogue**	[sínagoc]
el templo	**temple**	[témpl]

• Ay, ¡tienes tanto más que aprender todavía! Pero no te desanimes, pues si has llegado hasta aquí, ya estás conversando a un nivel muy respetable.

Es una zona _____. ***It's a*** _____ ***zone.***
[ets a _____ zóun]

comercial	***commercial***	[camérchal]
de construcción	***construction***	[canstrákchen]
de negocios	***business***	[bísnes]
de tráfico	***traffic***	[tráfic]
residencial	***residential***	[residénchal]
turística	***tourism***	[túrism]

HOW DO YOU PRONOUNCE IT?

Todas los sonidos al final de las palabras tienen que estar pronunciados claramente. Usa esta lista para practicar:

hurt	[jert]	***heard***	[jerd]
at	[at]	***add***	[ad]
live	[liv]	***life***	[láif]
half	[jaf]	***have***	[jav]
sent	[sent]	***send***	[send]
right	[ráit]	***ride***	[ráid]
state	[stéit]	***stayed***	[stéid]
fine	[fáin]	***find***	[fáind]

I BET YOU CAN!

Elige palabras relacionadas con la ciudad y conéctalas con las oraciones de más abajo. ¡No seas tímido! ¡Aclara tu garganta y lee cada una en voz alta!

Estoy trabajando en…	**I'm working at the…**
Ella trabaja en…	**She works at the…**
Vamos a trabajar en…	**We're going to work at the…**

56. Ahora, conecta cada una de estas palabras con su lugar correspondiente:

furniture store	*criminal*
market	*money*
bank	*car*
library	*train*
gas station	*mail*
railroad	*food*
post office	*book*
jail	*table*

57. Encuentra la palabra española dentro de la inglesa y tradúcela:

clinic	_____
prison	_____
supermarket	_____
agency	_____
hotel	_____
cafeteria	_____
mall	_____
center	_____
airport	_____

(Las respuestas están en la página 333.)

Transportation
[transportéichen]
(El transporte)

Nadie se mueve por la ciudad sin tener un medio de transporte.
¿Cómo te movilizas alrededor del mundo Futuro?

Iré por...	***I'll go by...***	[áil góu bái]
Voy a viajar por...	***I'm going to travel by...***	
	[am góin tu trável bái]	

ambulancia	***ambulance***	[ámbiulans]
autobús	***bus***	[bas]
barco	***boat***	[bóut]
bicicleta	***bicycle***	[báisicl]
camión	***truck***	[trac]
cámper	***camper***	[cámper]
carro	***car***	[car]
coche habitación	***house trailer***	[jáus tréiler]
escúter	***scooter***	[scúter]
grúa	***tow truck***	[táu trac]
helicóptero	***helicopter***	[jélicopter]
metro	***subway***	[sábuei]
motocicleta	***motorcycle***	[mótorsaicl]
taxi	***taxi***	[táxi]
tractor	***tractor***	[tráctor]
tren	***train***	[tréin]
volquete	***dump truck***	[damp trac]

ADVICE!

• Siempre hay algo que está pasando en el aeropuerto. Aprende
a hablar sobre el transporte en tal lugar:

la pista de aterrizaje	***airstrip***	[érstrip]
el terminal	***terminal***	[términal]
el vuelo	***flight***	[fláit]

- Los viajeros necesitarán estas frases indispensables:

  a pie **on foot** [on fut]   en bus **by bus** [bái bas]
  He'll go on foot, and she'll go by bus.

- Mira a todos los vehículos de la familia:

Estoy vendiendo...	**I'm selling the...** [am séling de]
Tengo...	**I have the...** [ái jav de]
Compraré...	**I'll buy the...** [áil bái de]

la camioneta	**pickup**	[picap]
el carro deportivo	**sportscar**	[spórtscar]
el descaportable	**convertible**	[canvértibl]
el jip	**jeep**	[llip]
el miniván	**minivan**	[mínivan]
el sedán	**sedan**	[sedán]
la vagoneta, la furgoneta	**van**	[van]
el vehículo de recreo	**recreational vehicle, RV**	
	[recriéichanal víjicl, arví]	
el vehículo deportivo utilitario	**SUV** [esyuví]	

- Hablando de viajes, usa estas típicas frases turísticas:

¿A qué distancia?	**How far?** [jáo far]
¿Hay agua potable?	**Is this drinking water?** [es dis drínquin uáter]
¿Puedo pagar con esto?	**Can I pay with this?** [can ái péi uíd dis]
¿Está incluída?	**Is it included?** [es et inclúdid]
¿Está lista?	**Is it ready?** [es et rédi]
¿Está ocupada?	**Is it taken?** [es et téiquen]
¿Puede ayudarme?	**Can you help me?** [can iú jelp mi]
¿Puede recomendar uno?	**Can you recommend one?** [can iú recoménd uán]
¿Puede repararlo?	**Can you fix it?** [can iú fix et]

- **To move** significa "mudarse":

¿Se van a mudar?	**Are they going to move?** [ar déi góin tu muv]
No, se van a quedar.	**No, they're going to stay.** [nóu, déir góin tu stéi]

• Date cuenta que **to** es usualmente usado después del verbo **to go**:

Voy al banco.   **I'm going to the bank.**
[am góin tu de banc]

Auto Parts [óto parts]
(Las piezas del auto)

Muchas piezas de automóviles pueden verse, tocarse o indicarse. Aquí las tienes:

Toque...	**Touch the...**	[tach de]
Mire...	**Look at the...**	[luc at de]
Señale...	**Point to the...**	[póint tu de]

el acumulador	**battery**	[báteri]
la alarma	**alarm**	[alárm]
el amortiguador	**shock absorber**	[choc absórber]
el arrancador	**starter**	[stárter]
el asiento	**seat**	[sit]
el asiento para niños	**child seat**	[cháil sit]
la bocina	**horn**	[jorn]
la bujía	**spark plug**	[sparc plac]
la calefacción	**heater**	[jíter]
el cambio manual	**stick shift**	[stic chif]
el capó	**hood**	[jud]
el carburador	**carburetor**	[carbiurétor]
el cinturón de seguridad	**safety belt**	[séifti belt]
la correa del ventilador	**fan belt**	[fan belt]
la direccional	**turn signal**	[tern sígnal]
el distribuidor	**distributor**	[distríbutor]
el eje	**axle**	[axel]
el embrague	**clutch**	[clach]
el encendido, el arrancador	**ignition**	[igníchen]

el espejo retrovisor	**rearview mirror**	[riarviú míror]
el faro delantero	**headlight**	[jédlait]
el faro trasero	**taillight**	[téilláit]
el freno	**brake**	[bréic]
la guantera	**glove compartment**	[glav campártmen]

el guardabarro	**fender**	[fénder]
el indicador	**gauge**	[géich]
el limpiaparabrisas	**windshield wiper**	[uínchil uáiper]
la luz de frenada	**brake light**	[bréic láit]
la maletera	**trunk**	[tranc]
el motor	**engine**	[énchin]
el neumático	**tire**	[táir]
el neumático de repuesto	**spare tire**	[spear táir]
el odómetro	**odometer**	[adámiter]
el parabrisas	**windshield**	[uínchil]
el parachoques	**bumper**	[bámper]
el pestillo	**lock**	[loc]
la rueda	**wheel**	[uíl]
el silenciador	**muffler**	[máfler]
el sistema GPS	**GPS system**	[chipiés sístem]
el tablero de instrumentos	**dashboard**	[dáchbord]
el tanque	**tank**	[tank]
el tanque de gasolina	**gas tank**	[gas tanc]
el tapacubo	**hubcap**	[jábcap]
la tapicería	**upholstery**	[apjólsteri]
el tapón del tanque	**gas cap**	[gas cap]
el techo	**roof**	[ruf]
el tirador	**handle**	[jándl]
el velocímetro	**speedometer**	[spidómiter]
el ventilador	**fan**	[fan]
la visera	**visor**	[váisor]
la ventanilla	**door window**	[doar uíndou]
el volante	**steering wheel**	[stírin uíl]

ADVICE!

58. Muchos nombres de piezas de automóviles son similares en los dos idiomas. Estaciónate y traduce las siguientes palabras:

antenna	[anténa]	_____
accelerator	[acseleréitor]	_____
air conditioning	[er condíchonin]	_____
exterior	[extírior]	_____
radiator	[rediéitor]	_____

instrument	[ínstrument]	_____
pedal	[pédal]	_____
transmission	[transmíchon]	_____
stereo	[stéreo]	_____
interior	[intírior]	_____

(Las respuestas están en la página 333.)

• Aquí tienes algunas otras piezas del mismo vehículo:

el alambre	***wire***	[uáir]
la bomba	***pump***	[pamp]
el cable	***cable***	[quéibl]
el engranaje	***gear***	[guíar]
el fusible	***fuse***	[fiús]
la manguera	***hose***	[jóus]
el palanca	***lever***	[léver]
el portillo	***hatch***	[jach]
la válvula	***valve***	[valv]

• Esta vez, habla de la gasolina:

Tomará...	***It'll take...***	[etl téic]
diésel	***diesel***	[dízel]
electricidad	***electricity***	[ilectríciti]
especial	***special***	[spéchal]
regular	***regular***	[régiular]
súper	***premium***	[prímium]

Scramble Puzzle (Las partes del auto)

Descifra las palabras y escríbelas en las líneas. Las respuestas están invertidas.

1. hobdsraad _____
2. erlufmf _____
3. bkesra _____
4. gare _____
5. ginene _____
6. siret _____
7. crourtarbe _____
8. mnosstrsniai _____
9. doho _____
10. searsepk _____

1. dashboard
2. muffler
3. brakes
4. gear
5. engine
6. tires
7. carburetor
8. transmission
9. hood
10. speakers

Read the Sign! [rid de sáin]
(¡Lee el letrero!)

En las calles de los Estados Unidos, las leyes del tráfico están colocadas por todas partes:

Camine	*Walk* [uóc]
Camino Cerrado	*Road Closed* [róud clóusd]
Camino Estrecho	*Narrow Road* [nárou róud]
Ceda el Paso	*Yield* [iéld]
Cruce de Caminos	*Road Crossing* [róud crósin]
Cruce de Ferrocarril	*Railroad Crossing* [réilroud crósin]
Curva	*Curve* [querv]
Despacio	*Slow* [slóu]
Desviación	*Detour* [ditúr]
Entrada	*Entrance* [éntrans]
Espere	*Wait* [uéit]
Estacionamiento Prohibido	*No Parking* [no párquin]
Glorieta	*Traffic Circle* [tráfic sércl]
No Caminar	*Don't Walk* [dont uóc]
No Doblar a la Izquierda	*No Left Turn* [no left tern]
No Tirar Basura	*Do Not Litter* [du nat líter]
Parada (o Alto)	*Stop* [stap]
Parada Próxima	*Stop Ahead* [stap ajéd]
Pista para Pasar	*Passing Lane* [pásin léin]
Prohibida la Vuelta en "U"	*No U Turn* [no iú tern]
Prohibido Entrar	*Do Not Enter* [du nat énter]
Prohibido Pasar	*Do Not Pass* [du nat pas]
Salida	*Exit* [éxit]
Una Sola Vía	*One Way* [uán uéi]
Velocidad Máxima	*Speed Limit* [spid límit]
Vía Equivocada	*Wrong Way* [rong uéi]
Zona Escolar	*School Zone* [scul zóun]

Aprende las traducciones de todos las avisos que puedas:

Abierto	*Open*	[ópen]
Cerrado	*Closed*	[clóusd]
Descompuesto	*Out of Order*	[áut av órder]
Emergencia	*Emergency*	[emérgensi]
Empuje	*Push*	[puch]
Jale	*Pull*	[pul]
Minusválidos	*Handicapped*	[jándicapt]

No Fumar	***No Smoking***	[no smóquin]
Peligro	***Danger***	[déincher]
Se Alquila	***For Rent***	[for rent]
Servicios Sanitarios	***Restrooms***	[réstrums]

Work Words [uérc uérds]
(Palabras del trabajo)

El trabajo es una parte muy importante en nuestras vidas. Lee el vocabulario que sigue, mira los ejemplos y crea tus propias preguntas (y luego, contéstalas).

la cita **appointment** [apóintmen]

Do you have an appointment?
Yes, I do. I have one at 9:00.

la carrera **career** [caríer]

Does he like his career?
No, he doesn't. He's going to look for a new job next week.

la conferencia **conference** [cánferens]

Will you go to the conference?
Yes, we will. We'll leave tonight after work.

el aumento	*raise*	[réis]
el cheque de pago	*paycheck*	[péichec]
la compra	*purchase*	[pérchas]
el entrenamiento	*training*	[tréinin]
la entrevista	*interview*	[ínterviu]
el éxito	*success*	[sacsés]
la factura	*invoice*	[invóis]
la ganancia	*profit*	[prófit]
el horario	*schedule*	[squéchul]
la huelga	*strike*	[stráic]
la inversión	*investment*	[invéstmen]
la oportunidad	*opportunity*	[apartiúniti]
la pérdida	*loss*	[los]
el producto	*product*	[pródact]
el programa	*program*	[prógram]
el puesto	*position*	[posíchon]
el recibo	*receipt*	[risít]
la reunión	*meeting*	[mítin]

el salario	*salary*	[sálari]
la tarjeta de registro horario	*time card*	[táim card]
las vacaciones	*vacations*	[vaquéichens]
la venta	*sale*	[séil]

- Sigue practicando:

¿Dónde está...?	*Where's (the) ...?*	[uéars de]
la agencia	*agency*	[éichensi]
el almacén	*warehouse*	[uéarjaus]
la compañía	*company*	[cámpani]
la concesión	*franchise*	[fránchais]
el departamento	*department*	[dipártmen]
la empresa	*firm*	[ferm]
la organización	*organization*	[organiséichen]
la propiedad	*property*	[próperti]
el taller	*shop*	[chop]

Vamos al cuarto de _____. *Let's go to the _____ room.* [lets go tu de]

correo	*mail*	[méil]
entrenamiento	*training*	[tréinin]
espera	*waiting*	[uéitin]

Trabajo en el departamento de____. *I work in the ___ department.* [ái uérk in de ___ dipártment]

administración	*administration*	[administréichen]
comunicaciones	*communications*	[camiuniquéichens]
cuentas	*billing*	[bílin]
envíos	*shipping*	[chípin]
fabricación	*manufacturing*	[maniufákchurin]
finanzas	*finance*	[fáinans]
investigación	*research*	[risérch]
mercadeo	*marketing*	[márquetin]
operaciones	*operations*	[operéichens]
personal	*personnel*	[personél]
producción	*production*	[prodákchen]
publicidad	*advertising*	[advertáisin]
seguridad	*security*	[secúriti]
servicio para clientes	*customer service*	[cástomer sérvis]
servicio técnico	*technical support*	[técnical sapórt]

It's Your Business! [ets iór bísnes]
(¡Es tu negocio!)

Pega papeles adhesivos con los nombres en inglés en todas las cosas que puedas dentro de la oficina, hasta que estés seguro de haberte aprendido los nombres de todos estos objetos:

Buscaré...	***I'll look for the...***	
	[áil luc for de]	
Voy a buscar...	***I'm going to look for...***	
	[am góin tu luc for]	
el archivo	***file***	[fáil]
	file cabinet	[fáil cábinet]
la carpeta	***folder***	[fólder]
la cinta adhesiva	***tape***	[teip]
la copiadora	***copier***	[cápier]
el correo	***mail***	[méil]
el cuaderno	***notebook***	[nóutbuc]
la engrapadora	***stapler***	[stéipler]
el formulario	***form***	[form]
la impresora	***printer***	[prínter]
las tijeras	***scissors***	[sísors]
la trituradora	***shredder***	[chréder]

Technology [tecnólochi]
(La tecnología)

¿Y qué sabes de los aparatos técnicos?

Use...	***Use (the)...***	[iús de]
el adaptador	***adapter***	[adáptor]
los altavoces	***speakers***	[spíquers]
los auriculares	***headphones***	[jédfons]
la batería	***battery***	[báteri]
la calculadora	***calculator***	[cálquiuleiter]
la cámara digital	***digital camera***	[díchital cámera]
la cargadora	***charger***	[chárcher]
el celular	***cell phone***	[sel fóun]
la computadora portátil	***laptop***	[láptop]
el control remoto	***remote control***	[rimóut contról]
el dron	***drone***	[dron]

el encaminador	*router*	[ráuter]
la filmadora	*camcorder*	[camcórder]
la grabadora	*recorder*	[ricórder]
el micrófono	*microphone*	[máicrofon]
el modem	*modem*	[módem]
el satélite	*satellite*	[sátelait]
el sistema de posicionamiento global	*GPS*	[chipiés]

Name parts of your computer in Spanish today!

Check (the)...	[chek de]	Revisa...
cable	[quéibol]	el cable
connection	[canékchen]	la conexión
hard drive	[jard dráiv]	el disco duro
keyboard	[quíbord]	el teclado
memory	[mémori]	la memoria
monitor	[mónitor]	el monitor
mouse	[máus]	el ratón
power	[páuer]	la corriente
screen	[scrin]	la pantalla

You'll need to...	[iúl nid tu]	Necesitará...
click	[clic]	hacer "clic"
connect	[conéct]	conectar
delete	[dilít]	eliminar
download	[daunlóud]	descargar
drag	[drag]	mover
file	[fáil]	archivar
find	[fáind]	encontrar
forward	[fóruerd]	reenviar
press	[pres]	oprimir
print	[print]	imprimir
receive	[resív]	recibir
reply	[replái]	responder
save	[séiv]	ahorrar
scroll down	[scrol dáun]	desplazar hacia abajo
search	[serch]	buscar
select	[seléct]	escoger
send	[send]	enviar

stream	[strim]	transmitir
upgrade	[ápgreid]	actualizar
upload	[áploud]	cargar
Where's (the)...	[uéars de]	¿Dónde está...?
application	[apliquéichen]	la aplicación
attachment	[attachmen]	el adjunto
browser	[bráuser]	el navegador
computer file	[campiúter fáil]	el fichero
database	[dátabeis]	la base de datos
e-mail	[ímeil]	el correo electrónico
folder	[folder]	el directorio
home page	[jóum péich]	la página inicial
icon	[áicon]	el ícono
font	[font]	la tipografía
mailbox	[méilbax]	el buzón
menu	[méniu]	el menú
message	[mésech]	el mensaje
network	[nétuerc]	la red
password	[pásuerd]	la contaseña
program	[prógram]	el programa
search engine	[sérch énchin]	el buscador
server	[sérver]	el servidor
text message	[tecst mésach]	el mensaje en texto
trash	[trach]	la basura
voicemail	[vóismeil]	el correo de voz
website	[uébsait]	el sitio web

ADVICE!

• ¿Entiendes el significado de estas palabritas? Por ahora, los latinos las pronunciamos en inglés sin traducirlas.

blog	[blog]	*iPod*	[áipod]
Blu-ray	[blúrey]	*LCD*	[elsidí]
Bluetooth	[blútus]	*LED*	[elidí]
flash drive	[flach dráiv]	*MP3*	[empitrí]
GPS	[chipiés]	*MP4*	[empifór]
HDMI	[éichdiemai]	*PC*	[pisí]
iPhone	[áifon]	*podcast*	[pódcast]

smart TV	[smart tiví]	**USB**	[iuesbí]
smartwatch	[smártwach]	**webcam**	[uébcam]
software	[sóftuear]	**wifi**	[uáifai]
tablet	[táblet]	**Wii**	[uaiái] o
url	[iuarél]		[uífi]

• ¡Envía un correo electrónico en inglés ahora mismo!

SteveSmith	**@**	**gmail**	**.**	**com**
nombre del usario	arroba	nombre del servidor	punto	nombre del dominio
(user name)	**(at)**	**(server)**	**(dot)**	**(domain)**
[iúser néim]	[at]	[sérver]	[dot]	[doméin]

ADVICE!

• También podrías escuchar estas frases. Presta atención:

trabajo parcial	**part time**	[part táim]
trabajo completo	**full time**	[ful táim]
día de descanso	**day off**	[déi of]

• La palabra **work** viene en varias formas. Trata estas tres maneras:

el trabajo	**job**	[chob]
la tarea	**chore**	[chóar]
el mandado	**errand**	[éran]

• Ya debes de entender estas palabras bien conocidas:

Windows
Apple
Twitter
Facebook
Fitbit

I BET YOU CAN!

Nombra tres modos de transporte en inglés:

_____ _____ _____

Nombra tres piezas del automóvil en inglés:

_____ _____ _____

59. Traduce estas palabras:

purchase	_____	*sale*	_____
gain	_____	*loss*	_____
invoice	_____	*receipt*	_____
computer	_____	*stapler*	_____

(Las respuestas están en la página 333.)

Tools of the Trade [tuls av de tréid]
(Las herramientas de la profesión)

Mejora tu habilidad en inglés con este nuevo vocabulario. Practícalo usando las palabras que expresan orden:

Use...	***Use (the)...***	[iús de]
Traiga...	***Bring the...***	[brinc de]
Lleve...	***Carry the...***	[quéri de]
el andamio	***scaffold***	[scáfold]
el atornillador	***screwdriver***	[scrudráiver]
la brocha de pintar	***paintbrush***	[péintbrach]
la cadena	***chain***	[chéin]
la caja de herramientas	***toolbox***	[túlbax]
el cincel	***chisel***	[chísel]
la cinta	***tape***	[téip]
la cinta para medir	***measuring tape***	[méchurin téip]
el clavo	***nail***	[néil]
el compresor de aire	***compressor***	[camprésor]
el cordón eléctrico	***electric cord***	[eléctric cord]
la escalera	***ladder***	[láder]
la gata	***jack***	[chac]
la grapa	***staple***	[stéipl]

los lentes de protección	*safety glasses*	[séifti gláses]
la llave inglesa	*wrench*	[rench]
el martillo	*hammer*	[jámer]
el nivel	*level*	[lével]
la pala	*shovel*	[chável]
la paleta	*trowel*	[sráuel]
el papel de lija	*sandpaper*	[sándpeipar]
el pegamento	*glue*	[glu]
el perno	*bolt*	[bolt]
la pintura	*paint*	[péint]
las pinzas	*pliers*	[pláiers]
la prensa de sujetar	*clamp*	[clamp]
la rampa	*ramp*	[ramp]
el raspador	*scraper*	[scréiper]
el serrucho	*saw*	[so]
la sierra para cortar metal	*hacksaw*	[jácso]
el taladro	*drill*	[dril]
el tornillo	*screw*	[scru]
la tuerca	*nut*	[nat]

¡Prepárate para hacer trabajos de jardinería!

¿Necesitará usted...?	*Will you need the...?* [uíl iú nid de]	
el abono	*fertilizer*	[fertiláiser]
el azadón	*hoe*	[jóu]
la bolsa	*bag*	[bag]
la caja	*box*	[bax]
la carretilla	*wheelbarrow*	[uílbarou]
la cortadora de césped	*lawn mower*	[lón mouer]
el estiércol	*manure*	[maniúr]
los guantes	*gloves*	[glavs]
el hacha	*ax*	[acs]
la horquilla	*pitchfork*	[píchforc]
el insecticida	*insecticide*	[inséctisaid]
la manguera	*hose*	[jóus]
la motosierra	*chainsaw*	[chéinso]
la pala	*shovel*	[chável]
el pico	*pick*	[pic]
el podador	*trimmer*	[trímer]
el rastrillo	*rake*	[réic]
el rociador	*sprayer*	[spréier]
la soga	*rope*	[róup]

el soplador	**blower**	[blóuer]
las tijeras podadoras	**clippers**	[clípers]
el veneno	**poison**	[póison]

Let's Measure! [lets mésiur]
(¡Vamos a medir!)

Como ya tienes las herramientas en tus manos, tómate unos segundos para confirmar las medidas:

¿Cuánto cuesta por...?	**How much per...?**	
	[jáo mach per]	

la bolsa	**bag**	[bag]
la botella	**bottle**	[batl]
la caja	**box**	[bax]
la docena	**dozen**	[dósen]
la lata	**can**	[can]
el paquete	**package**	[pácach]
el par	**pair**	[pér]
el pedazo	**piece**	[pis]
el puñado	**handful**	[jánful]

| ¿Cuál es...? | **What's the...?** | [uáts de] |

la altura	**height**	[jáit]
el ancho	**width**	[uíd]
la distancia	**distance**	[dístans]
el largo	**length**	[lent]
el peso	**weight**	[uéit]
el porcentaje	**percentage**	[perséntach]
la profundidad	**depth**	[dept]
el tamaño	**size**	[sáis]

Los trabajadores también necesitan estas palabras:

el centavo	**cent**	[sent]
el centímetro	**centimeter**	[séntimiter]
el dólar	**dollar**	[dólar]
el galón	**gallon**	[gálon]
el grado	**degree**	[digrí]
el gramo	**gram**	[gram]
el kilo	**kilo**	[quílo]
el kilómetro	**kilometer**	[quilómiter]

la libra	*pound*	[páund]
el litro	*liter*	[líter]
el metro	*meter*	[míter]
la milla	*mile*	[máil]
la onza	*ounce*	[áuns]
el pie	*foot*	[fut]
la pulgada	*inch*	[inch]
la tonelada	*ton*	[ton]
la yarda	*yard*	[iárd]

Y ahora, matemáticas:

Tendrás que...	*You'll have to...*	[iúl jaf tu]
dividir	*divide*	[diváid]
multiplicar	*multiply*	[móltiplai]
restar	*subtract*	[sabtráct]
sumar	*add*	[ad]

5 _____ 5	*Five _____ five*	[fáiv ___ fáiv]
dividido entre	*divided by*	[diváided bái]
es igual a	*equals*	[ícuals]
más	*plus*	[plos]
menos	*minus*	[máinus]
por	*times*	[táims]

Dibuja...	*Draw (the)...*	[dro de]
el círculo	*circle*	[sércol]
el cuadrado	*square*	[scuér]
el cubo	*cube*	[quiúb]
la línea	*line*	[láin]
el triángulo	*triangle*	[tráingol]

¿Y qué parte te toca?

una mitad	*a half*	[a jaf]
un cuarto	*a quarter*	[a cuórter]
un tercio	*a third*	[a zerd]

ADVICE!

Cuando se trata de medidas (***measurements*** [méchurments]), las formas del singular y plural pueden ser algo confusas. En inglés se emplea la forma singular en palabras tales como pie (***foot***), dólar (***dollar***), año (***year***), etc. cuando éstas se usan como adjetivos. Sin embargo, se emplea la forma plural cuando estas palabras se usan como sustantivos:

> ***He got a three-year contract.***
> [ji got a zri-íer cántract]

> ***His contract is good for three years.***
> [jis cántract es gud for zri iérs]

HOW DO YOU WRITE IT?

Estudia estas palabras abreviadas y aprende su pronunciación completa:

1 oz.	—***one ounce***	[uán áuns]
7°	—***seven degrees***	[séven digrís]
1 mi.	—***one mile***	[uán máil]
.5 o 5/10	—***five tenths***	[fáiv tendt]
1 gal.	—***one gallon***	[uán gálon]
$1.00	—***one dollar***	[uán dólar]
1 lb.	—***one pound***	[uán páund]
6%	—***six percent***	[six persént]
6 A.M.	—***six o'clock in the morning ("Ante Meridian")***	[sic oclác in de mórnin]
AC	—***alternating current***	[alternéitin quérren]
6 P.M.	—***six o'clock in the afternoon ("Post Meridian")***	[six oclác in de afternún]
DC	—***direct current***	[dairéct quérren]

I BET YOU CAN!

60. Escribe la forma completa en el espacio:

6 oz.	*six ounces*
1 lb.	_____
1 mi.	_____
7 A.M.	_____
.5	_____
1/2	_____
4 ft.	_____
Dec.	_____
68%	_____
Thur.	_____
7th	_____
1 gal.	_____

(Las respuestas están en la página 333.)

Housecleaning [jáusclinin]
(La limpieza de la casa)

Combina las tres palabras de acción que aparecen a continuación con el nuevo vocabulario que aparece más abajo para crear frases en Tiempo Presente y Tiempo Futuro. Mira los ejemplos.

to use
to have
to need

la caja	**box** [bax]
Usamos la caja.	**We use the box.**
Usaremos la caja.	**We'll use the box.**
la escoba	**broom** [brum]
Tenemos la escoba.	**We have the broom.**
Tendremos la escoba.	**We'll have the broom.**
el cepillo	**brush** [brach]
Necesitamos el cepillo.	**We need the brush.**
Necesitaremos el cepillo.	**We'll need the brush.**

la almohadilla de restregar	*scouring pad*	[scáurin pad]
la aspiradora	*vacuum cleaner*	[váquium clíner]
el balde	*bucket*	[báquet]
la bolsa de basura	*trash bag*	[trách bag]
el cepillo de fregar	*scrub brush*	[scrab brach]
el cogedor de basura	*dustpan*	[dáspan]
la esponja	*sponge*	[sponch]
la lata de basura	*trash can*	[trách can]
la manguera	*hose*	[jóus]
la máscara	*mask*	[masc]
la toalla	*towel*	[táuel]
el trapeador	*mop*	[map]
el trapo	*rag*	[rag]

I BET YOU CAN!

61. Conéctalas:

towel	el balde
drill	el rastrillo
hammer	la pala
nail	el taladro
shovel	el clavo
rake	el martillo
bucket	la toalla

62. Continúa:

degree	la mitad
height	el ancho
weight	la altura
width	el peso
half	el grado

(Las respuestas están en la página 333.)

Food! [fud]
(¡La comida!)

Practica esta selección de comidas mientras continúas creando frases en el Tiempo Presente y cambiándolas al Tiempo Futuro.

el arroz	*rice*	[ráis]	*I'm going to eat rice.*
el bistec	*steak*	[stéic]	
la carne	*meat*	[mit]	
el cerdo	*pork*	[porc]	
la ensalada	*salad*	[sálad]	
el fideo	*noodle*	[nudl]	
el huevo	*egg*	[eg]	
el jamón	*ham*	[jam]	
la mantequilla	*butter*	[báter]	
el marisco	*seafood*	[sífud]	
el pan	*bread*	[bred]	
el panecillo	*roll*	[rol]	
el pavo	*turkey*	[térqui]	
el pescado	*fish*	[fich]	
el pollo	*chicken*	[chíquen]	
el queso	*cheese*	[chis]	
el rósbif	*roast beef*	[róus bif]	
la sopa	*soup*	[sup]	

I BET YOU CAN!

63. Pon las frases en el Tiempo Futuro.

I need bread.	*I'll need bread.*
He eats meat.	*He'll eat meat.*
They have cheese.	*They'll have cheese.*
We sell fish.	_____
I buy chicken.	_____
She cuts the steak.	_____
They drink soup.	_____
I mix the salad.	_____
We serve ham.	_____
I use butter.	_____
I cook the egg.	_____
We take out the turkey.	_____
You prepare the rice.	_____

(Las respuestas están en la página 334.)

Vegetables [véchetabls] (Las verduras)

Consumamos estas listas adicionales que tienen relación con la comida. Combina los tres mandatos de abajo con el nuevo vocabulario para crear oraciones más complicadas.

Come...y...	*Eat the...and...*	[it de, an]
Trae...y...	*Bring the...and...*	[brinc de, an]
Compra...y...	*Buy the...and...*	[bái de, an]

la alcachofa	*artichoke*	[ártichoc]
el apio	*celery*	[séleri]
la arvejita	*pea*	[pi]
la berenjena	*eggplant*	[égplant]
el berro	*watercress*	[uátercres]
el brécol	*broccoli*	[brócoli]
la calabacita verde	*zucchini*	[zuquíni]
la calabaza	*pumpkin*	[pámpquin]
el camote	*sweet potato*	[suít potéito]
la cebolla	*onion*	[ónion]

la cebolla verde	*green onion*	[grin ónion]
la coliflor	*cauliflower*	[cóliflaur]
el espárrago	*asparagus*	[aspáragus]
la espinaca	*spinach*	[spínach]
los frijoles	*beans*	[bins]
la judía verde	*green bean*	[grin bin]
la lechuga	*lettuce*	[létas]
el maíz	*corn*	[corn]
el nabo	*turnip*	[térnip]
la papa	*potato*	[potéito]
el pepino	*cucumber*	[quiucámber]
el rábano	*radish*	[rádich]
la remolacha	*beet*	[bit]
el repollo	*cabbage*	[cábich]
la seta, el champiñón	*mushroom*	[máchrum]
el tomate	*tomato*	[toméito]
la zanahoria	*carrot*	[cárot]

Fruit [frut] (La fruta)

Corta...	*Cut the...*	[cat de]
Recoge...	*Pick up the...*	[pic ap de]
Busca...	*Look for the...*	[luc for de]

el albaricoque	*apricot*	[ápricot]
el arándano	*blueberry*	[blúberi]
la cereza	*cherry*	[chérri]
la ciruela	*plum*	[plam]
la ciruela pasa	*prune*	[prun]
el coco	*coconut*	[cóconat]
la fresa	*strawberry*	[stróberi]
el higo	*fig*	[fig]
el limón	*lemon*	[lémon]
la manzana	*apple*	[ápel]
el melocotón	*peach*	[pich]
el melón	*cantaloupe*	[cántelup]
la mora	*blackberry*	[blácberi]
la naranja	*orange*	[óranch]
la pasa	*raisin*	[réisin]
la pera	*pear*	[péar]

la piña	*pineapple*	[páinapel]
el plátano	*banana*	[banána]
la toronja	*grapefruit*	[gréipfrut]
la uva	*grape*	[gréip]

Desserts and Details
[desérts an ditéils]
(Los postres y los detalles)

Conseguiremos...	*We'll get the...*	[uíl guét de]
el chicle	*chewing gum*	[chúin gam]
el dulce	*candy*	[cándi]
la galleta	*cookie*	[cúqui]
la galleta salada	*cracker*	[cráquer]
la gelatina	*gelatin*	[chélatin]
el helado	*ice cream*	[áis crim]
el pastel	*pie*	[pái]
la torta	*cake*	[quéic]

 GRAMMAR

Aprovecha estos comienzos de frases para crear oraciones completas.

Besides cooking, [bisáids cúquin]	Además de cocinar,
Before ordering, [bifór órderin]	Antes de ordenar,
After drinking, [áfter drínquin]	Después de tomar,
In order to serve, [in órder tu serv]	Para servir,
Without eating, [uidáut ítin]	Sin comer,

In order to learn English fast, you'll need to practice every day.

Ingredients, Spices, and Condiments
[ingrídients spáisis, an cóndiments]
(Los ingredientes, las especias y los condimentos)

Dale más sabor a tu idioma con las siguientes palabras. Continúa jugando con el Tiempo Presente y el Tiempo Futuro y forma oraciones completas.

Estamos añadiendo...	**We're adding the...**	[uír ádin de]
Añadimos...	**We add the...**	[uí ad de]
Vamos a añadir...	**Let's add the...**	[lets ad de]

el aceite	*oil*	[óil]
el ají	*hot pepper*	[jat péper]
el ajo	*garlic*	[gárlic]
el aliño de ensalada	*salad dressing*	[sálad drésin]
el almidón de maíz	*cornstarch*	[córnstarch]
el azúcar	*sugar*	[chúgar]
el caldo	*broth*	[bros]
la canela	*cinnamon*	[sínamon]
el chocolate	*chocolate*	[chócolat]
la crema de maní	*peanut butter*	[pínat báter]
el encurtido	*pickle*	[picl]
la harina	*flour*	[fláur]
la manteca	*lard*	[lard]
la margarina	*margarine*	[márcherin]
la mayonesa	*mayonnaise*	[méioneis]
la menta	*mint*	[mint]
la mermelada	*marmalade*	[mármeleid]
la miel	*honey*	[jáni]
la mostaza	*mustard*	[mástar]
las nueces	*nuts*	[nats]
el perejil	*parsley*	[pársli]
la pimienta	*pepper*	[péper]
el polvo de hornear	*baking powder*	[béiquin páuder]
la sal	*salt*	[solt]
la salsa	*sauce*	[sos]
la salsa de tomate	*tomato sauce*	[toméito sos]
la vainilla	*vanilla*	[vaníla]
el vinagre	*vinegar*	[vínegar]

ADVICE!

- Ya aprendiste de las comidas diarias en el Nivel Uno. Repasa:

el desayuno	**breakfast**	[brécfast]
el almuerzo	**lunch**	[lanch]
la cena	**dinner**	[díner]
la merienda	**snack**	[snac]
el pastre	**dessert**	[disért]

- Y ahora, háblale al carnicero y al vendedor de pescado:

Necesitaré...	**I'll need the...**	[áil nid de]
la albóndiga	**meatball**	[mítbol]
las almejas	**clams**	[clams]
el atún	**tuna**	[túna]
el camarón	**shrimp**	[chrimp]
el cangrejo	**crab**	[crab]
la carne molida	**ground beef**	[gráund bif]
el cordero	**lamb**	[lamb]
la hamburguesa	**hamburger**	[jámburguer]
la langosta	**lobster**	[lábster]
el perro caliente	**hot dog**	[jat doc]
la salchicha	**sausage**	[sósach]
la ternera	**veal**	[vil]
el tocino	**bacon**	[béicon]

- Tienes un gran problema si no conoces estas palabras:

| **yogurt** | **pizza** |
| **cereal** | **ketchup** |

HOW DO YOU PRONOUNCE IT?

Aunque las letras son iguales, no se puede pronunciar todas las palabras de la misma manera. Aquí tienes unos ejemplos:

"ough"		*"ie"*		*"ea"*	
tough	[taf]	**fried**	[fráid]	**cream**	[crim]
thought	[sot]	**friend**	[frén]	**instead**	[instéd]
though	[dóu]	**worried**	[uórid]	**steak**	[stéic]

Have a drink [jav a drinc]
(Toma una bebida)

¿Tienes sed? Baja tus comidas con la bebida apropiada. Desarrolla comentarios usando todos los tiempos del verbo:

¿Está bebiendo té?	***Is she drinking tea?*** [es chi drínquin ti]
No, le gusta el café.	***No, she likes coffee.*** [no, chi láics cáfi]
¿Quieren tomar vino?	***Do you want to drink wine?*** [du iú uánt tu drinc uáin]
Sí, tomaremos vino blanco.	***Yes, we'll have white wine.*** [iés, uíl jav uáit uáin]

el agua	***water***	[uáter]
el batido	***shake***	[chéic]
el café	***coffee***	[cáfi]
el café descafeinado	***decaffeinated coffee***	[dicáfeineited cáfi]
la cerveza	***beer***	[bíer]
el chocolate caliente	***hot chocolate***	[jat chócolat]
el jugo	***juice***	[chus]
la leche	***milk***	[milc]
la leche descremada	***skim milk***	[squim milc]
la limonada	***lemonade***	[lémoneid]
el refresco	***soft drink***	[soft drinc]
la soda dietética	***diet soda***	[dáit sóda]
el té	***tea***	[ti]
el té helado	***iced tea***	[áist ti]
el vino	***wine***	[uáin]

ADVICE!

• ¿Estás comiendo bien? ***It's...*** Ets...:

alimentado con pasto	***grass-fed***	[gras fed]
bajo en calorías	***low-cal***	[lo cal]
natural	***natural***	[náchural]
orgánico	***organic***	[orgánic]
sin gluten	***gluten-free***	[glúten fri]
sin leche	***dairy-free***	[déri fri]
vegetariana	***vegan***	[víguen]

Si todavía estás en el mercado, compra estos importantes
artículos:

las bombillas	**lightbulbs**	[láitbalbs]
las estampillas	**stamps**	[stamps]
los fósforos	**matches**	[mátchis]
los lentes de sol	**sunglasses**	[sánglasis]
las medicinas	**medicines**	[médisins]
las pilas	**batteries**	[báteris]
las revistas	**magazines**	[mágasins]
los sobres	**envelopes**	[énveloups]
las tarjetas de felicitación	**greeting cards**	[grítin cards]
las tarjetas de regalo	**gift cards**	[guif cards]
las tarjetas postales	**postcards**	[póstcards]

I BET YOU CAN!

Llena este diagrama. Tómate todo el tiempo que
necesites:

meats	**vegetables**	**fruits**	**drinks**
_____	_____	_____	_____
_____	_____	_____	_____
_____	_____	_____	_____

64. Elige la palabra más apropiada para completar estas
frases:

bread and...	**salad**
soup and...	**vinegar**
pie and...	**ice cream**
salt and...	**butter**
oil and...	**pepper**

(Las respuestas están en la página 334.)

Clothing [clózin]
(La ropa)

Revisemos ahora los artículos de vestir. La mayoría te serán familiares. Sigue experimentando con el Tiempo Futuro.

Voy a usar...	*I'm going to wear the...*	
	[am góin tu uéar de]	
Compraremos...	*We'll buy the...*	[uíl bái de]
el abrigo	*overcoat*	[óvercout]
la bata de baño	*bathrobe*	[básroub]
la blusa	*blouse*	[bláus]
las botas	*boots*	[buts]
las bragas	*panties*	[pántis]
la bufanda	*scarf*	[scarf]
la camisa	*shirt*	[chert]
la chaqueta	*jacket*	[cháquet]
el cinturón	*belt*	[belt]
la gorra	*cap*	[cap]
los guantes	*gloves*	[glavs]
el impermeable	*raincoat*	[réincout]
los mitones	*mittens*	[mítens]
los pantalones	*pants*	[pants]
el pijama	*pajamas*	[pichámas]
las sandalias	*sandals*	[sándals]
el sostén	*brassiere*	[brasiér]
el traje de baño	*bathing suit*	[béisin sut]
el vestido	*dress*	[dres]
los zapatos	*shoes*	[chus]

Ponte...	*Put on the...*	[put on de]
los calcetines	*socks*	[socs]
las calzoncillos	*shorts*	[chorts]
la camiseta	*T-shirt*	[tíchert]
el chaleco	*vest*	[vest]
la combinación	*slip*	[slip]
la corbata	*tie*	[tái]
la falda	*skirt*	[squert]
las medias	*stockings*	[stóquins]
la ropa interior	*underwear*	[ánderuear]
el saco	*sport coat*	[spórt cout]
la sudadera	*sweat suit*	[suét sut]
el suéter	*sweater*	[suéter]
el traje	*suit*	[sut]
las zapatillas	*slippers*	[slípers]
las zapatillas de tenis	*tennis shoes*	[ténis chus]

✍ HOW DO YOU WRITE IT?

Escribe en inglés toda la ropa que tienes puesta ahora mismo:

_____	_____
_____	_____
_____	_____
_____	_____
_____	

Word Search Puzzle 3
(La ropa)

Busca las palabras escondidas:

SHIRT	JACKET	SHORTS
BRA	SHOES	GLOVES
SUIT	SKIRT	SLIP
SOCKS	BOOTS	BELT
PANTIES	BLOUSE	BATHROBE
COAT	CAP	
PANTS	DRESS	

```
I  L  O  S  S  E  E  X  T  H  H  N  N  R  S  O
H  D  N  Y  I  S  T  N  G  H  T  D  S  N  I  E
D  X  M  O  C  D  F  L  D  E  B  E  D  B  E  A
X  N  I  N  F  T  R  N  E  Z  R  E  R  L  C  S
Z  L  H  E  R  F  P  Y  R  B  A  S  D  V  U  O
E  E  E  Y  S  N  P  C  G  C  O  U  A  I  O  E
T  I  A  S  H  S  E  E  J  A  G  O  T  L  P  E
T  T  P  A  O  O  E  I  E  P  J  L  T  N  T  X
Y  E  A  E  E  B  O  R  H  T  A  B  O  S  U  N
R  P  I  L  S  R  L  X  D  S  C  N  E  V  G  N
H  R  Z  Y  T  L  L  Z  K  T  K  S  T  E  E  S
E  A  T  U  H  N  I  C  R  N  E  T  R  I  H  S
N  E  X  O  C  P  O  I  K  A  T  A  O  C  E  A
F  S  P  K  Q  S  K  A  M  P  S  T  R  O  H  S
N  O  R  O  N  S  I  I  N  I  O  C  S  I  M  N
F  N  J  L  E  O  P  H  Q  R  B  E  W  G  C  D
```

(Las respuestas están en la página 339.)

5

I Practiced and Practiced!

[ái práctisd an práctisd]
(¡Practiqué y practiqué!)

Past Tense Territory
[past tens téritori]
(El territorio del Tiempo Pasado)

Amigos, amárrense el cinturón. Después de viajar por los tiempos Presente y Futuro, vamos a descender al territorio más escabroso del Tiempo Pasado. Aquí la vida es un poquito más difícil.

Este es el momento de hablar sobre las actividades que ya ocurrieron. Aunque muchos estudiantes del inglés se quejan de este tiempo verbal, durante este viaje tendremos muchas oportunidades de acortar el camino y llegar a la meta con gran rapidez.

La mejor manera de aprender el Tiempo Pasado es dividiendo los verbos en dos grupos. El grupo de los verbos regulares y el de los irregulares.

Para los verbos regulares, añade la terminación **ed** tal como lo muestra el siguiente ejemplo:

Trabajar	*To Work*	[tu uérc]
Yo trabajé	*I worked*	[ái uérct]
tú trabajaste	*You worked*	[iú uérct] (sing.)
él, ella, ello trabajó	*He, She, It worked*	[ji, chi, et uérct]
ustedes trabajaron	*You worked*	[iú uérct] (pl.)
ellos trabajaron	*They worked*	[déi uérct]
nosotros trabajamos	*We worked*	[uí uérct]

Aquí tienes unos cuantos ejemplos más:

We cooked dinner in the kitchen.
[uí cuct díner in de quítchen]
Cocinamos la cena en la cocina.

Paula called her sister at five.
[póla cold jer síster at fáiv]
Paula llamó a su hermana a las cinco.

The children screamed in the yard.
[de chíldren scrimd in de iárd]
Los niños gritaron en el patio.

Como ves, **cooked**, **called** y **screamed** [cuct, cold, scrimd] requieren un esfuerzo para pronunciarlos porque no hay suficientes vocales al final de las palabras y así será con otros ejemplos. ¡Pero no llores! La práctica te llevará al éxito. Prueba con estos ejemplos más fáciles, querer, pintar y necesitar:

want	**wanted**	**She wanted the salad.**
[uánt]	[uánted]	[chi uánted de sálad]
paint	**painted**	**They painted the office.**
[péint]	[péinted]	[déi péinted de áfis]
need	**needed**	**I needed the vacation.**
[nid]	[níded]	[ái níded de veiquéichon]

 ## HOW DO YOU PRONOUNCE IT?

Si el nombre del verbo termina con las letras **t** o **d**, la terminación **ed** del Tiempo Pasado se pronuncia como una sílaba separada:

(contar) **count** [cáunt]   **count-ed** [cáunted]
(necesitar) **need** [nid]   **need-ed** [níded]

Si el nombre del verbo <u>no</u> termina con las letras **t** o **d**, la terminación **ed** del Tiempo Pasado no se pronuncia como una sílaba separada, sino que toma el sonido de la letra **t** o **d**.

walk [uóc]   **walked** [uóct] (pronunciación "t")
show [chóu]   **showed** [chóud] (pronunciación "d")

65. Pronuncia las siguientes formas del verbo en el Tiempo Pasado y luego escribe al lado el número 1 si es una palabra de una sola sílaba o el número 2 si es una palabra de dos sílabas:

ended	2
filled	1
counted	___
rented	___

needed	___
showed	___
planted	___
worked	___
washed	___
wanted	___

(Las respuestas están en la página 334.)

 ADVICE!

• Cuando agregamos la terminación **ed** a un verbo que termina con el sonido de las consonantes **p**, **t**, **f**, **k**, **s**, **sh** o **ch**, la terminación **ed** toma el sonido de la **t**.

asked	[asct]
passed	[past]
walked	[uóct]
pushed	[pucht]

• Cuando agregamos **ed** a un verbo que termina en una vocal o en las consonantes **b**, **l**, **d**, **v**, **g** o **z**, la terminación **ed** toma el sonido de la letra **d**.

changed	[chenchd]
pulled	[puld]
grabbed	[grabd]
lived	[livd]

66. ¡Practica! Escribe la letra **t** o **d** para indicar el sonido de la terminación **ed** en cada una de estas palabras:

pulled	*d*
walked	*t*
passed	___
washed	___
closed	___
changed	___
used	___
liked	___
picked	___
mailed	___
excused	___
boiled	___

(Las respuestas están en la página 334.)

HOW DO YOU WRITE IT?

Algunas veces, todo lo que tienes que hacer para usar el Tiempo Pasado del verbo es agregar la letra *d*. Mira:

(vivir) *live—lived* [liv—livd]
I lived in Honduras. [ái livd in jondúras]
Vivía en Honduras.

(gustar) *like—liked* [láic—láict]
He liked the food. [ji láict de fud]
Le gustó la comida.

(bailar) *dance—danced* [dans—danst]
We danced a lot. [uí danst a lat]
Bailamos mucho.

Cuando el nombre del verbo termina con la letra *y*, ésta se cambia por la letra *i* antes de agregar la terminación *ed*.

(estudiar) *study—studied* [stádi—stádid]
(casarse) *marry—married* [méri—mérid]

Compara esta regla con un cambio muy parecido en el Tiempo Presente del verbo de la tercera persona del singular (*he*, *she*).

study—studies [stádi—stádis]
marry—marries [méri—méris]

Lee estas oraciones en voz alta:

Today I study.   *Yesterday I studied.*
Today I marry.   *Yesterday I got married.*
Today I cry.   *Yesterday I cried.*

Algunos de los verbos cambian repitiendo la última letra antes de añadir la terminación *ed*:

(saltar) *hop—hopped* [jop—jopt]
The boy hopped. [de bói jopt]
El niño saltó.

(planear) *plan—planned* [plan—pland]
He planned the party. [ji pland de párti]
Planeó la fiesta.

(parar) *stop—stopped* [stap, stapt]
The car stopped. [de car stapt]
El carro paró.

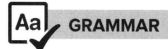

GRAMMAR

Los adverbios con una sola sílaba usan la terminación **er** en la forma comparativa.

soon—sooner	[sun—súner]
late—later	[léit—léiter]

Los adverbios con más de una sílaba usan **more** [mor] en la forma comparativa.

rapidly—more rapidly	[rápidli—mor rápidli]
easily—more easily	[ísili—mor ísili]

La forma comparativa de los adverbios es seguida por la palabra **than**.

He learned more rapidly than everyone else.
[ji lernd mor rápidli dan évriuan els]
I arrived sooner than my friends.
[ái aráivd súner dan mái frens]

I BET YOU CAN!

67. Cambia cada oración al Tiempo Pasado del verbo y luego pronúncialas correctamente:

We always walk to school.	_walked_
He arrives on time every day.	_____
My lunch ends at two o'clock.	_____
He lives in Miami.	_____
They stop to visit friends.	_____
We walk every morning.	_____
I need a new cell phone.	_____
We never carry our jackets.	_____

(Las respuestas están en la página 334.)

What Happened? [uát jápend]
(¿Qué pasó?)

Desafortunad— —ente, en inglés también hay muchos verbos irregulares. — mostramos algunos:

(ir)   *went* (fui, fuiste, fue, fuimos, fueron)
     [—uént]

    —(tuve, tuviste, tuvo, tuvimos, tuvieron)

    —ijiste, dijo, dijimos, dijeron)

    Fui al parque.

    Ella tuvo un problema.

    ¡Ellos dijeron que no!

#309 12-02-2019 11:24AM
Item(s) checked out to p12164239.

TITLE: Inglés Para Latinos. Nivel dos
BARCODE: 33000031414304
DUE DATE: 12-23-19

Capital Area District Library
Okemos Branch 517-347-2021

Aquí tien— —ntos ejemplos más. Estudia y memoriza cada palabra, reco— —o que el Tiempo Pasado en inglés se usa con cualquiera de las personas, ya sea en el singular o el plural:

beber	*drink*	*drank*	[dranc]
			I drank the milk.
cantar	*sing*	*sang*	[sang]
			We sang at the party.
comer	*eat*	*ate*	[éit]
comprar	*buy*	*bought*	[bot]
conseguir	*get*	*got*	[got]
correr	*run*	*ran*	[ran]
dar	*give*	*gave*	[guéiv]
empezar	*begin*	*began*	[bigán]
encontrar	*find*	*found*	[fáund]
escribir	*write*	*wrote*	[róut]
ganar	*win*	*won*	[uón]
hablar	*speak*	*spoke*	[spóuc]
hacer	*do*	*did*	[did]
manejar	*drive*	*drove*	[dróuv]
oír	*hear*	*heard*	[jérd]
olvidar	*forget*	*forgot*	[forgót]
pagar	*pay*	*paid*	[péid]

perder	*lose*	*lost*	[lost]
romper	*break*	*broke*	[bróuc]
saber	*know*	*knew*	[niú]
salir	*leave*	*left*	[left]
sentarse	*sit*	*sat*	[sat]
tirar	*throw*	*threw*	[sru]
tomar	*take*	*took*	[tuc]
traer	*bring*	*brought*	[brot]
vender	*sell*	*sold*	[sold]
venir	*come*	*came*	[quéim]
ver	*see*	*saw*	[so]

ADVICE!

• ¡Buenas noticias! Encontrarás una lista de los verbos irregulares más comunes al final de este libro.

• Muchos de los verbos en inglés tienen tiempos pasados muy especiales. Por eso, trata de notar ciertas características comunes que te pueden ayudar a recordarlos mejor. Para que te relajes, aquí tienes un grupo de verbos que no requieren cambio alguno. Qué alivio, ¿no?

(poner) *put* [put]	*put* [put]
I put it in the car today.	*I put it in the car yesterday.*
(pegar) *hit* [jit]	*hit* [jit]
(cerrar) *shut* [chut]	*shut* [chut]

Pero fíjate como cambia la pronunciación en estos verbos, a pesar de que se escriben igual. Léelos:

| leer | *read* [rid] | *read* [red] |

• Nota como estos verbos pasan por un cambio de sonido y luego se les agrega la letra *t* para ponerlos en el Tiempo Pasado ¡Busca las traducciones!:

bring—brought	[brinc—brot]
feel—felt	[fil—felt]
mean—meant	[min—ment]
buy—bought	[bái—bot]
keep—kept	[quip—quépt]
sleep—slept	[slip—slept]

catch—caught	[cach—cot]
kneel—knelt	[nil—nelt]
sweep—swept	[suíp—suépt]
creep—crept	[crip—crept]
leave—left	[liv—left]
teach—taught	[tich—tot]
deal—dealt	[dil—delt]
lose—lost	[lus—lost]
think—thought	[sinc—sot]

• ¿Te acuerdas del verbo **to be**? Estas son sus formas en el Tiempo Pasado:

I am	*I was*	[ái uás]
You are	*You were*	[iú uér]
He, She, It is	*He, She, It was*	[ji, chi, et uás]
You (pl.), *They are*	*You* (pl.), *They were*	[iú, déi uér]
We are	*We were*	[uí uér]

Estaba enfermo.	*I was sick.*
¿Eran amigos?	*Were they friends?*
No estuvimos allí.	*We were not there.*

• No todas las pronunciaciones de las palabras de acción en inglés son exactas, pero sí son suficientemente parecidas para que la gente te entienda.

• Escribe estas palabras y escríbelas de nuevo. Son importantísimas porque se refieren a distintos tiempos y van con la forma del Tiempo Pasado:

antes	**before** [bifór]
	I worked there before. _____
ayer	**yesterday** [iésterdei]
	_____
anteayer	**the day before yesterday** [de déi bifór iésterdei]
	_____
anoche	**last night** [last náit]
	_____
la semana pasada	**last week** [last uíc]
	_____
hace un año	**a year ago** [a íer egó]
	_____

en el pasado	***in the past*** [in de past]
anteanoche	***the night before last*** [de náit bifór last]

I BET YOU CAN!

68. ¡Practica! Cambia estas frases al Tiempo Pasado:

I eat salads.	*I ate salads.*
We sell vegetables.	*We _____ vegetables.*
Linda goes to church.	*Linda _____.*
He drives a bus.	*_____.*
They drink wine.	*_____.*
Bob has fantastic parties!	*_____.*
I am a student.	*_____.*

69. Traduce, por favor:

What happened at 12:00?

_____

Pete and I did the work in the garden.

_____

They had a fantastic party at the hotel.

_____

Everybody went to the movies.

_____

Mr. and Mrs. Thomas immediately bought the car.

_____

The children played in the park on Saturday.

_____

We wrote a lot in our English class.

_____

My brother ate the sandwich and drank the milk.

_____

(Las respuestas están en la página 334.)

The Past Tense: More Important Information [de past tens, mor impórtant informéichen]
(El Tiempo Pasado: más información importante)

Para poder formar el Tiempo Pasado negativo de todos los verbos (excepto la forma del verbo **to be**), escribe **did not** [did nat] antes del nombre del verbo. El auxiliar **did** [did] es el mismo para todas las personas en el Tiempo Pasado y generalmente se usa en la forma de contracción **didn't** [dídent]:

I did not stop.	*I didn't stop.*
We did not stop.	*We didn't stop.*
You did not stop.	*You didn't stop.*
He did not stop.	*He didn't stop.*
She did not stop.	*She didn't stop.*
It did not stop.	*It didn't stop.*
They did not stop.	*They didn't stop.*

I BET YOU CAN!

70. Cambia los siguientes verbos al Tiempo Presente:

Came	*Come* _____
Had	_____
Bought	_____
Put	_____
Said	_____
Were	_____
Lived	_____

71. Ahora, cambia estas frases a la forma negativa. Escribe el verbo completo con el sujeto en el espacio en blanco. Usa la palabra **didn't**:

He spoke to me yesterday.
He didn't speak to me yesterday.

She came on time.

_____

We ate lunch in the kitchen.

_____

I bought an English book.

_____

They drank all the milk.

_____

72. Escribe "**Regular**" al lado de cada verbo regular e "**Irregular**" al lado de cada verbo irregular. Si no te acuerdas de todos los verbos, revisa las lecciones anteriores:

sit _____

wait _____

bring _____

count _____

wish _____

write _____

win _____

wear _____

wash _____

want _____

(Las respuestas están en la página 334.)

ADVICE!

• ¡No te olvides! Si el verbo principal de una oración en inglés está en el Tiempo Pasado, todos los verbos subordinados también tienen que estar en el mismo tiempo verbal.

Ejemplo: ***John said that he was an American.***
[chon sed dat ji uás an américan]

Cuando los verbos auxiliares ***can*** [can], ***will*** [uíl] y ***may*** [méi] forman parte de una claúsula, tienen que ser cambiados de esta manera: ***could*** [cud], ***would*** [uód] y ***might*** [máit].

Present:	***He says he will go.***
	[ji ses ji uíl góu]
Past:	***He said he would go.***
	[ji sed ji uód góu]

Present:	***She says she can come.***
	[chi ses chi can cam]
Past:	***She said she could come.***
	[chi sed chi cud cam]

• En español, "yo fui, tú fuiste, él o ella fue, nosotros fuimos, ustedes o ellos fueron" pueden significar el Tiempo Pasado del verbo "ser" o del verbo "ir". Pero cuidado, en inglés "ser" e "ir" tienen verbos distintos.

	To Go (Ir)	*To Be (Ser)*
Fui	*I went*	*I was*
Fuiste	*You went* (sing.)	*You were* (sing.)
Fue	*He, She, It went*	*He, She, It was*
Fueron	*You* (pl.), *They went*	*You* (pl.), *They were*
Fuimos	*We went*	*We were*

● Y ahora tenemos un problema idéntico, pero al revés. En inglés, *I was*, *you were*, *he* o *she* o *it was*, *they* o *you guys* o *we were* pueden significar el Tiempo Pasado del verbo "ser" o del verbo "estar". Pero cuidado, en español "ser" o "estar" tienen verbos distintos.

To Be	Ser	Estar
I was	**Yo fui**	**Yo estuve**
You were	**Tú fuiste**	**Tú estuviste**
He, She, It was	**El, ella, ello fue**	**El, ella, ello estuvo**
You, They were	**Ustedes, ellos fueron**	**Ustedes, ellos estuvieron**
We were	**Nosotros fuimos**	**Nosotros estuvimos**

I was walking.	Estuve caminando.
I was at home.	Estuve en casa.
I was sick.	Estuve enfermo.
I was a teacher.	Fui maestro.
I was young.	Fui joven.
I was that person.	Fui esa persona.

● ¡Escucha! La gente usa mucho las expresiones *used to* [iúsd tu] o *would* [uód] para conversar sobre acciones pasadas:

I used to work a lot.	Trabajaba mucho.
[ái iúsd tu uérc a lat]	
We would dance together.	Bailábamos juntos.
[uí uód dans tugéder]	
He used to be a student.	Era estudiante.
[ji iúsd tu bi a stiúden]	
She would visit my family.	Visitaba a mi familia.
[chi uód vísit mái fámili]	

 GRAMMAR

Los pronombres reflexivos hablan acerca del sujeto en una oración. El sujeto y el objeto directo son la misma persona.

The man hurt himself. [de man jert jimsélf]
(El hombre se lastimó.)
The woman burned herself. [de uóman bernd jersélf]
(La mujer se quemó.)

Cuando se usa el pronombre reflexivo con la palabra **by** [bái], la frase indica que la acción está hecha sin otras personas:

She lives by herself.	(No vive con otras personas.)
[chi livs bái jersélf]	
He cooked by himself.	(Nadie le ayudó.)
[ji cuct bái jimsélf]	

HOW DO YOU WRITE IT?

Los verbos **said** [sed] y **told** [told] no significan lo mismo. **Said** se usa para repetir las palabras o frases en forma directa tal como las dijo la persona y que se escriben "entre líneas" (o "entre comillas" en inglés):

> ***Jan said, "We leave tonight."***
> —Salimos esta noche—dijo Jan.

También se usa la palabra **said** para repetir en forma indirecta lo que dijo la persona, sin necesidad de decirlo en forma exacta:

> ***Erica said that she wanted to go home.***
> Erica dijo que quería ir a casa.

Se usa la palabra **told** para hablar en forma indirecta cuando la persona de quien se habla se menciona sin usar una preposición:

> ***Shelly told me that her car was in the garage.***
> Shelly me dijo que su carro está en el garaje.

La palabra **tell** [tel] es usada con ciertas expresiones idiomáticas:

to tell time	decir la hora
[tu tel táim]	
to tell a story	decir un cuento
[tu tel a stóri]	
to tell a secret	decir un secreto
[tu tel a sícret]	
to tell about something	contar acerca de algo
[tu tel abáut sámsin]	
to tell the truth	decir la verdad
[tu tel de trus]	
to tell a lie	decir una mentira
[tu tel a lái]	

The Past Tense: Questions
[de past tens, cuéschens]
(El Tiempo Pasado: las preguntas)

Tal como lo hicimos en el Tiempo Presente Indicativo, ahora vamos a hacer preguntas usando el verbo auxiliar **do**. Aquí tienes la forma en el Tiempo Pasado: **did**.

Do you speak English?	**¿*Did* you speak English?**
¿Hablas inglés?	¿Hablaste inglés?

Estudia estos ejemplos:

Did they go?	[did déi góu]	¿Fueron?
Did he drive?	[did ji dráiv]	¿Manejó él?
Did she eat?	[did chi it]	¿Comió ella?

Sigue leyendo y traduciendo: Nota todos los cambios que son necesarios cuando hablas de eventos pasados:

> **Did you see Jack?**
> **No, I didn't. I think he went to the hospital.**
> **Why? What happened?**
> **He got sick. Didn't they tell you?**

Así es como se ven todas juntas las formas afirmativa, negativa e interrogativa. ¡Ten cuidado con los verbos irregulares:

He saw the girl.	[ji so de guérl]
He didn't see the girl.	[ji dídent si de guérl]
Did he see the girl?	[did ji si de guérl]

I BET YOU CAN!

73. Cambia estas oraciones de la forma afirmativa a la interrogativa ¡Ten cuidado con los verbos irregulares!:

She read the book.	**Did she read the book?**
He bought a shirt.	_____
George sang a song.	_____
They cooked dinner.	_____
Sally went home.	_____

74. Cambia los siguientes ejercicios del Tiempo Pasado a la forma interrogativa, comenzando con la palabra entre paréntesis:

Marianne arrived at ten o'clock. (What time)
What time did Marianne arrive?

They sold their home last week. (When)
_____

The meeting began at eight-thirty. (What time)
_____

The tickets cost three dollars. (How much)
_____

He paid for the car by check. (How)
_____

(Las respuestas están en la página 335.)

ADVICE!

• Para comprender preguntas que se te hagan, siempre pon mucha atención a las primeras palabras de cada oración. Tus respuestas pueden ser tan breves como las que ves a continuación:

Do you speak Spanish?	**—Yes, I do.**
Are you learning English?	**—Yes, I am!**
Is Lupe going to drive?	**—No, she isn't.**
Will you help me?	**—Yes, I will.**
Does Ken read?	**—No, he doesn't.**
Was the car blue?	**—Yes, it was.**
Were they dancing?	**—No, they weren't.**
Did you go?	**—No, I didn't.**
Did Juan leave?	**—Yes, he did.**
Did they play?	**—Yes, they did.**

What Were You Doing?
The Past Progressive!
[uát uér iú dúin,
de past progrésiv]
(¿Qué estabas haciendo?
¡El Pretérito Progresivo!)

Esta es otra manera de hablar sobre experiencias previas. En lugar de decir lo que hicieron (**did**), los norteamericanos muchas veces cuentan lo que estaban haciendo. Pon mucha atención, ya que esta forma del verbo tiene dos partes.

Primero, tienes que agregarle a tus verbos la terminación ***ing***. Ya has hecho esto anteriormente:

talk	*talking*
run	*running*
drive	*driving*

Segundo, cambia el verbo ***to be*** al Tiempo Pasado:

am, is	*was*
are	*were*

Ahora, ponlos juntos y ve el resultado:

Estaba trabajando.	***I was working.***
	[ái uás uérquin]
Estabas comiendo.	***You*** (sing.) ***were eating.***
	[iú uér ítin]
Estaba corriendo.	***He*** o ***She*** o ***It was running.***
	[ji, chi, et uás ránin]
Estaban escribiendo.	***You*** (pl.) o ***They were writing.***
	[iú, déi uér ráitin]
Estábamos hablando.	***We were speaking.***
	[uí uér spíquin]

ADVICE!

• Usamos el Pretérito Progresivo para describir una acción pasada que está ocurriendo mientras otra acción ya pasó.

I was speaking with John when you came.
[ái uás spíquin uíd chon uén iú quéim]
Estaba hablando con Juan cuando llegaste.

It was raining when we left home.
[et uás réinin uén uí left jóum]
Estaba lloviendo cuando salimos de casa.

• Las formas negativa e interrogativa son fáciles:

No estábamos comiendo.	***We weren't eating.*** [uí uérent ítin]
¿Estaban saliendo?	***Were you leaving?*** [uér iú lívin]

• Sigue usando los adverbios, pues éstos se combinan muy bien con los verbos para expresar cómo se hace cualquier cosa. Muchos de estos adverbios terminan en ***ly***:

briefly	[brífli]	brevemente
correctly	[coréctli]	correctamente
effectively	[iféctivli]	eficazmente
immediately	[imídiatli]	inmediatamente
quickly	[cuícli]	rápidamente
sincerely	[sinsíarli]	sinceramente
usually	[iúchuali]	usualmente

We speak sincerely.
[uí spic sinsíarli]
Hablamos sinceramente.

John was working effectively.
[chon uás uérquin iféctivli]
Juan estaba trabajando eficazmente.

• "Hay" es   ***There is*** o ***There are***
"Había" es   ***There was*** o ***There were***

Hay dos personas.	***There are two people.*** [der ar tu pipl]
Había dos personas.	***There were two people.*** [der uér tu pipl]

¿Entiendes la diferencia? Traduce y lee en voz alta:

My friends are reading.	*My friends were reading.*
I am not talking.	*I was not talking.*
Bill is sleeping.	*Bill was sleeping.*
We aren't cooking.	*We weren't cooking.*
Are you watching TV?	*Were you watching TV?*

Escribe aquí tus propias oraciones usando el Tiempo Presente y el Pretérito Progresivo:

_____

_____

_____

_____

_____

_____

_____

_____

Sports! [sports]
(¡Los deportes!)

Durante nuestra excursión al territorio del Tiempo Pasado estaremos jugando con nuevo vocabulario. En este capítulo, toda nuestra terminología está relacionada con la diversión y el placer. Comencemos con un tema conocido: los deportes. Date cuenta cómo muchas de estas palabras se parecen en español:

Jugué...	*I played...*	[ái pléid]
Miré...	*I watched...*	[ái uácht]
el básquetbol	**basketball**	[básquetbol]
el béisbol	**baseball**	[béisbol]
el boliche	**bowling**	[bóulin]
el boxeo	**boxing**	[báxin]
el fútbol	**soccer**	[sóquer]
el fútbol americano	**football**	[fútbol]
el golf	**golf**	[galf]
el hockey	**hockey**	[jáqui]
el lacrosse	**lacrosse**	[lacrós]
el ráquetbol	**racquetball**	[ráquetbol]
el tenis	**tennis**	[ténis]
el vóleibol	**volleyball**	[válibol]

Estas actividades son muy entretenidas. Continúa usando el Tiempo Pasado:

Me gusta...	*I like...*	[ái láic]
Me gustó...	*I liked...*	[ái láict]
el baile	**dancing**	[dánsin]
la caminata	**hiking**	[jáiquin]
la carrera	**running**	[ránin]
la carrera de autos	**auto racing**	[óto réisin]
la equitación	**horseback riding**	[jórsbac ráidin]
el esquí	**skiing**	[squíin]
la gimnasia	**gymnastics**	[chimnástics]
la lucha	**wrestling**	[réslin]
el motociclismo	**motorcycling**	[motorsáiclin]
la natación	**swimming**	[suímin]

la navegación a vela	*sailing*	[séilin]
el paseo en bote	*boating*	[bóutin]
el patinaje	*skating*	[squéitin]
la pesca	*fishing*	[fíchin]
el trote	*jogging*	[chóguin]

¿Aprendió cómo...?	***Did you learn how...?***	
	[did iú lern jáo]	

levantar pesas	*to lift weights*	[tu lift uéits]
hacer ejercicio	*to do exercise*	[tu du éxersais]
andar en bicicleta	*to ride bikes*	[tu ráid báics]

ADVICE!

- Si te gustan los deportes, aprende todas esas palabras afines:

Fui a...	***I went to the...***	[ái uént tu de]

el anfiteatro	*arena*	[arína]
la bolera	*bowling alley*	[bóulin áli]
el campo	*field*	[fild]
el campo de golf	*golf course*	[golf cors]
el campo de recreo	*playground*	[pléigraund]
la cancha	*court*	[cort]
el estadio	*stadium*	[stédium]
el gimnasio	*gym*	[chim]
el juego	*game*	[guéim]
el partido	*match*	[mach]
el patinadero	*skating rink*	[squéitin rinc]
la piscina	*pool*	[púul]
la práctica	*practice*	[práctis]

- Y estas actividades son iguales en los dos idiomas:

aerobics	[eróbics]
judo	[chúdo]
kickboxing	[kíkboxin]
MMA	[em em éi]
motocross	[mótocros]
paintball	[péintbol]
pilates	[pilátis]
ping pong	[pín pon]
snowboarding	[snóubordin]
surf	[surf]
tai chi	[tai chi]

Aa GRAMMAR

Coloca los adverbios de lugar (como **yesterday**, **last week**, **on Monday**) al principio o al final de una oración.

I saw Ms. Anderson yesterday.
On Wednesday you have to go to practice.

I BET YOU CAN!

75. Haz frases usando cada una de las siguientes palabras:

am _____
not _____
has _____
do _____
will _____
was _____
did _____
had _____

Aquí tienes algunos ejercicios para traducir:

I watched the match.

_____

I liked the gym.

_____

Did you play soccer?

_____

Did you learn how to fish?

_____

(Las respuestas están en la página 335.)

Let's Play [lets pléi]
(Juguemos)

Seguro que ya sabes algunos de los nombres de estos objetos. ¿Cuánto tiempo te tomará aprendértelos todos? Fíjate cómo está escrito el Tiempo Pasado del verbo.

Jugábamos con...	***We were playing with (the)...***	
	[uí uér pléin uít de]	
Jugamos con...	***We played with (the)...***	
	[uí pléid uít de]	

el ajedrez	***chess***	[ches]
el animal de peluche	***stuffed animal***	[staft ánimal]
la baraja, las cartas	***cards***	[cards]
los bloques de madera	***blocks***	[blacs]
las canicas	***marbles***	[marbls]
los carritos	***toy cars***	[tói cars]
la casa de muñecas	***doll house***	[dál jaus]
la cometa	***kite***	[cáit]
la cuerda para brincar	***jump rope***	[champ róup]
los dibujos animados	***cartoons***	[cartúns]
el disfraz	***costume***	[cástium]
el drono	***drone***	[dron]
el escúter	***scooter***	[scúter]
las figuras de acción	***action figures***	[ákchon fíguers]
los fuegos artificiales	***fireworks***	[fáieruercs]
los gises	***crayons***	[créions]
el globo	***balloon***	[balún]
el juego	***game***	[guéim]
el juego de damas	***checkers***	[chéquers]
los juegos de mesa	***board games***	[bord guéims]
el juguete	***toy***	[tói]
los libros de pintar	***coloring books***	[cólorin bucs]
la muñeca	***doll***	[dal]
los patines	***skates***	[squéits]
la patineta	***skateboard***	[squéitbord]
la pelota	***ball***	[bal]
la plastilina	***modeling clay***	[módelin cléi]

el robot	**robot**	[róbat]
el rompecabezas	**puzzle**	[pazl]
el triciclo	**tricycle**	[tráisicl]
el trineo	**sled**	[sled]
los videojuegos	**video games**	[vídio guéims]

 HOW DO YOU WRITE IT?

Aprende a cambiar adjetivos añadiéndoles la terminación **ly**. Estudia estos ejemplos:

Adjective	[ádchectiv]	**_Adverb_**	[ádverb]
general	[chéneral]	**generally**	[chénerali]
beautiful	[biútiful]	**beautifully**	[biútifuli]
personal	[pérsonal]	**personally**	[pérsonali]
easy	[ísi]	**easily**	[ísili]
lazy	[léizi]	**lazily**	[léizili]
lucky	[láqui]	**luckily**	[láquili]
possible	[pásibl]	**possibly**	[pásibli]
probable	[prábabl]	**probably**	[prábabli]
comfortable	[cámftabl]	**comfortably**	[cámftabli]

Hobbies! [jóbis]
(¡Los pasatiempos!)

Todos los que se encuentran en el territorio del Tiempo Pasado están compartiendo lo que hicieron recientemente en su tiempo libre. ¡A ver si tú también lo compartes con nosotros!

Yo estaba...	**_I was..._** [ái uás]
cantando	**singing** [sínguin]
cocinando	**cooking** [cúquin]
coleccionando monedas	**collecting coins** [caléctin cóins]
construyendo modelos	**building models** [bíldin módels]
cosiendo	**sewing** [sóuin]
dibujando	**drawing** [dróuin]

escuchando música	**listening to music** [lísenin tu miúsic]
jugando al póker	**playing poker** [pléin póquer]
leyendo	**reading** [rídin]
mirando películas	**watching movies** [uáchin múvis]
pintando	**painting** [péintin]
tocando música	**playing music** [pléin miúsic]
tomando fotos	**taking pictures** [téiquin píkchers]
trabajando en el jardín	**gardening** [gárdenin]
usando la computadora	**using the computer** [iúsin de campiúter]

 ADVICE!

- ¿Te estás divirtiendo?

Me gustaba...	**I used to enjoy...** [ái iúsd tu enchói]

el arte	**art**	[art]
el ballet	**ballet**	[balé]
el concierto	**concert**	[cánsert]
la ópera	**opera**	[ópera]
la obra de teatro	**play**	[pléi]

- ¿Qué tal un poco de música? ¿Reconoces el español?

Tocaba...	**I used to play the...** [ái iúsd tu plei de]
Estaba tocando...	**I was playing the...** [ái uás pléin de]

el clarinete	**clarinet**	[clarinét]
la guitarra	**guitar**	[guítar]
el órgano	**organ**	[órgan]
el piano	**piano**	[piáno]
el saxófono	**saxophone**	[sáxofon]
el tambor	**drum**	[dram]
el trombón	**trombone**	[trombón]
la trompeta	**trumpet**	[trámpet]
el violín	**violin**	[vaiolín]

• Y también es bueno saber estas palabras opuestas:

el gesto de desagrado	*frown*	[fráun]
la sonrisa	*smile*	[smáil]
las lágrimas	*tears*	[tíars]
la risa	*laughter*	[láfter]
la tragedia	*tragedy*	[tráchedi]
la comedia	*comedy*	[cámedi]

I BET YOU CAN!

76. Conecta la palabra con su traducción correcta:

el tambor	*chess*
el juguete	*drum*
el ajedrez	*concert*
la sonrisa	*puzzle*
el columpio	*smile*
el rompecabezas	*laughter*
la risa	*swing*
el concierto	*toy*

77. Ahora, cambia estas palabras del Tiempo Pasado al Tiempo Pasado Progresivo:

I ate.	*I was eating.*
He danced.	*He was dancing.*
I worked.	_____
They bought.	_____
We wrote.	_____
She sang.	_____
You drank.	_____

(Las respuestas están en la página 335.)

CROSSWORD PUZZLE 3
(La Diversión)

ACROSS

2. el fútbol
5. el béisbol
6. las bicicletas
8. los juguetes
10. el baile
11. la caminata
13. el trote
14. la natación
16. el boxeo
19. la patineta

DOWN

1. el rompecabezas
3. el ajedrez
4. la música
7. la carrera
8. el tenis
9. el dibujo
12. el boliche
15. las pesas
17. las cartas
18. la plastilina

(El crucigrama terminado está en la página 340.)

6

I've Practiced a Lot!

**[áiv práctist a lat]
(¡He practicado mucho!)**

Cuando recorrimos el mundo del inglés intermedio y avanzado, con frecuencia nos encontramos con formas verbales que parecen repetirse una y otra vez. Un ejemplo de esto es el Participio Pasado del verbo, el cual, en la mayoría de los verbos en inglés es idéntico al Tiempo Pasado.

Para formar el Participio Pasado de los verbos regulares sigue este modelo muy sencillo:

Infinitivo:	**work**	**want**	**dance**	**study**
Participio Pasado:	**worked**	**wanted**	**danced**	**studied**

¿Te diste cuenta de que el Tiempo Pasado y el Tiempo Participio Pasado son iguales? No lo son cuando el verbo es irregular, pero ya hablaremos de eso más adelante. Y ahora, escribe unos cuantos Participios Pasados sin ayuda:

78.

cook	*cooked* _____
arrive	*arrived* _____
stay	_____
stop	_____
paint	_____
pull	_____
push	_____
play	_____

(Las respuestas están en la página 335.)

¿Y qué tiene de especial el Participio Pasado? ¡Mucho! Espera un poco y verás.

The Present Perfect
[de présen pérfect]
(El Presente Perfecto)

Aquí tenemos un tiempo verbal con un nombre muy elegante y de muchos usos prácticos. El Presente Perfecto está compuesto de dos verbos. Uno es **to have** ("haber") y el otro es el Participio Pasado de cualquier verbo. Usamos el Presente Perfecto para conversar sobre acciones que ya han terminado. En resumen, es otra manera de hablar del pasado.

Compara estas oraciones:

Bailé.	*I danced.*	[ái dánst]
Bailaba.	*I used to dance.*	[ái iúsd tu dans]
Estaba bailando.	*I was dancing.*	[ái uás dánsin]
He bailado.	*I have danced.*	[ái jaf dánst]

Veamos la fórmula para crear el Presente Perfecto con verbos regulares. Primero, forma el Participio Pasado añadiendo **ed** a los nombres de los verbos regulares:

to work (trabajar) **worked** (trabajado)
to play (jugar) **played** (jugado)

Ahora, agrégales la conjugación correspondiente del verbo **to have**:

he	*I have*	[ái jaf]
ha	*You* (sing.) *have*	[iú jaf]
has	*He*, *She*, *It has*	[ji, chi, et jas]
han	*You* (pl.), *They have*	[iú, déi jaf]
hemos	*We have*	[uí jaf]

Y luego, une las dos partes:

Yo he trabajado.	*I have worked.*	[ái jaf uérct]
No hemos jugado.	*We have not played.*	[uí jaf nat pléid]
Pablo ha estudiado.	*Paul has studied.*	[pol jas stádid]
¿Han estacionado?	*Have they parked?*	[jaf déi párkt]

79. Estas oraciones son para que tú las traduzcas:

We have stopped. _____

I have not cooked. _____

Have they returned? _____

(Las respuestas están en la página 335.)

ADVICE!

• **To have** se usará en todo este capítulo, así que revisa bien las formas que te he explicado anteriormente.

• Trata de no confundir la terminación **ed** del Participio Pasado con la terminación **ed** del Tiempo Pasado. ¡No son las mismas!

• El Tiempo Presente Perfecto describe una acción que ocurrió en un tiempo indefinido del pasado:

> **They have moved to Los Angeles.**
> [déi jaf muvd tu los ángeles]
> Se han mudado a Los Angeles.

• El Tiempo Presente Perfecto también describe una acción que comenzó en el pasado y que todavía continúa en el presente:

> **He has worked here for two years.**
> [ji jas uérct jir for tu iérs]
> Ha trabajado aquí por dos años.
> (Todavía está trabajando aquí.)

• Pero este tiempo verbal también describe una acción que se ha repetido varias veces en el pasado:

> **They have moved there several times.**
> [déi jaf muvd der séveral táims]
> Se han mudado allá muchas veces.

• La acciones del Tiempo Presente Perfecto generalmente no mencionan el momento en que ocurrió la acción. Casi siempre se usa el Tiempo Pasado para expresar eso:

> Tiempo Pasado:
> **He worked in New York yesterday.**
> [ji uérct in niú iórc iésterdei]

> Tiempo Presente Perfecto:
> **He has worked in New York several times.**
> [ji jas uérct in niú iórc séveral táims]

 ## HOW DO YOU WRITE IT?

Recuerda las contracciones en inglés:

I have	*I've*
You have	*You've*
He has	*He's*
She has	*She's*
It has	*It's*
They have	*They've*
We have	*We've*

I BET YOU CAN!

80. Sigue el ejemplo. Pon la forma correcta del Tiempo Presente Perfecto:

We (finish) all our work.	*have finished*
He (visit) us many times.	_____
She (study) in the U.S.A.	_____
It (rain) a lot this year.	_____
We (learn) many new words.	_____

81. Cambia las siguientes formas del verbo, ya sea al Pasado Simple o al Presente Perfecto.

When I parked, Wade _____ (jump) out of the car.
I _____ (cook) that food yesterday.
She _____ (clean) the house since Friday.
They _____ (look) for a laptop for six months.
We _____ (learn) many new words in this book.

82. Completa las oraciones. Mira primero el ejemplo:

I _____ (move) to Texas, and I _____ (live) there for three months now.
I moved to Texas, and I have lived there for three months now.
We _____ (stay) at the hotel from Monday to Thursday.
Since coming here, we _____ (work) at the office.
You _____ (play) tennis almost all your life.
I _____ (study) English since 1990.

(Las respuestas están en la página 335.)

The Present Perfect Continuous Tense
[de présen pérfect contíniuas téns]
(El Tiempo Presente Perfecto Continuo)

¡Estás aprendiendo mucho inglés! Aquí tenemos otra forma del verbo para hablar de acciones cometidas en el pasado. Forma el Tiempo Presente Perfecto Continuo con **have been** [jaf bin] o **has been** [jas bin] y el Presente Participio de cualquier verbo. Estudia:

I have been working	[ái jaf bin uérquin]
He estado trabajando	
You (sing.) ***have been working***	[iú jaf bin uérquin]
Has estado trabajando	
He, She, It has been working	[ji, chi, et jas bin uérquin]
Él, ella, Ud. estado trabajando	
You (pl.) ***have been working***	[iú jaf bin uérquin]
Ha estado trabajando	
They have been working	[déi jaf bin uérquin]
Ellos, ellas, Uds. estado trabajando	
We have been working	[uí jaf bin uérquin]
Hemos estado trabajando	

El Tiempo Presente Perfecto Continuo describe una acción que empezó en el pasado y ha continuado en el presente. En la mayoría de los casos puedes intercambiarlo con el Tiempo Presente Perfecto:

They have lived here for five years.
They have been living here for five years.

I BET YOU CAN!

83. Cambia estos verbos que están en la forma simple del Presente Perfecto a la forma Continua:

He has worked there for many years.
He has been working there for many years.

They have talked for more than an hour.

_____

I have traveled all over New Mexico.

_____

It has rained all day long.

_____

They have looked everywhere for the book.

_____

84. Escribe la forma correcta del Tiempo Presente Perfecto Continuo:

He (study) English for two years.
has been studying

We (live) in this house since last March.

_____

I (try) to reach you by phone for hours.

_____

She (dance) professionally for ten years.

_____

John (work) on that car for days.

_____

(Las respuestas están en la página 335.)

Perfect Tenses: More Information
[pérfect ténses, mor informéichen]
(Los Tiempos Perfectos: más información)

Haz la forma negativa del Presente Perfecto y el Presente Perfecto Continuo con el uso de ***not*** después de las palabras ***have*** o ***has***. Nota que se usan mucho las contracciones ***haven't*** [jávent] y ***hasn't*** [jásent]:

> ***They have not lived there long.***
> ***They haven't lived there long.*** [déi jávent livd der lon]

> ***It has not been raining.***
> ***It hasn't been raining.*** [et jásent bin réinin]

Y pon ***have*** o ***has*** al principio de las oraciones (enfrente del sustantivo) para formar una pregunta:

> ***Have they lived there long?*** [jaf déi livd der lon]
> ***Has it been raining?*** [jas et bin réinin]

 GRAMMAR

El orden correcto en una declaración en inglés es sujeto, verbo, objeto indirecto, objeto directo, adverbios modificados. Ten cuidado de no separar el verbo y su objeto directo del adverbio modificador.

Incorrecto:	***I saw yesterday my friend.***
Correcto:	***I saw my friend yesterday.***

I BET YOU CAN!

85. Cambia las siguientes oraciones afirmativas a oraciones negativas, usando ambas formas—la completa y la de contracción:

You have worked very hard at your job.
You have not worked very hard at your job.
You haven't worked very hard at your job.

She has been living there for many years.

_____

_____

It has been snowing.

_____

_____

He has been sick since Wednesday.

_____

_____

They have returned home.

_____

_____

86. Cambia a preguntas las cuatro oraciones previas. Mira el ejemplo:

You have worked very hard at your job.
Have you worked very hard at your job?

_____

_____

_____

_____

87. El ejercicio siguiente es un poco diferente. Cambia las oraciones a preguntas que comienzan con la expresión *How long* ("cuánto tiempo") ¡Ten cuidado con el orden de las palabras!:

He has been working there for ten years.
(How long has he been working there?)

> **They have been married for five years.**
> _____
>
> **They have been living in that house for twenty years.**
> _____
>
> **She has been studying English for two years.**
> _____
>
> **They have been friends for many years.**
> _____
>
> *(Las respuestas están en la página 335.)*

ADVICE!

- **For** [for] se usa para mostrar cuanto tiempo dura una acción.

  He has worked there for six months.
  [ji jas uérct der for sics mans]

- **Since** [sins] se usa para mostrar el momento (tiempo) en que la acción empieza.

  He has worked there since February.
  [ji jas uérct der sins fébruari]

- **Yet** [iét] significa "todavía, aún", o "hasta ahora" y se usa con oraciones negativas e interrogativas:

  Carmen hasn't called yet. [cármen jásent cold iét]
  Has Carmen called yet? [jas cármen cold iét]

- **Already** [olrédi] significa "anteriormente" y se usa con oraciones y preguntas afirmativas;

  They have already moved. [déi jaf álrédi muvd]
  Have they already moved? [jaf déi álrédi muvd]

- **Ago** [egó] se refiere al tiempo pasado y se usa solamente con el tiempo pasado de los verbos:

  I saw him two weeks ago. [ái so jim tu uícs egó]

The Rebels [de rébels]
(Los rebeldes)

Memoriza el siguiente grupo de verbos irregulares del Participio Pasado y practícalos de inmediato. Como te puedes dar cuenta, estos verbos rompen todas las reglas. Lee cada ejemplo en voz alta:

to write	[tu ráit]	escribir
written	[ríten]	escrito
I've written the report.	[áiv ríten de repórt]	
He escrito el informe.		

to see	[tu si]	ver
seen	[sin]	visto
I've seen the doctor.	[áiv sin de dóctor]	
He visto el médico.		

to put	[tu put]	poner
put	[put]	puesto
I've put it here.	[áiv put et jir]	
Lo he puesto aquí.		

to do	[tu du]	hacer
done	[dan]	hecho
I've done the work.	[áiv dan de uérc]	

He hecho el trabajo.

to say	[tu séi]	decir
said	[sed]	dicho
I've said the words.	[áiv sed de uérds]	

He dicho las palabras.

to break	[tu bréic]	romper
broken	[bróquen]	roto
I've broken the chair.	[áiv bróquen de chéar]	

He roto la silla.

Para aprender más ejemplos de verbos irregulares en inglés, mira al final de este libro. Encontrarás varias formas irregulares del **Past Tense** (el Tiempo Pasado) y del **Present Participle** (el Participio Presente).

 ADVICE!

• Para evitar mezclar los tiempos en inglés, hazte las siguientes preguntas antes de hacer una frase:

¿Qué estoy tratando de decir?
¿Ocurrió, ocurría, ocurre, ha ocurrido, u ocurrirá la acción?

Cuando menos lo pienses tu mensaje saldrá a la superficie. Observa los tiempos en que ocurre la acción en estos ejemplos:

He's opening the door.	Está abriendo la puerta.
[jis ópenin de dóar]	
He opens the door.	Abre la puerta.
[ji ópens de dóar]	
He'll open the door.	Abrirá la puerta.
[jil ópen de dóar]	
He has opened the door.	Ha abierto la puerta.
[ji jas ópend de dóar]	
He opened the door.	Abrió la puerta.
[ji ópend de dóar]	
He used to open the door.	Abría la puerta.
[ji iúsd tu ópen de dóar]	

• No pierdas contacto con estos verbos pequeños, los cuales son más participios comunes irregulares:

Ser   **to be**   sido   **been** [bin]
She's been a doctor. [chis bin a dóctor]
Ella ha sido doctora.

Ir   **to go**   ido   **gone** [gan]
She's gone to Spain. [chis gan tu spéin]
Ella ha ido a España.

Decir   **to say**   dicho   **said** [sed]
She's said a lot of things. [chis sed a lat av zings]
Ella ha dicho muchas cosas.

I BET YOU CAN!

88. Escribe los siguientes verbos en el Tiempo Presente Perfecto.

He (spoke) to me about it many times.
has spoken
_____

I (be) in Washington several times.
_____

I (hear) her sing once or twice.
_____

They (buy) the food.
_____

We (sleep) in the apartment.
_____

I (lose) my umbrella.
_____

She (go) to work early.
_____

They (drive) the new car a lot.
_____

They (do) an excellent job.
_____

(Las respuestas están en las páginas 335–336.)

The Past Perfect
[de past pérfect]
(El Pasado Perfecto)

Usamos el Pasado Perfecto para describir una acción que ocurrió antes de algún momento definido en el pasado. En lugar de **has** o **have** usamos **had**:

I had eaten	Había comido
[ái jad íten]	
You (sing.) **had eaten**	Habías comido
[iú jad íten]	
He, She, It had eaten	Había comido
[ji, chi, et jad íten]	
You (pl.), **They had eaten**	Habían comido
[iú, déi jad íten]	
We had eaten	Habíamos comido
[uí jad íten]	

El Pasado Perfecto siempre se refiere a hechos sobreentendidos o implícitos. Fíjate en los ejemplos y luego agrega tus propias frases:

Había manejado antes.	***I had driven before.***
Había cantado antes.	***She had sung before.***
Habían ido antes.	***They had gone before.***
Habíamos bailado antes.	***We had danced before.***

_____

_____

_____

ADVICE!

• A menudo el Tiempo Pasado Perfecto no se usa solo en una frase, sino en conexión con otro Tiempo Pasado.

> ***He had already left when she arrived.***
> (Ya había salido cuando ella llegó.)
> ***He said he had seen that movie.***
> (Dijo que ya había visto la película.)

¿Te das cuenta? El otro Tiempo Pasado en los ejemplos de arriba es "llegó" y "dijo".

• Nota que ***had*** también es la forma pasada del verbo "tener":

> Teníamos una fiesta.
> ***We had a party.***

• Así como con todas las formas verbales, aprende a expresar tanto los comentarios como las negaciones e interrogaciones con este tiempo. Date cuenta que a veces las dos partes del verbo van separadas:

¿Ha comido usted?	***Have you eaten?***
No, no he comido.	***No, I haven't eaten.***
¿Habían comido?	***Had they eaten?***
No, no habían comido.	***No, they hadn't eaten.***

The Future Perfect
[de fiúcher pérfect]
(El Futuro Perfecto)

Forma el Tiempo Futuro Perfecto con **will have** y el Participio Pasado del verbo principal. Se usa con frecuencia la contracción **'ll**:

> Me habré ido a la hora que tú llegues.
> **I will have left by the time you arrive.**
> [ái uíl jaf left bái de táim iú aráiv]
> **I'll have left by the time you arrive.**
> [áil jaf left bái de táim iú aráiv]

El Tiempo Futuro Perfecto describe una acción que en cierta etapa del futuro llegará a ser una acción pasada completa.

> **By next September I'll have worked here thirty years.**
> [bái next septémber áil jaf uérct jir zérti íers]
> El próximo septiembre habré trabajado treinta años aquí.
> **We will have finished this book in June.**
> [uí uíl jaf fínicht dis buc in chun]
> Habremos terminado este libro en junio.

HOW DO YOU PRONOUNCE IT?

Estudia los distintos tiempos verbales y pronuncia cada oración en inglés:

Tengo que salir	***I have to leave.***
Tenía que salir.	***I had to leave.***
Hay que estudiar.	***It is necessary to study.***
Había que estudiar.	***It was necessary to study.***
Hace mucho frío.	***It's very cold.***
Hacía mucho frío.	***It was very cold.***
La policía ha llegado	***The police have* arrived.***
La policía había llegado.	***The police had arrived.***
Quiere salir con ella.	***He wants to go out with her.***
Ha querido salir con ella.	***He has wanted to go out with her.***

---

*El término general "policía" es considerado plural en inglés y requiere **have** en vez de **has**.

I BET YOU CAN!

89. Traduce al inglés:

Ellos habían ido.
Ella había hablado.
Me había levantado.
Habías comido.Habíamos estudiado.

90. Escribe la forma correcta del verbo usando el Pasado Perfecto.

She told us that he _____ (look) everywhere for the book.
Carla _____ (leave) before we arrived.
They said that they finally _____ (sell) their car.
I met them before I _____ (go) to California.
He knew that he _____ (eat) too much food.

91. Más ejercicios:

He told me that he _____ (visit) Guatemala several times.
I thought it was John who _____ (steal) the money.
I saw that she _____ (take) the wrong jacket.
He said that he _____ (have) his lunch.
I thought he _____ (find) his money.

92. ¿Puedes recordar todas las formas del verbo para el Tiempo Pasado y los Tiempos Perfectos?

	Past	*Past Participle*
see	*saw*	*seen*
ask	*asked*	*asked*
know	_____	_____
get	_____	_____
arrive	_____	_____
have	_____	_____
make	_____	_____
find	_____	_____
grow	_____	_____
leave	_____	_____
walk	_____	_____
show	_____	_____

(Las respuestas están en la página 336.)

Dynamic Descriptions
[dainámic descrípchens]
(Descripciones dinámicas)

Para esta etapa ya te habrás dado cuenta de que la terminación **ed** en inglés es parecida a nuestras terminaciones "ado" o "ido" en el español. Esto se puede ver claramente cuando comparamos palabras descriptivas. No todos los verbos siguen las mismas reglas, pero observa cuidadosamente la forma creativa en que se pueden usar los participios:

pintar	***to paint***	[tu péint]
pintado	***painted***	[péinted]

Las casas están pintadas.
The houses are painted.

cerrar	***to close***	[tu clóus]
cerrado	***closed***	[clóusd]

La puerta está cerrada.
The door is closed.

arreglar	***to arrange***	[tu arrénch]
arreglado	***arranged***	[arrénchd]

Los papeles están arreglados.
The papers are arranged.

93. Mira como el verbo, la "palabra que describe", cambia de acuerdo con el objeto que está siendo descrito. Usando los ejemplos anteriores, completa la traducción que falta:

to bore	[tu bóar]	aburrir
bored	[bord]	<u>aburrido</u>
to dress	[tu dres]	vestir
dressed	[drest]	_____
to love	[tu lav]	amar
loved	[lavd]	_____
to prepare	[tu pripér]	preparar
prepared	[pripérd]	_____

| to separate | [tu sépareit] | separar |
| separated | [sépareited] | _____ |

| to tire | [tu táir] | cansar |
| tired | [táird] | _____ |

| to worry | [tu uéri] | preocupar |
| worried | [uérid] | _____ |

94. Casos especiales. Aunque muchos adjetivos se forman aña-diendo **ed** al verbo, hay otros adjetivos que se forman de modo distinto. Traduce:

| to anger | [tu ánger] | enojar |
| angry | [ángri] | enojado |

| to cut | [tu cat] | cortar |
| cut | [cat] | _____ |

| to freeze | [tu fris] | congelar |
| frozen | [fróusen] | _____ |

| to sell | [tu sel] | vender |
| sold | [sold] | _____ |

| to stick | [tu stic] | pegar |
| stuck | [stac] | _____ |

(Las respuestas están en la página 336.)

 ADVICE!

• Mira cómo se usa **there** ("hay") según el tiempo:

Hay	**There is** o **There are**
Había	**There was** o **There were**
Ha habido	**There has been** o **There have been**
Había habido	**There had been**

Scramble Puzzle (Con el participio pasado)

Descifra las palabras y escríbelas en las líneas. Las respuestas están invertidas.

1. tepdspo _____
2. eiddust _____
3. nedo _____
4. ydelap _____
5. tntrewi _____
6. hrdae _____
7. aeddcn _____
8. iads _____
9. tlpse _____
10. eorknb _____

10. broken
9. slept
8. said
7. danced
6. heard
5. written
4. played
3. done
2. studied
1. stopped

It's Natural! [ets náchural]
(¡Es natural!)

El tema que vemos más abajo es *nature* ("naturaleza"). Aquí vamos a hablar de geografía, plantas y animales.

He vivido cerca de...   *I have lived near the...*
[ái jaf livd níar de]

Viajamos a...   *We traveled to the...*
[uí tráveld tu de]

el arroyo	*stream*	[strim]
la barranca	*gulch*	[galch]
el bosque	*forest*	[fórest]
el campo	*field*	[fild]
el cerro	*hill*	[jil]
la charca	*pond*	[pond]
la costa	*coast*	[cóust]
la cueva	*cave*	[quéiv]
el desierto	*desert*	[désert]
el lago	*lake*	[léic]
la laguna	*lagoon*	[lagún]

el mar	*sea*	[si]
la montaña	*mountain*	[máonten]
el océano	*ocean*	[óuchen]
el pantano	*swamp*	[suámp]
la playa	*beach*	[bich]
el río	*river*	[ríver]
la selva	*jungle*	[changl]
el valle	*valley*	[váli]

ADVICE!

• No te pierdas. Aquí tienes más palabras que nos dan dirección.

el norte	*north*	[nort]
el sur	*south*	[sáut]
el este	*east*	[ist]
el oeste	*west*	[uést]

Vaya...	*Go*	[góu]

a lo largo	*along*	[alóng]
adelante	*forward*	[fóruard]
alrededor	*around*	[aráun]
atrás	*back*	[bac]
entre	*between*	[bituín]
en medio	*in the middle*	[in de midl]
hacia	*toward*	[túard]
sobre	*over*	[óver]

Ahora señala todo lo que veas en las afueras. Y sigue usando el Tiempo Perfecto:

Ya habíamos visto...	**We had already seen the...**
	[uí jad alrédi sin de]
¿Has tocado...?	**Have you touched the...**
	[jav iú tacht de]

el árbol	*tree*	[tri]
el arbusto	*bush*	[buch]
la arena	*sand*	[sand]
la flor	*flower*	[fláuer]
la grava	*gravel*	[grável]
la hierba	*weed*	[uíd]
el lodo	*mud*	[mad]
el pasto	*grass*	[gras]

la piedra	**rock**	[rac]
la planta	**plant**	[plant]
el polvo	**dust**	[dast]
el terreno	**land**	[land]
la tierra	**dirt**	[dert]

The Plants! [de plants]
(¡Las plantas!)

¿Qué sabes de la vida de las plantas en inglés? Combina este vocabulario con los verbos que ya conoces y practica las formas verbales que has aprendido en este capítulo:

He comprado...	***I've bought the...***	[áiv bot de]
Había plantado...	***I had planted the...***	[ái jad plánted de]

el abedul	**birch**	[berch]
el arce	**maple**	[méipl]
el cacto	**cactus**	[cáctus]
el cedro	**cedar**	[sídar]
el clavel	**carnation**	[carnéichen]
el geranio	**geranium**	[cherénium]
el girasol	**sunflower**	[sánflauer]
el helecho	**fern**	[fern]
la hiedra	**ivy**	[áivi]
el nogal	**walnut**	[uólnat]
el olmo	**elm**	[elm]
la palmera	**palm**	[palm]
el pino	**pine**	[páin]
el roble	**oak**	[óuc]
la rosa	**rose**	[róus]
el sauce	**willow**	[uílou]
el tulipán	**tulip**	[túlip]
la violeta	**violet**	[váiolet]

I BET YOU CAN!

95. Traduce al inglés. Es importante repasar:

Está hecho.   _____
Están congelados.   _____
Estamos cerrados.   _____
Son casados.   _____
Fue vendido.   _____
Había sido perdido.   _____

Ahora prueba tu memoria:

Nombra tres flores: _____
Nombra tres árboles: _____

(Las respuestas están en la página 336.)

The Animals [de ánimals]
(Los animales)

Todo buen estudiante debe saber los nombres de los animales más comunes. ¡Fuerza amigos!

He tenido...	***I've had a...*** [áiv jad a]	
Habíamos perdido...	***We'd lost a...*** [uíd lost a]	
el caballo	**horse**	[jors]
el canario	**canary**	[canári]
el cerdo	**pig**	[pig]
el chivo	**goat**	[góut]
el conejo	**rabbit**	[rábit]
la gallina	**chicken**	[chíquen]
el gato	**cat**	[cat]
el hámster	**hamster**	[jámster]
la oveja	**sheep**	[chiip]
el pato	**duck**	[dac]
el perico	**parakeet**	[páraquit]
el perro	**dog**	[doc]
el pez	**fish**	[fich]
la tortuga	**turtle**	[tertl]
la vaca	**cow**	[cau]

Señala y di una frase en voz alta:

Póngalo en...	***Put it in the...***	[put et in de]
el acuario	***aquarium***	[acuérium]
la caja	***box***	[bax]
el corral	***pen***	[pen]
el establo	***stable***	[stéibl]
el patio	***yard***	[iárd]
la perrera	***doghouse***	[dócjaus]

ADVICE!

• Sigue hablando de tu mascota o animal doméstico:

Es hembra.	***It's female.***	[ets fiméil]
Es macho.	***It's male.***	[ets méil]
Es amistoso.	***It's friendly.***	[ets fréndli]
Está entrenado.	***It's trained.***	[ets tréind]
Necesita...	***It needs...***	
un baño	***a bath***	[a baz]
un collar	***a collar***	[a cólar]
un corte de pelo	***a haircut***	[a jércat]
una correa	***a leash***	[a lich]

Le gusta...	***It likes to...***	[et láics tu]
cazar	***hunt***	[jant]
correr	***run***	[ran]
dormir	***sleep***	[slip]
hacer ruido	***make noise***	[méic nóis]
hacer trucos	***do tricks***	[du trics]
jugar	***play***	[pléi]
ladrar	***bark***	[barc]
lamer	***lick***	[lic]
morder	***bite***	[báit]
nadar	***swim***	[suím]
rascar	***scratch***	[scrách]
saltar	***jump***	[champ]
sentarse	***sit***	[sit]
subir	***climb***	[cláim]

The Wild Ones [de uáild uáns]
(Los salvajes)

Ahora viajaremos más lejos:

¡Nunca hemos visto...!   **We've never seen the...!**
[uív néver sin de]

el alce	**moose**	[mus]
la ardilla	**squirrel**	[scuírel]
el camello	**camel**	[cámel]
el castor	**beaver**	[bíver]
la cebra	**zebra**	[zíbra]
el coyote	**coyote**	[coióte]
la culebra	**snake**	[snéic]
el elefante	**elephant**	[élefant]
el hipopótamo	**hippopotamus**	[jipopótamus]
la jirafa	**giraffe**	[chiráf]
el lagarto	**lizard**	[lízard]
el león	**lion**	[láion]
el lobo	**wolf**	[uólf]
el mapache	**raccoon**	[racún]
el mono	**monkey**	[mánqui]
el oso	**bear**	[béar]
el puercoespín	**porcupine**	[pórquiupain]
el rana	**frog**	[frog]
la rata	**rat**	[rat]
el ratón	**mouse**	[máus]
el rinoceronte	**rhinoceros**	[rainóseros]
el tigre	**tiger**	[táiguer]
el topo	**mole**	[móul]
el venado	**deer**	[díir]
la zarigüeya	**opossum**	[apásum]
el zorrillo	**skunk**	[scanc]
el zorro	**fox**	[fox]

ADVICE!

Y a los que les gustan los pájaros...

Mire...	**Look at the...** [luc at de]	
el búho	*owl*	[ául]
el cisne	*swan*	[suán]
el colibrí	*hummingbird*	[háminberd]
el cuervo	*crow*	[cróu]
el ganso	*goose*	[gus]
el gorrión	*sparrow*	[spárou]
el halcón	*hawk*	[joc]
el pájaro	*bird*	[berd]
el petirrojo	*robin*	[róbin]
el picaposte	*woodpecker*	[uódpequer]
el reyezuelo	*wren*	[ren]

- ¡Ojo! Hay animalitos por todas partes:

Ha encontrado...	**She's found the...**	[chis fáund de]
Había matado...	**He'd killed the...**	[jid quíld de]
la abeja	*bee*	[bi]
la araña	*spider*	[spáider]
la avispa	*wasp*	[uásp]
el avispón	*hornet*	[jórnet]
la babosa	*slug*	[slag]
el caracol	*snail*	[snéil]
el escarabajo	*beetle*	[bítl]
el escorpión	*scorpion*	[scórpion]
el grillo	*cricket*	[críquet]
el gusano	*worm*	[uérm]
la hormiga	*ant*	[ant]
la libélula	*dragonfly*	[drágonflai]
la mariposa	*butterfly*	[báterflai]
la mariquita	*ladybug*	[léidibag]
la mosca	*fly*	[flái]
la polilla	*moth*	[mos]
la pulga	*flea*	[fli]
el saltamontes	*grasshopper*	[grásjaper]
el zancudo	*mosquito*	[mosquíto]

I BET YOU CAN!

96. Conecta el animal con su actividad favorita:

dog	**swim**	_____
fish	**fly**	_____
bird	**bark**	_____

97. ¿Cuál animal es más grande?

frog or moose	_____
bear or hornet	_____
deer or squirrel	_____

¿Puedes nombrar tres pájaros y tres insectos en inglés?

_____ _____

_____ _____

_____ _____

98. Es tiempo de usar los tiempos complicados con el nuevo vocabulario. Traduce:

The hawks have looked for the rabbit.

_____

The crow had eaten all the food.

_____

The tiger has found the meat.

_____

The mouse had taken the cheese.

_____

The boy has bought two turtles.

_____

The frogs had seen the flies.

_____

The ants have gone to the house.

_____

The rat had run to the kitchen.

_____

(Las respuestas están en la página 336.)

Aa ✓ GRAMMAR

The, **a** y **an** se llaman **articles** ("artículos").

Cuando hablamos de una idea general o de una clase de objeto, no usamos los artículos.

> **Water is necessary for life.**
> **Dogs make nice pets.**

Los artículos no son generalmente usados con nombres propios, nombres de personas, ciudades, calles o países.

> **Frank lives on Broadway Avenue.**
> **We visited France last summer.**

Look, Up in the Sky!
[luc ap in de scái]
(¡Mira, arriba en el cielo!)

Hablando de la belleza de la naturaleza, ¿alguna vez has mirado el cielo y maravillado ante tal esplendor? ¡Pues maravíllate ahora usando el inglés! Mira el ejemplo con tiempos compuestos y combínalos con el vocabulario.

He estudiado...	**I have studied the...**
	[ái jaf stádid de]
Había explicado...	**He had explained the...**
	[ji jad expléind de]

los años luz	**light years**	[láit íers]
los asteroides	**asteroids**	[ásteroids]
la astronomía	**astronomy**	[astrónomi]
el cohete	**rocket**	[róquet]
el cometa	**comet**	[cómet]
la constelación	**constellation**	[consteléichen]
el cráter	**crater**	[créiter]
la distancia	**distance**	[dístans]
el eclipse	**eclipse**	[iclíps]
el espacio	**space**	[spéis]
la estación espacial	**space station**	[spéis stéichen]

la estrella	*star*	[star]
la estrella Polar	*North Star*	[nors star]
la galaxia	*galaxy*	[gálaxi]
la gravedad	*gravity*	[gráviti]
el hoyo negro	*black hole*	[blac jol]
la lanzadera espacial	*space shuttle*	[spéis chátl]
la luna	*moon*	[mun]
el meteoro	*meteor*	[mítior]
el mundo	*world*	[uérld]
la órbita	*orbit*	[órbit]
la Osa Mayor	*Big Dipper*	[bic díper]
el planeta	*planet*	[plánet]
el satélite	*satellite*	[sátelait]
el sistema solar	*solar system*	[sólar sístem]
el sol	*sun*	[san]
el telescopio	*telescope*	[télescoup]
el universo	*universe*	[iúnivers]
la Vía Láctea	*Milky Way*	[mílqui uéi]

7

I Would Like to Practice!

[ái uód láic tu práctis]
(¡Quisiera practicar!)

Tough Terrain [taf terréin]
(Terreno difícil)

Después de nuestros viajes al Tiempo Presente, al Mundo del Futuro y al Territorio del Tiempo Pasado…¿qué más podemos esperar? Bienvenido al planeta del Tiempo Condicional, cuyos extraños habitantes de todos los tamaños hablan un idioma desconocido. ¡Pero con un poco más de trabajo, muy pronto tendrás la llave de sus secretos!

The Conditional Tense!
[de condíchonal tens]
(¡El Tiempo Condicional!)

Básicamente, el Tiempo Condicional se usa para hablar de lo que podría pasar. El Tiempo Condicional es muy parecido al Tiempo Futuro, porque una palabra es siempre añadida a cada verbo básico. Mientras practicas las siguientes frases, presta atención a la palabra **would** [uód]:

hablaría	***I, He, She would speak***
	[ái, ji, chi uód spic]
hablarías	***You*** (sing.) ***would speak***
	[iú uód spic]
hablarían	***You*** (pl.), ***They would speak***
	[iú, déi uód spic]
hablaríamos	***We would speak***
	[uí uód spic]

¿Estás listo para leer algunas oraciones? ¡Comencemos!

Ella dijo que compraría el carro.
She said that she would buy the car.
[chi sed dat chi uód bái de car]

Sabíamos que aprenderíamos el inglés.
We knew that we would learn English.
[uí nu dat uí uód lern ínglech]

Yo creí que iría a Paris.
I thought that I would go to Paris.
[ái sot dat ái uód góu tu péris]

Le gustaría estudiar con ustedes.
He would like to study with you guys.
[ji uód láic tu stádi uíd iú gáis]

Prometieron que llegarían temprano.
They promised they would arrive early.
[déi prómist déi uód aráiv érli]

Diríamos muchas cosas buenas.
We would say a lot of good things.
[uí uód séi a lat av gud zings]

Siempre saldrían en la noche.
They would always leave at night.
[déi uód álueis liv at náit]

Ella pondría las flores en la mesa.
She would put the flowers on the table.
[chi uód put de fláuers on de téibl]

Cuando te sientas cómodo alrededor del Mundo Condicional con la palabra ***would***, prueba algunas oraciones con la palabra ***if*** ("si"):

No sabíamos si vendríamos.
We didn't know if we would come.
[uí dídent nóu if uí uód cam]

No dijo si manejaría.
She didn't say if she would drive.
[chi dídent séi if chi uód dráiv]

No podían decidir si irían.
They couldn't decide if they would go.
[déi cúdent disáid if déi uód góu]

Las oraciones de más arriba también pueden ser usadas en el Tiempo Futuro. Examina estos cambios:

No sabemos si vendremos.
We don't know if we will come.
[uí dont nóu if uí uíl cam]

No dice si manejará.
She doesn't say if she will drive.
[chi dásent séi if chi uíl dráiv]

No deciden si irán.
They can't decide if they will go.
[déi cant disáid if déi uíl góu]

 ADVICE!

• ***Would*** es también usado para representar una acción repetida del pasado, la cual es traducida en español al Tiempo Imperfecto:

Cuando era menor, trabajaba tarde.
When I was younger, I would work late.
[uén ái uás iánguer, ái uód uérc léit]

● Ahora, presta atención a la palabra ***there***, la cual se usa muy frecuentemente:

> Pensaba que habría más dinero.
> ***I thought that there would be more money.***
> [ái sot dat der uód bi mor máni]

I BET YOU CAN!

¡Mira a todos los tiempos verbales que has aprendido! Ahora podrás expresar las acciones en una variedad de maneras. El siguiente ejercicio te ayudará a cambiar tu forma de pensar de un tiempo a otro.

99. Salir   ***to leave***   **(I)**

todos los días ***(every day)***	***I leave every day.***
ahora ***(now)***	***I'm leaving now.***
mañana ***(tomorrow)***	_____
ayer ***(yesterday)***	_____
antes ***(before)***	_____

100. Venir   ***to come***   **(They)**

before	***They have come before.***
every day	_____
now	_____
tomorrow	_____
yesterday	_____

101. Llegar   ***to arrive***   **(Bill)**

tomorrow	***Bill will arrive tomorrow.***
yesterday	***Bill arrived yesterday.***
every day	_____
now	_____
before	_____

(Las respuestas están en la página 336.)

The Conditional Tense: More Information [de condíchonal tens, mor informéichen]
(El Tiempo Condicional: más información)

Una oración condicional contiene dos cláusulas; una cláusula independiente que lleva la palabra *if* y se encuentra al principio de la oración y la cláusula más importante que responde a la cláusula con *if*.

> Si Raul trabaja intensamente, ganará más dinero.
> **If Raul works hard, he will earn more money.**
> [if raúl uércs jard, ji uíl ern mor máni]

> Si viene Betty a la fiesta, le daré un regalo.
> **If Betty comes to the party, I will give
> her a present.**
> [if béti cams tu de párti, ái uíl guív jer a présent]

Date cuenta que en estas oraciones el Tiempo Presente es usado en la cláusula con *if* y el Tiempo Futuro es usado en la cláusula más importante, la cual responde a la cláusula con *if*.

Lee estas oraciones condicionales y tradúcelas:

> **If Terry plays tennis, he will be tired.**
> **If he eats too fast, he will get sick.**
> **If she hurries, she will be able to go with us.**
> **If it rains, we will not go to the park.**
> **If you read this book, you will learn a lot of English.**

 ADVICE!

• Las palabras *can* [can] y *may* [méi] son frecuentemente usadas en la cláusula más importante de la oración en lugar de *will*, debido a que hacen referencia al tiempo futuro:

> **If the boys come, they can help us.**
> [if de bóis cam, déi can jelp as]
> Si vienen los muchachos, nos pueden ayudar.

"If" in Unreal Sentences
[if in anríal séntenses]
("Si" en oraciones irreales)

Una segunda forma del Tiempo Condicional es el llamado Presente Irreal. En este tipo de condición, el Tiempo Pasado del verbo es usado en la cláusula *if* y las palabras **would**, **should**, **could** o **might** son usadas en la cláusula o condición más importante.

> Si Nick durmiera más, se sentiría mejor.
> **If Nick slept more, he would feel better.**
> [if nic slept mor, ji uód fil béter]

Nota cómo el Presente Irreal Condicionado siempre describe una situación hipotética o irreal. Traduce:

> **Nick does not sleep very much, but if he slept more, he would feel better.**

Aquí tienes otro ejemplo. ¿Puedes llenar los espacios en blanco correctamente?

102. **Vickie does not know how to swim, but if she _____ how to swim, she _____ go to the beach every day.**

(Las respuestas están en la página 336.)

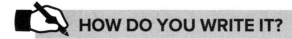

HOW DO YOU WRITE IT?

Trata de usar la Regla de Combinar:

> *If she knew how, she would go.*
> *If she knew how, she'd go.*
>
> *If he went, he would be happy.*
> *If he went, he'd be happy.*

Nota cómo necesitas usar una coma cuando intercambias las cláusulas en las oraciones:

> *She would go if she knew how.*
> *If she knew how, she would go.*
>
> *He would be happy if he went.*
> *If he went, he would be happy.*

I BET YOU CAN!

103. Practiquemos el Presente Irreal en estas oraciones en Tiempo Condicional. Si olvidaste alguna de las formas del Tiempo Pasado, usa las tablas al final de este libro:

If I (spend) less money, I'd have more in the bank.   <u>spent</u>

If I (have) more time, I would paint my house.   _____

If I (own) a new car, I would drive to Mexico.   _____

If I (work) with you, I would have lots of fun.   _____

If I (know) his cell number, I would call him up.   _____

(Las respuestas están en la página 336.)

ADVICE!

- Esto es lo que pasa con el verbo **to be** en el Presente Irreal en oraciones en Tiempo Condicional:

> Si fuera yo maestra, trabajaría en esa escuela.
> **If I were a teacher, I would work at that school.**
> [if ái uér a tícher, ái uód uérc at dat scul]

> Si ella fuera mi amiga, me invitaría a la fiesta.
> **If she were my friend, she'd invite me to the party.**
> [if chi uér mái fren, chid inváit mi tu de párti]

> Si fuéramos ricos, viajaríamos por todo el mundo.
> **If we were rich, we'd travel around the world.**
> [if uí uér rich, uíd trável aráun de uérld]

Si estudiaste mucho y tienes perspicacia, habrás notado que **"I were"** y **"she were"** en las frases de arriba no parecen ser combinaciones correctas. La verdad es que debieran haber sido **"I was"** y **"she was"**. Pero las oraciones que usan **if** son excepciones y requieren **were** con **I**, **he**, **she** e **it**.

More Conditional Sentences
[mor condíchonal séntenses]
(Más oraciones condicionales)

Otra forma del Tiempo Condicional se llama Pasado Irreal. En este tipo de oración, el Pasado Perfecto es usado en la cláusula con **if**, mientras que **would have** [uód jaf], **should have** [chud jaf], **could have** [cud jaf], o **might have** [máit jaf] es usado en la cláusula más importante.

> Si hubiera comprado un boleto, habría ido al partido.
> **If I had bought a ticket, I would have gone to the game.**
> [if ái jad bot a tíquet, ái uód jaf gon tu de guéim]

Date cuenta que estas condiciones indican el Tiempo Pasado y, del mismo modo que el Presente Irreal, sugieren una situación hipotética o irreal:

> *I did not buy a ticket, but if I had bought a ticket, I would have gone to the game.*

Aquí tienes unos cuantos ejemplos más. Trata de traducir:

> *If I had known her cell number, I would have texted her.*
> [if ái jad nóun jer sel námber, ái uód jaf técsted jer]

> *If he had had time, he would have helped us move.*
> [if ji jad jad táim, ji uód jaf jelpt as muv]

 ADVICE!

● Como el verbo **to wish** [tu uích] ("desear") siempre sugiere una situación irreal, el Tiempo Pasado es usado para indicar una acción presente y el Pasado Perfecto es usado para indicar el tiempo pasado.

> Deseo que el Sr. Miller esté aquí ahora.
> *I wish Mr. Miller were here now.*
> [ái uích míster míler uér jir náu]

> Deseo que hubiera sabido acerca de esto la semana pasada.
> *I wish I had known about this last week.*
> [ái uích ái jad nóun abáut dis last uíc]

A propósito, el Tiempo Futuro después de **wish** es expresado con la palabra **would**.

> *I wish you would stop crying.*
> [ái uích iú uód stap cráin]

> *I wish the bus would wait for me.*
> [ái uích de bas uód uéit for mi]

● Recuerda que las formas negativa e interrogativa siguen las mismas reglas que los otros tiempos. Traduce:

> ***I won't see him when he comes.***
> ***I won't see him if he comes.***
> ***I wish you wouldn't say that.***
> ***If she had driven, they wouldn't have been late.***
> ***If she didn't know how to swim, she wouldn't go to the beach.***
> ***Will we eat when they arrive?***
> ***Won't I get the money if I finish the work?***
> ***If he had cooked, wouldn't dinner have been delicious?***

● Las palabras ***should*** y ***ought to*** expresan obligación. Mira:

> Alfredo debe estar allí.
>
> ***Alfredo should be there.*** [alfrédo chud bi der]
>
> ***Alfredo ought to be there.*** [alfrédo ot tu bi der]

Forma el Tiempo Pasado de ***should*** y ***ought to*** con ***have*** y el Participio Pasado del verbo principal.

> Alfredo debía de estar allí.
>
> ***Alfredo should have been there.***
> [alfrédo chud jaf bin der]
>
> ***He ought to have been there.***
> [ji ot to jaf bin der]

● La combinación ***would rather*** [uód ráder] seguida por la forma simple del verbo significa "preferir". La forma de contracción ***'d rather*** es más usada en inglés. Nota la posición y el uso de la palabra ***than***.

> ***I would rather watch a game than go to a movie.***
> [ái uód ráder uách a guéim dan góu to a múvi]
>
> ***She'd rather take a taxi than a bus.***
> [chid ráder téic a táxi dan a bas]
>
> ***We'd rather go to the beach than the mountains.***
> [uíd ráder góu tu de bich dan de máontens]

- La frase **had better** [jad béter] con la forma simple del verbo significa "sería mejor" o "sería buena idea". La forma de contracción **'d better** es más usada en inglés. Date cuenta que estas dos palabras expresan un pensamiento en el Tiempo Futuro aunque esté escrito en el Tiempo Pasado.

> **He had better go to the hospital.**
> [ji jad béter góu tu de jóspital]

> **He'd better go to the hospital.**
> [jid béter góu tu de jóspital]

- Por lo general, si el verbo principal en una oración está en el Tiempo Pasado, todos los otros verbos dependientes de éste también estarán en el pasado.

> **He says he is going tomorrow.**
> [ji ses ji es góin tumórou]

> **He said he was going tomorrow.**
> [ji sed ji uás góin tumórou]

> **I think I can do it today.**
> [ái sinc ái can du et tudéi]

> **I thought I could do it today.**
> [ái sot ái cud du et tudéi]

- Date cuenta de la forma irregular del Tiempo Pasado de los siguientes auxiliares:

will	[uíl]	**was**	[uás]
can	[can]	**could**	[cud]
may	[méi]	**might**	[máit]
have	[jaf]	**had**	[jad]

I BET YOU CAN!

104. Sigue estos ejemplos y escribe las respuestas en los espacios en blanco:

If he (study) more, he would have passed.   <u>had studied</u>

If they (win), they'd have celebrated.   _____

If you (call) me, I would have come.   _____

If the weather (be) nice, we'd have gone.   _____

If she (drive), they'd have arrived early.   _____

105. Practica los siguientes oraciones condicionales, poniendo la forma correcta del verbo:

If I had read the book, I (know) the answer.   <u>would have known</u>

If I (be) you, I would not say anything.   _____

I would have gone if I (have) the time.   _____

If I see her, I (give) her the information.   _____

If he had been driving fast, everyone (kill).   _____

She would have laughed if she (see) us.   _____

(Las respuestas están en las páginas 336–337.)

Aa ✓ GRAMMAR

Evita repeticiones en las oraciones que describen dos situaciones opuestas, usando la palabra **but** y el auxiliar apropiado:

> **She liked the movie, I didn't like the movie.**
> **She liked the movie, but I didn't.**
> [chi láict de múvi, bat ái dídent]
> A ella le gustó la película, pero a mí, no.

> **He can't speak English. His wife speaks English.**
> **He can't speak English, but his wife can.**
> [ji cant spic ínglech, bat jis uáif can]
> Él no puede hablar inglés, pero su esposa, sí.

Other Things to Talk About
[áder zings tu toc abáut]
(Otras cosas para conversar)

Los temas siguientes elevarán tu inglés a un nuevo nivel, pero deberás esforzar tu memoria. Al mismo tiempo que desarrollas frases y oraciones con estas palabras, considera el empleo de todas las formas verbales que has visto.

Comienza compartiendo tus pensamientos sobre los eventos del momento:

Quisiera discutir...	*I'd like to discuss (the)...*	[áid láic tu] [discás de]
el abuso	*abuse*	[abiús]
la armas	*weapons*	[uépons]
el calentamiento global	*global warming*	[glóbal uárnin]
la contaminación	*pollution*	[polúchon]
el crimen	*crime*	[cráim]
la crisis energética	*energy crisis*	[énerchi cráisis]
el cuidado médico	*health care*	[jels kéar]
los derechos humanes	*human rights*	[jiúman ráits]
la economía	*economy*	[ecónomi]
la educación	*education*	[ediukéichon]
la explotación	*exploitation*	[exploitéichon]
la filosofía	*philosophy*	[filósofi]

el gobierno	*government*	[gávermen]
la guerra	*war*	[uór]
los impuestos	*taxes*	[táxes]
la ley	*law*	[lo]
el medio ambiente	*environment*	[enváirnment]
las pandillas	*gangs*	[gangs]
los partidos políticos	*political parties*	[político pártis]
la población	*population*	[papiuléichon]
la pobreza	*poverty*	[páverti]
el presupuesto	*budget*	[bádchet]
el seguro social	*social security*	[sóchal sequiúriti]
el SIDA	*AIDS*	[éids]

Algunos conceptos son un poco difíciles de explicar:

el amor	*love*	[lav]
la bondad	*kindness*	[cáindnes]
la confianza	*trust*	[trast]
el escándalo	*scandal*	[scándal]
la esperanza	*hope*	[jóup]
el estrés	*stress*	[stres]
la libertad	*freedom*	[frídom]
el odio	*hate*	[jéit]
la pacienca	*patience*	[péichens]
la paz	*peace*	[pis]
el respeto	*respect*	[respéct]
el sacrificio	*sacrifice*	[sácrifais]
la seguridad	*security*	[sequiúriti]
los valores	*values*	[válius]

¿Puedes adivinar el significado de estas palabras?

election	[elékchon]	*terrorism*	[térorism]
crisis	[cráisis]	*violence*	[váiolens]
vote	[vóut]	*immigration*	[imigréichen]
justice	[chástis]	*racism*	[réisism]
abortion	[abórchon]	*sex*	[sex]

human trafficking [jiúman tráfiquin]
tráfico de personas

¡Si no tuvieran leyes, tendrían más crimen!
If they didn't have the laws, they would have more crime!
[if déi dídent jaf de los, déi uód jaf mor cráim]

Do You Believe?
[du iú bilív]
(¿Cree usted?)

Todo el mundo cree en algo. Usa este vocabulario para hacer comentarios en todos los tiempos verbales.

la astrología	*astrology*	[astrólochi]
el ateo	*atheist*	[éiseist]
la Biblia	*Bible*	[báibl]
el católico	*Catholic*	[cásolic]
la ciencia	*science*	[sáins]
la confesión	*confession*	[canféchon]
la creencia	*belief*	[bilíf]
el cristiano	*Christian*	[críschan]
el culto	*cult*	[colt]
el discípulo	*disciple*	[disáipl]
el espíritu	*spirit*	[spírit]
la evolución	*evolution*	[evalúchon]
Jesucristo	*Jesus Christ*	[chísas cráist]
el judío	*Jew*	[chu]
la meditación	*meditation*	[meditéichon]
el mormón	*Mormon*	[mórmon]
el musulmán	*Moslem*	[móslem]
la naturaleza	*nature*	[néicher]
el protestante	*Protestant*	[prótestan]
la razón	*reason*	[ríson]
la religión	*religion*	[relíchon]
el rezo	*prayer*	[préier]
el Salvador	*Savior*	[séivior]

Si fuera cristiano, creería en la Biblia.
If he were a Christian, he would believe in the Bible.
[if ji uér a críschan, ji uód bilíf in de báibl]

ADVICE!

106. Conecta las palabras opuestas:

peace	*innocent*
hate	*law*
truth	*war*
crime	*love*
guilty	*lie*

(Las respuestas están en la página 337.)

Love [lav]
(El amor)

Abraza la siguiente lista con mucho cuidado. El vocabulario trata del amor y nunca sabes cuándo te será necesario para comunicarte mejor:

Me divertí mucho.	**I had a nice time.** [ái jad a náis táim]	
¿Te gustó?	**Did you enjoy it?** [did iú enchói et]	
¡Qué feliz me haces!	**You make me so happy!** [iú méic mi sóu jápi]	
¿Podrías...?	**Would you...?**	[uód iú]
abrazarme	**hug me**	[jag mi]
acariciarme	**caress me**	[carés mi]
besarme	**kiss me**	[kis mi]
casarte conmigo	**marry me**	[méri mi]
llamarme pronto	**call me soon**	[col mi sun]
mandarme tu número	**send me your number**	[sen mi iór námber]
verme más tarde	**see me later**	[si mi léiter]
Quisiera...	**I would like...**	[ái uód láic]
bailar	**to dance**	[tu dans]
conversarlo	**to discuss it**	[tu discás et]
dar un paseo	**to take a walk**	[tu téic a uóc]
platicar	**to chat**	[tu chat]
salir contigo	**to go out with you**	[tu góu áut uíd iú]
visitarte	**to visit you**	[tu vísit iú]
Es acerca de...	**It's about the...**	[ets abáut de]
el abrazo	**hug**	[jag]
el aniversario	**anniversary**	[anivérseri]
el beso	**kiss**	[kis]

la boda	*wedding*	[uédin]
la carta amorosa	*love letter*	[lav léter]
el celos	*jealousy*	[chélasi]
el chisme	*gossip*	[gósip]
la cita	*date*	[déit]
el cumplido	*compliment*	[cámpliment]
la luna de miel	*honeymoon*	[jánimun]
el matrimonio	*marriage*	[mérich]
la promesa	*promise*	[prómis]
el secreto	*secret*	[sícret]
la tarjeta de felicitación	*greeting card*	[grítin card]

Somos o estamos...	*We are...*	[uí ar]
enamorados	*in love*	[in lav]
novios	*engaged*	[engéichd]
casados	*married*	[mérid]
una pareja	*a couple*	[a capl]
juntos	*together*	[tuguéder]

Es...	*He's...*	[jis]
agradable	*pleasant*	[plésant]
amistoso	*friendly*	[frénli]
apasionado	*passionate*	[páchonet]
cariñoso	*affectionate*	[afékchonet]
chistoso	*funny*	[fáni]
considerado	*considerate*	[cansíderet]
coqueto	*flirtatious*	[flirtéichas]
educado	*well-mannered*	[uél mánerd]
encantador	*charming*	[chármin]
fiel	*faithful*	[féitful]
guapo	*handsome*	[jánsom]
honesto	*honest*	[ónest]
maravilloso	*wonderful*	[uánderful]
mono	*cute*	[quiút]
respectuoso	*respectful*	[rispéctful]
responsable	*responsible*	[rispánsibol]
romántico	*romantic*	[romántic]
simpático	*nice*	[náis]
sincero	*sincere*	[sinsír]
tímido	*shy*	[chái]

ADVICE!

• Otras descripciones son exclusivamente para mujeres:

Ella sería...	**She would be...** [chi uód bi]	
bella	**beautiful**	[biútiful]
bonita	**pretty**	[príti]
graciosa	**delightful**	[diláitful]
hermosa	**lovely**	[lávli]
seductora	**seductive**	[sedáctiv]

• Usa el Tiempo Condicional con el tema del amor:

Si fueras mi novia, te besaría todos los días.
If you were my girlfriend, I'd kiss you every day.
[if iú uér mái guérlfren, áid quís iú évri déi]

Si tuviera un amante, sería simpático, honesto y guapo.
If I had a lover, he'd be nice, honest, and handsome.
[if ái jad a láver, jid bi náis, ónest, an jánsom]

Quisiera poder encontrar un amor sincero.
I wish I could find a love that is sincere.
[ái uích ái cud fáind a lav dat es sinsír]

• A pesar de que las palabras **could** y **would** son intercambiables en muchas ocasiones, a veces no lo son. Una regla útil es saber que **could** significa "podría", mientras que **would** es "desearía":

Would you go out with me? [uód iú góu áut uíd mi]
¿Desearías salir conmigo?

Could you open this bottle? [cud iú ópen dis bátl]
¿Podrías abrir esta botella?

• Prueba esta lista. Usala para crear frases completas, como en los dos primeros ejemplos:

Espero que...	**I hope that...** [ái jóup dat]
	you can come.
Deseo que...	**I wish that...** [ái uích dat]
	you get better.
Temo que...	**I'm afraid that...** [am afréid dat]

Insisto en que...	***I insist that...*** [ái insíst dat]
Me alegro que...	***I'm happy that...*** [am jápi dat]
Siento que...	***I'm sorry that...*** [am sóri dat]
Prefiero que...	***I prefer that...*** [ái prifér dat]
Recomiendo que...	***I suggest that...*** [ái sachést dat]
Me sorprende que...	***I'm surprised that...*** [am sarpráisd dat]
Me gusta que...	***I like that...*** [ái láic dat]
Dudo que...	***I doubt that...*** [ái dáut dat]
Exijo que...	***I demand that...*** [ái demán dat]
Niego que...	***I deny that...*** [ái dinái dat]
Le ruego que...	***I beg you to...*** [ái beg iú tu]
Le digo que...	***I tell you to...*** [ái tel iú tu]
Le pido que...	***I ask you to...*** [ái asc iú tu]
Le aconsejo que...	***I advise you to...*** [ái adváis iú tu]
Es necesario que...	***It's necessary that...*** [ets nésesari dat]

Es una lástima que...   **It's a pity that...** [ets a píti dat]

Es posible que...   **It's possible that...** [ets pásibol dat]

- Crea ideas usando estas frases cortas:

en caso de que   **in case that** [in quéis dat]
I'll go in case that they need help.

a fin de que   **in order that** [in órder dat]

de manera que   **so that** [sóu dat]

a pesar de que   **in spite of the fact that**
[in spáit av de fact dat]

aunque   **although** [áldo]

a menos que   **unless** [anlés]

con tal que   **provided that** [prováided dat]

Word Search Puzzle 4

(El amor)

Busca las palabras escondidas:

KISSES
ANNIVERSARY
DATING
HUGS
JEALOUSY
VISITS
AFFECTION

RESPECT
MARRIAGE
SECRETS
WEDDING
LOVE
FRIENDS
ROMANCE

CARESS
COMPLIMENT
ENGAGED
HONEYMOON
RING
PROMISE

P	S	A	W	G	I	B	N	E	I	I	L	L	L	S	T
P	E	G	S	U	N	G	V	I	S	I	T	S	A	K	M
X	C	M	U	D	R	O	M	A	N	C	E	N	N	J	N
S	C	G	R	H	N	O	I	D	E	G	A	G	N	E	D
E	A	I	Z	E	O	E	J	T	T	Y	G	P	I	O	N
R	R	X	I	I	F	N	I	N	C	E	E	E	V	L	U
L	E	T	C	E	P	S	E	R	D	E	S	J	E	I	M
G	A	V	R	M	E	M	X	Y	F	I	F	D	R	Y	B
H	Z	T	O	C	I	S	L	S	M	J	H	F	S	F	S
Q	A	P	R	L	E	T	M	O	J	O	J	U	A	J	D
E	Q	E	P	S	S	S	R	A	J	T	O	G	R	R	O
T	T	M	S	T	I	P	H	G	R	L	D	N	Y	T	E
S	O	I	E	G	A	I	R	R	A	M	S	I	Q	Y	N
C	K	O	G	N	I	D	D	E	W	J	M	T	A	N	I
R	R	E	S	I	E	E	J	S	S	E	R	A	C	I	E
D	L	S	C	R	Z	Y	I	O	H	D	H	D	B	Y	D

(Las respuestas están en la página 339.)

8

More and More Practice!

**[mor an
mor práctis]
(¡Más y más
práctica!)**

Nuestro viaje por el mundo del idioma inglés ha sido prolongado y a veces difícil. Hemos rebotado de un tiempo a otro y aprendido nuevos verbos y vocabulario. Ahora regresaremos al Planeta Tierra y allí deberás hacer un último esfuerzo. Recuerda que sólo mejorarás si practicas.

Practice Makes Perfect [práctis méics pérfect] (La práctica lleva a la perfección)

La mejor manera de practicar en el nivel intermedio y avanzado del inglés es con la ayuda de una persona que aprendió este idioma desde la cuna. Haz todo lo posible por encontrar una persona así y practicar con ella todas las actividades abarcadas por este libro.

- *Listen and Repeat!* [lísen an ripít] (Escucha y repite)
  Tú sabes cuán eficaz es tener a mano y escuchar en línea, radio y televisión en inglés. (Como también bajar música aplicaciones y otros programas en inglés del internet.) Sin embargo, no hay nada mejor que la práctica diaria con la gente que habla buen inglés.

  Por otra parte, no importa cuánto practiques; si no tratas de divertirte mientras aprendes, poco se te grabará. Te garantizo que con estas simples técnicas que son ideales para los estudiantes del inglés avanzado, lo pasarás bien y aprenderás más:

Sing a Song! [sing a song] (¡Canta una canción!)

Encuentra una persona que conozca algo de música para que te toque o cante canciones tradicionales de los Estados Unidos, mientras te explica el significado de las palabras. Memorízalas, de esa manera podrás sentirte parte de cualquier evento social en Norteamérica. Comienza primero con estas canciones muy conocidas:

Happy Birthday

Happy Birthday to you!
Happy Birthday to you!
Happy Birthday dear (el nombre de la persona)
Happy Birthday to you!

For He's a Jolly Good Fellow

For he's a jolly good fellow,
For he's a jolly good fellow,
For he's a jolly good fellow,
Which nobody can deny.
Which nobody can deny?
Which nobody can deny!

Aquí tienes más canciones tradicionales que debieras escuchar y aprender:

- ***Battle Hymn of the Republic***
- ***Star-Spangled Banner***
- ***America the Beautiful***
- ***When the Saints Go Marching In***
- ***My Country 'tis of Thee***
- ***Auld lang syne***

ADVICE!

- Apréndete estas palabras relacionadas con los diferentes tipos de canciones (***songs***):

anthem	[ánsem]
ballad	[bálad]
carol	[cárol]
hymn	[him]
lullaby	[lálabai]
melody	[mélodi]
tune	[tiún]

- ¿Sabes hablar por teléfono en inglés? Practica:

¡Aló!	***Hello!*** [jelóu]
Este es _____.	***This is*** _____. [dis es]
No cuelgue, por favor.	***Please don't hang up.*** [plis dont jang ap]

Espere un momento, por favor.	***Please wait a moment.*** [plis uéit a móment]
¿Puedo hablar con _____?	***May I speak with*** ***_____?*** [méi ái spic uíd]
No está.	***He/she is not here.*** [ji, chi es nat jir]
¿Cuándo regresa?	***When will he/she be*** ***back?*** [uén uíl ji, chi bi bac]
¿Puedo dejar un mensaje?	***May I leave a message?*** [méi ái liv a mésech]
¿Puedo tomar un mensaje?	***Could I take a message?*** [cud ái téic a mésech]
Llamaré más tarde.	***I'll call back later.*** [áil col bac léiter]
Por favor, llámeme al _____.	***Please call me*** ***at _____.*** [plis col mi at]
Es un número equivocado.	***You have the*** ***wrong number.*** [iú jaf de rong námber]

Expressions [expréchons]
(Los dichos)

A veces, la gente usa expresiones idiomáticas o dichos para comunicarse. Pero ten cuidado, porque aquí pocas veces puedes traducir literalmente. Estudia el significado:

It's a piece of cake.
[ets a pis av quéic]
(Es muy fácil.)

She got up on the wrong side of the bed.
[chi got ap on de rong sáid av de bed]
(Ella está impaciente y de mal humor.)

He's playing with fire.
[jis pléin uíd fáier]
(El está en peligro.)

He's hot under the collar.
[jis jat ánder de cólar]
(El está enojado.)

She let the cat out of the bag.
[chi let de cat áut av de bag]
(Ella contó un secreto y ahora todo el mundo lo sabe.)

 ADVICE!

Hay muchos personajes de la historia de los Estados Unidos, verdaderos o míticos, que te serán útiles para realmente comprender a este país. Pide libros para niños que hablen de los siguientes:

> ***Daniel Boone***
> ***Buffalo Bill***
> ***Billy the Kid***
> ***Wild Bill Hickok***
> ***Jesse James***
> ***Paul Bunyan***
> ***Uncle Remus***
> ***Annie Oakley***
> ***Johnny Appleseed***
> ***Uncle Sam***
> ***Davy Crockett***

Aa ✓ **GRAMMAR**

Para evitar la repetición de palabras y frases en tus oraciones, usa ***too*** [tu] o ***so*** [so] con el verbo auxiliar ***do***:

> ***He speaks English and she speaks English.***
> ***He speaks English and she does too.***
> [ji spics ínglech an chi das tu]
> ***He speaks English and so does she.***
> [ji spics ínglech an sóu das chi]

Y usa ***either*** [íder] o ***neither*** [níder] para evitar la repetición de ideas en las oraciones negativas:

> ***He doesn't dance and she doesn't dance.***
> ***He doesn't dance and she doesn't either.***
> [ji dásent dans an chi dásent íder]
> ***He doesn't dance and neither does she.***
> [ji dásent dans an níder das chi]

I BET YOU CAN!

107. En este libro no encontrarás todas las expresiones que existen en inglés. Usa el inglés que has aprendido y ayúdate con el diccionario para encontrar el significado de las siguientes:

Sure! _____

Calm down! _____

Almost! _____

There isn't any. _____

I think so. _____

How lucky! _____

I had no idea. _____

All of it. _____

Really? _____

Me, too. _____

108. *Sigue adelante:*

Over there. _____

Wake up. _____

Take a seat. _____

That's great. _____

Of course not. _____

At the same time. _____

Hey! _____

Like this. _____

I don't know. _____

Backwards. _____

What's going on? _____

How funny! _____

Take it easy. _____

I don't understand. _____

I don't like it. _____

La lista de maneras creativas de adquirir el idioma inglés es interminable. Recuerda que todas las ideas cuentan. Lo que te ayude, ¡úsalo!

¡Crea tus propias oraciones! Para comenzar, usa este primer ejemplo:

Can you...? ¿Puedes...?
Can you speak English?
_____

Do you like to...? ¿Te gusta...?

_____

Do you need to...? ¿Necesitas...?

_____

Would you like to...? ¿Quisieras...?

_____

Do you want to...? ¿Quieres...?

_____

(Las respuestas están en la página 337.)

HOW DO YOU PRONOUNCE IT?

109. Muchas palabras suenan igual. Escribe la palabra en la lista que tiene el mismo sonido que la primera palabra:

I'm: him, ham, time, some _time_
she's: prize, place, please, this _____
you're: four, tire, fear, sure _____
I've: leave, prove, five, save _____
they've: five, leave, save, prove _____
it's: rights, sits, sets, fights _____

(Las respuestas están en la página 337.)

 GRAMMAR

Los estudiantes de inglés rara vez aprenden a usar las preposiciones correctamente. Lee las siguientes oraciones y concéntrate en cada uno de los significados de las frases con preposiciones:

I see with **my eyes.**   **She studies** without **a book.**

Come with **me.**   **The soup is** without **salt.**

Do you walk to *work?*
He's talking to *her.*

Go into *the room.*
Drive into *the tunnel.*

The map is on *the wall.*

They go on *Mondays.*

Who works at *six?*

John is at *school.*

I travel by *subway.*
We go by *your house.*

Tell me about *your trip.*
What is the program about?

I eat in *there.*
It grows in *March.*

Where are you from?
It is from *the library.*

What do you have for *lunch?*
The money is for *my son.*

What's the opposite of *"yes"?*
Are you tired of *working?*

Walk around *the room.*
He lives around *the corner.*

They are under *the table.*
Put it under *the bed.*

110. Estudia estos ejemplos y traduce las palabras subrayadas.

Read after *lunch.*   _____
Look below *them.*   _____
Go down *the road.*   _____
Park up *the street.*   _____
Hop over *the fence.*   _____
Drive through *traffic.*   _____
Eat among *friends.*   _____
Work until *Friday.*   _____
Turn behind *me.*   _____
Talk in front of *the class.*   _____
Sit beside *her.*   _____
Shop near *the office.*   _____
Travel far from *home.*   _____
Step toward *the wall.*   _____
Stand next to *him.*   _____
Stay inside *the room.*   _____
Fly outside *the country.*   _____
Keep ahead of *schedule.*   _____
Walk between *us.*   _____

(Las respuestas están en la página 337.)

Read and Write [rid an ráit]
(Lee y escribe)

La habilidad de leer y escribir es imprescindible en los niveles de aprendizaje más avanzados. Aunque hemos mencionado varios secretos para mejorar en esta área, aquí ofrecemos algunas sugerencias adicionales.

READ!

Cuanto más leas en inglés, más rápido aprenderás la gramática. Lee todo el material en inglés que puedas. Los folletos, revistas y catálogos están disponibles en todas partes y los anuncios y avisos publicitarios aparecen por toda la ciudad y el internet.

Para prepararte para la lectura, asegúrate de entender bien la diferencia entre los tiempos de los verbos. Fíjate en este ejercicio, a ver si puedes darte cuenta de lo que está pasando en cada uno de los párrafos y en qué tiempo verbal están hablando:

Frank Johnson works a lot at his home. He always cleans the house, washes clothes, and cooks meals. He lives with his brother, Mark. Mark doesn't work. He eats all day, drinks beer, and watches TV. The two brothers are very different.

Tomorrow, I'm going to Miami. I'll visit my cousins who have a nice apartment in the city. We're going to go out at night to eat and dance at the Latino clubs. I'll stay with them for two weeks. It's going to be great!

Last week, I went to the mountains with my family. We had a very relaxing time. I slept outside under the stars, and I saw several wild animals. My brother fished while my little sister played with our dog most of the time. We all ate well. I liked my trip to the mountains, and I want to go there again next year.

ADVICE!

Estas sugerencias han sido mencionadas anteriormente:

• Pon nombre y ordena. Para aprender nuevo vocabulario, especialmente los nombres de las cosas alrededor de la casa o del trabajo, pega papelitos adhesivos con los nombres de los objetos, en inglés, sobre cada uno de los objetos. Luego, haz que un amigo o miembro de la familia que habla inglés te ordene tocar, levantar, mirar o mover el objeto cuyo nombre estás aprendiendo.

• Entrevista a otros estudiantes de inglés. Haz una lista de preguntas en inglés usando los diferentes tiempos verbales. Luego, reúnete regularmente con tus compañeros estudiantes y escribe las respuestas que den a tus preguntas.

• Haz tarjetas. Uno de los mejores métodos para recordar el significado de las palabras y las conjugaciones de los verbos en inglés es usar tarjetas de colores de 3 por 5 pulgadas. Comienza usando tarjetas blancas para los verbos más comunes. Luego, usa tarjetas de colores brillantes para los verbos poco comunes. También venden tarjetas superbrillantes que puedes usar para las palabras más difíciles de aprender.

• En aquellos momentos de silencio forzado cuando estás tratando de recordar palabras y formas para responder...con tono y gesto de distracción susurra estas palabras que te darán tiempo para pensar:

Well...	[uél]	pues...
O.K....	[oquéi]	bueno...
Uh...	[aa]	este...
Let's see...	[lets si]	a ver...
What I mean is...	[uát ái min es]	o sea...

HOW DO YOU WRITE IT?

En la siguiente actividad, selecciona una palabra de cada una de las columnas por cada oración que formes. El secreto es conjugar los verbos correctamente.

1	2	3	4
I	*to be*	*teacher*	*after*
John	*to study*	*at the hospital*	*right now*
You guys	*to speak*	*well*	*every day*
We	*to need*	*cold*	*tomorrow*
My friend	*to work*	*at the market*	*yesterday*
She	*to learn*	*doctor*	*before*
They	*to live*	*English*	
	to write	*these*	
	to have	*a lot*	
	to read	*twenty*	
	to drink	*something*	
	to eat	*beer*	
		on the iPad	
		money	
		at home	

I am studying a lot right now.
John works at the market every day.
We spoke English yesterday.

¿Usas la técnica de visualización? No dejes de asociar las nuevas palabras con figuras. Aquí tienes algunas de mis asociaciones favoritas:

library	(biblioteca)	se ve como libro
car	(coche)	se ve como carro
mirror	(espejo)	se ve como mirar

Conjugation Tables
[canchuguéichen téibols]
(Tablas de conjugaciones)

Los atajos, los trucos para la memoria y las simplificaciones siempre ayudan, pero pronto llegará el momento en que necesitarás tablas de conjugaciones que te puedan decir rápidamente cuándo y cómo debe ser usado un verbo.

Las **Conjugation Tables** se encuentran en la parte de atrás del libro. Usalas cada vez que necesites ayuda. No todos los tiempos de los verbos están en estos cuadros, pero tendrás suficiente información para ayudarte en la mayoría de los casos.

Siempre busca atajos para memorizar las formas verbales. El idioma inglés está lleno de tendencias, así que toma nota de todas las que puedas:

¿Qué tendencias has observado?

_____

_____

_____

¿Quieres otro consejo? Usa símbolos para recordar las formas verbales. Por ejemplo, el tiempo pasado puede ilustrarse con una flecha hacia atrás (←) porque es algo que ya terminó y se hizo. El pretérito progresivo, sin embargo, es una línea ondeada (∿) porque no tiene un principio o final específico. El futuro es una flecha que se dirige hacia adelante (→) porque es algo que estará ocurriendo más tarde o mañana. Los tiempos perfectos son líneas entrecortadas (–/–/), ya que han ocurrido en muchas ocasiones anteriormente.

I BET YOU CAN!

111. Completa las siguientes oraciones con la forma verbal correcta:

> *drive*
> *is driving*
> *drove*
>
> *Who _____ yesterday?*
> *I won't be able to _____ tomorrow.*
> *Look! Mary _____!*

112. Ahora, cambia las contracciones a la forma completa:

He doesn't speak English well.	<u>*does not*</u>
I can't meet you after work.	_____
I don't know her very well.	_____
He won't be back until later.	_____
He's a good friend.	_____
It's a very hot day.	_____
We'll be back in an hour.	_____
They're the best cooks in the country.	_____
It'll be easy for you.	_____
She's a very pretty girl.	_____

(Las respuestas están en la página 337.)

ADVICE!

• Asegúrate de saber la diferencia entre estas dos palabras:

Very significa que hay mucho de algo:

> **The coat is very long.**
> El abrigo es muy largo.

Too significa que hay exceso de algo, que hay más de lo necesario o más de lo que podemos usar:

> **The coat is too long.**
> El abrigo es demasiado largo.

Direct or Indirect?
[dairéct or indairect]
(¿Directa o indirecta?)

Hay que saber usar las comillas (***quotation marks***—cuotéichen marcs) en inglés. Estas general se usan con las citas directas. Una cita directa nos da las palabras exactamente como han sido dichas:

> *Joanna said, "I am leaving tomorrow."*

Una cita indirecta nos dice las palabras dichas en forma indirecta. Los pronombres usados en las citas indirectas son diferentes de los usados en las citas directas:

> *Joanna said that she was leaving tomorrow.*

ADVICE!

• No te olvides que las preguntas hechas en forma indirecta son expresiones afirmativas y no llevan comillas:

> Directa: *Peter asked, "Where does Cindy live?"*
> Indirecta: *Peter asked where Cindy lived.*

• Las preguntas hechas en forma indirecta que no comienzan con palabras de interrogación necesitan la introducción de la palabra ***if***:

> Directa: *Peter asked, "Does Cindy live near here?"*
> Indirecta: *Peter asked if Cindy lived near here.*

• Usa la forma infinitiva del verbo para expresar órdenes. Y cambia la palabra "said" a "told":

> Directa: *He said to me, "Come back later."*
> Indirecta: *He told me to come back later.*

> Directa: *She said to me, "Don't wait for me."*
> Indirecta: *She told me not to wait for her.*

Aa✓ GRAMMAR

Las formas infinitivas del verbo sin la palabra **to** son usadas después de los verbos **let** [let], **make** [méic], **hear** [jíar], **see** [si] y **feel** [fil]:

> *He let me borrow his bicycle.*
> [ji let mi bárou jis báisecl]

> *She made us wait an hour.*
> [chi méid as uéit an áur]

> *I saw him take the bus.*
> [ái so jim téic de bas]

More Common Expressions
[mor cómon expréchons]
(Más expresiones comunes)

Sin lugar a dudas, la parte más difícil del idioma inglés es recordar todas las expresiones idiomáticas, ya sean comunes o parte de la jerga. El lenguaje se encuentra en un cambio constante, debido a que la gente vive creando nuevas frases y palabras. Concentrémosnos solamente en algunos de los ejemplos más frecuentes.

to go for a walk (dar un paseo)
I always go for a walk.
[ái álueis góu for a uóc]

to say good-bye (despedirse)
They didn't say good-bye.
[déi dídent séi gud bái]

to get the door (contestar la puerta)
Please get the door.
[plis guét de dóar]

to run away (huir, arrancarse)
He ran away from home.
[ji ran euéi from jóum]

to work out (hacer ejercicio)
We work out in the mornings.
[uí uérc áut in de mórnins]

Sigue leyendo:

to check out (observar)	**Did you check out the car?** [did iú chec áut de car]
to speed up (acelerar)	**I have to speed up.** [ái jaf tu spid ap]

to cool off	**She needs to cool off.**
(calmarse)	[chi nids tu cul of]
to blow it	**They blew it on the test.**
(equivocarse)	[déi blu et on de test]
to let go	**We let go of the drone.**
(soltar)	[uí let góu av de dron]
to turn in	**Please turn it in.**
(entregar)	[plis tern et in]

I BET YOU CAN!

113. Lee estas oraciones en voz alta y traduce lo que dicen:

To look for something is to search for it.

_____

If someone goes somewhere for good, he goes there permanently.

_____

To talk over something is to discuss it.

_____

To look over something is to examine it.

_____

To throw something away is to put it in the trash.

_____

To make believe is to pretend.

_____

To be mixed up is to be confused.

_____

To learn something by heart is to learn it by memory.

_____

If something blows up, this means that it explodes.

_____

If something is out of order, it is not in working condition.

_____

(Las respuestas están en la página 337.)

ADVICE!

- Usamos el verbo **to get** en muchas expresiones idiomáticas:

> **I got home very late last night.**
> [ái got jóum véri léit last náit]
> **The plane gets to Chicago at two o'clock.**
> [de pléin guéts tu chicago at tu oclác]
> **Randy got sick at my party last night.**
> [rándi got sic at mái párti last náit]
> **I get hungry every day at noon.**
> [ái guét jángri évri déi at nun]
> **I get up every morning at seven o'clock.**
> [ái guét ap évri mórnin at séven oclác]
> **He gets on the bus at Main Street.**
> [ji guéts on de bas at méin strit]

- **It takes** expresa el período de tiempo necesario para completar alguna acción:

> **It takes me an hour to get ready for work.**
> [et téics mi an áur tu gúet rédi for uérc]
> **It took us three weeks to finish the job.**
> [et tuc as zri uícs tu fínich de chab]

- Nota cuantas de estas expresiones incluyen preposiciones (**prepositions** [preposíchons]). No trates de traducirlas, pues debes memorizar el significado de cada frase:

Look out!	[luc áut]	(¡Cuidado!)
At last!	[at last]	(¡Por fin!)
Keep it up.	[quíp et ap]	(Continúa.)

- Se usan estas tres palabras para decir "muy" o "mucho":

really	**He's really fast.**	Es muy rápido.
	[jis ríli fast]	
pretty	**We're pretty hungry.**	Tengo mucha hambre.
	[uír príti jángri]	
so	**She's so strong.**	Ella es muy fuerte.
	[chis sóu stron]	

U.S. Culture
[iú es cólchor]
(La cultura de los E.E.U.U.)

Aquí tienes algo para leer.

1. *The United States Capitol is in Washington, D.C. The Congress of the United States meets there. There are two houses of Congress: The House of Representatives and the Senate. The Senate has one hundred members, two from each state in the United States.*

Ahora, contesta las preguntas:

Where does Congress meet?
What are the two houses of Congress?
How many members are in the Senate?

2. *There are fifty states in the United States. The largest state is Alaska. The smallest state is Rhode Island. The largest city in the United States is New York City.*

Contesta:

How many states are there in the United States?
What is the largest state?
What is the largest city in the United States?

3. *Canada is north of the United States. Mexico is south of the United States. The Atlantic Ocean is east of the United States. The Pacific Ocean is west of the United States. There are many large rivers and lakes in the country. The largest river is the Mississippi River. The largest mountains are the Rocky Mountains.*

Contesta:

What country is north of the United States?
What ocean is east of the United States?
What is the largest river in the United States?

ADVICE!

● Aquí tienes otras sugerencias prácticas (No requieren el uso de tu celular):

Memoriza los horarios del autobús, tren, metro o avión que tomes.

Estudia un mapa de la ciudad donde vives.

Lee la información escrita que recibas de las compañías de servicio.

Obtén formularios y practica cómo llenarlos.

Habla con un policía, bombero, doctor o dentista para aprender a proceder en caso de emergencia. Muchos de ellos proveen folletos escritos en inglés y español.

Pregunta a alguien cómo se pagan los impuestos sobre ingresos al gobierno norteamericano.

Visita una escuela pública, un colegio o una universidad para aprender más sobre el sistema escolar de los Estados Unidos. Muchos tienen folletos bilingües.

114. Traduce esta lista de actividades diarias:

shopping for food or clothing
comprar comida o ropa

looking for an apartment or house
buscar un apartamento o casa

paying bills

looking for a job

celebrating traditional holidays

following a recipe

opening a credit account

going to the post office

doing business

taking an English class

_____

getting a prescription

_____

(Las respuestas están en las páginas 337–338.)

More Practice [mor práctis]
(Más práctica)

115. El Tiempo Presente es básico para los principiantes, así que completemos otro ejercicio de repaso. Escribe **do** or **does** en el espacio.

Where _____ you live?
What time _____ the bus arrive?
How well _____ Rogelio speak English?
When _____ the girls eat lunch?
Why _____ they work so hard?

116. Ahora repasemos las palabras opuestas. Usa este ejemplo:

What is the opposite of pull?   *push*

little	_____
out	_____
stop	_____
open	_____
after	_____
new	_____
under	_____
last	_____
before	_____
husband	_____
find	_____
close	_____
down	_____
girl	_____
soft	_____
win	_____
woman	_____
sad	_____

117. Este ejercicio es fácil. Simplemente traduce las palabras al inglés:

físico	_____	estudioso	_____
universidad	_____	independiente	_____
educación	_____	diccionario	_____
distancia	_____	imposible	_____

(Las respuestas están en la página 338.)

 GRAMMAR

Aquí tenemos otro secreto. Las palabras ***also*** y ***too*** cambian a la palabra ***either*** en las oraciones negativas:

> **I want to come, too.**
> **I don't want to come either.**

> **They also want this tablet.**
> **They don't want this tablet either.**

 I BET YOU CAN!

Forma oraciones originales con cada una de estas expresiones.

larger than	*as large as*	*the largest*
smaller than	*as small as*	*the smallest*
stronger than	*as strong as*	*the strongest*
more beautiful than	*as beautiful as*	*the most beautiful*
more expensive than	*as expensive as*	*the most expensive*
better than	*as good as*	*the best*
worse than	*as bad as*	*the worst*
warmer than	*as warm as*	*the warmest*
colder than	*as cold as*	*the coldest*
longer than	*as long as*	*the longest*

The elephant is larger than the mouse.
The elephant is as large as a car.
The elephant is the largest animal in the zoo.

Questions! [cuéschens]
(¡Preguntas!)

Aquí tienes otra manera excelente de repasar todo lo que aprendiste. Simplemente, contesta todas las preguntas que puedas. Trata de contestar en voz alta y formando oraciones completas:

Where do doctors and nurses work?
Who's your best friend?
Do you have a blue shirt?
Who were you speaking with last night?
What color are your shoes?
Do you have many cousins?
What's your favorite food?
What are you going to do the day after tomorrow?
Do you speak French?
Name three large animals.
Are you afraid of crime?
Where does it rain and snow a lot?
Is your car new, pretty, and white?
Where are you going later?
Name three popular sports.
What kind of apps do you like to buy?
Do you have to go to the dentist a lot?
Do you prefer to study or dance?
What are three important professions?
Do you close the windows when it's hot outside?
Do you go to the movies much?
What were you doing last night at midnight?
Who said "hi" to you today?
Where are you from?
When are you going to take a vacation?
Do you ever tell any lies?
Where did you go yesterday morning?
Is it eight-fifteen yet?
If you had lots of money, what would you buy first?
Can you lift two chairs with one hand?
Do you know how to drive a truck?
If you were President, what would you tell the people?
Do you need to get to work early?
Would you like to go to the moon?
Have you ever played a video game in the kitchen?
Do you know Santa Claus?
Did you study English last night?

Have you eaten lots of chocolate this year?
Did you know much English before you bought this book?
What would you do if you had five million friends
on Facebook?
Would you have studied English if you had been born
in France?

ADVICE!

• Sigue buscando más palabras sinónimas. Créeme, siempre es mejor tener más de una manera para decir la misma cosa.

118. Escribe la traducción al lado de cada nuevo par de palabras.

fix, repair	reparar
couch, sofa	_____
photo, picture	_____
street, road	_____

(Las respuestas están en la página 338.)

GRAMMAR

Nota como los verbos cambian cuando se convierten en sustantivos:

Verbo	Sustantivo
to appear [tu apéar]	*appearance* [apírans]
to describe [tu descráib]	*description* [descrípchon]
to explain [tu expléin]	*explanation* [explanéichon]
to lose [tu lus]	*loss* [loss]
to arrive [tu aráiv]	*arrival* [aráival]
to decide [tu desáid]	*decision* [desíchon]

119. Escribe el sustantivo correspondiente de estos verbos. Tal vez necesites usar tu celular:

to fly	flight
to excite	_____
to die	_____
to choose	_____
to prove	_____
to grow	_____
to marry	_____
to enter	_____
to begin	_____

(Las respuestas están en la página 338.)

How to Speak Like an American
[jáu tu spic láic an américan]
(Cómo hablar como un norteamericano)

Estudia estos secretos para mejorar tu pronunciación:

• Ya te habrás dado cuenta de que las palabras en inglés pocas veces se leen como están escritas y los sonidos raramente se pronuncian como en español. Hay reglas para la pronunciación del inglés, pero son sumamente complicadas y por ahora deberás memorizar la pronunciación de cada palabra. La pronunciación dada en este libro te será útil, pero recuerda que no es más que una guía. La pronunciación correcta sólo se adquiere en el contacto directo con norteamericanos. También puede buscar sitios de web donde se eschuchan los sonidos.

• Los sonidos en inglés salen de la parte de atrás de la boca, botándose mucho aire al hablar. Escucha y repite las palabras siguientes con alguien que tenga pronunciación inglesa. Estos son varios de los sonidos más difíciles para el latino. Cada grupo de palabras presenta un sonido diferente.

hat	*pin*	*but*	*book*	*girl*	*zoo*
fan	*stick*	*mud*	*foot*	*burn*	*zipper*
map	*big*	*sun*	*cook*	*her*	*zap*
ship	*strap*	*yes*	*very*	*this*	*jump*
shoe	*street*	*year*	*van*	*that*	*jet*
shot	*string*	*yawn*	*vet*	*the*	*job*

• Si tu pronunciación no es muy buena, es probable que te entenderán de todos modos. Tranquilízate, ¡no necesitas un inglés perfecto para hablar! Además, con tus esfuerzos y la ayuda de este libro tu inglés pronto sonará muy bonito.

Si lo dices con una sonrisa, mirando a los ojos de la persona con quien hablas, te va a entender mejor. Trata de usar estas frases:

> ***I don't speak much English.***
> [ai dont spic mach ínglech]
> (No hablo mucho inglés.)

> ***Sorry, I'm learning English.***
> [sóri, am lérnin ínglech]
> (Lo siento, estoy aprendiendo inglés.)

ADVICE!

• Practica las palabras en casa primero. Escoge las que vas a usar al día siguiente y repítelas muchas veces. Otra buena manera de obtener más práctica es ofrecer a un norteamericano lecciones en español por lecciones en inglés.

Before You Go [bifór iú góu]
(Antes de irte)

Recuerda el número de esta página, porque los siguientes consejos son importantísimos:

• Si eres una persona emprendedora, a quién le gustan las actividades sociales y las diversiones, te será mucho más fácil aprender. El contacto con gente que habla inglés y una actitud relajada te ayudarán enormemente.

• El inglés te llevará muy lejos si usas la cortesía. Cuanto más respetuoso seas, más inglés aprenderás. ¡Y siempre sé sincero!

• ¡Sé paciente! Yo sé lo que significa estar ocupado. Pero la vida es muy corta para dejar pasar las oportunidades que se nos presentan. Si deseas buenos resultados, usa todos tus momentos libres para practicar el inglés, o después te arrepentirás de no haberlo hecho.

• El inglés y las costumbres entre los norteamericanos pueden variar de una ciudad a otra. Por eso, es importante estar atento a las diferencias entre las personas que vas conociendo. Trata de adivinar de que región vienen.

• El alfabeto, los acentos, las mayúsculas, la puntuación y otras formas de escritura cambian en los dos idiomas. Si quieres tener éxito en los Estados Unidos, debes aprender a leer y a escribir en inglés.

See You Later, and Have Fun!
[si iú léiter an jaf fan]
(¡Hasta pronto y diviértete!)

Espero que esta fácil guía para aprender inglés haya sido más agradable que un programa de aprendizaje tradicional. Espero también que ya hayas descubierto cómo usar este libro de la mejor manera para conseguir los mejores resultados. ¡Usa *Inglés para Latinos* de la forma que tú quieras! Hazlo a tu propio ritmo, tómate el tiempo que necesites y lee nuevamente sólo esas páginas que sean de más interés para ti. Te garantizo que aprenderás.

Lo único que nos queda por hacer es darnos un fuerte apretón de manos, un caluroso abrazo y un adiós sincero. Nuestro viaje te ha enseñado muchas lecciones nuevas e interesantes. Comenzaste como principiante y has terminado como estudiante avanzado. ¿Qué te espera ahora? Muy sencillo: ¡seguir adelante!

Your teacher and friend,

Bill

Bill

Table One: Common Irregular Verbs
(Tabla Uno: Verbos irregulares comunes)

Present	Past	Past Participle	Spanish
arise [aráis]	**arose** [aróus]	**arisen** [arisen]	Levantarse
awake [auéic]	**awoke** [auóc]	**awoken** [auóquen]	Despertar
bear [béar]	**bore** [bóar]	**borne** [born]	Llevar
beat [bit]	**beat** [bit]	**beaten** [bíten]	Golpear
become [bicám]	**became** [biquéim]	**become** [bicám]	Llegar a ser
begin [biguín]	**began** [bigán]	**begun** [bigán]	Comenzar
bend [bend]	**bent** [bent]	**bent** [bent]	Doblar
bet [bet]	**bet** [bet]	**bet** [bet]	Apostar
bind [báind]	**bound** [báund]	**bound** [báund]	Atar
bite [báit]	**bit** [bit]	**bitten** [bíten]	Morder
bleed [blid]	**bled** [bled]	**bled** [bled]	Sangrar
blow [blóu]	**blew** [blu]	**blown** [blóun]	Soplar
break [bréic]	**broke** [bróuc]	**broken** [bróquen]	Romper
bring [bring]	**brought** [brot]	**brought** [brot]	Traer
build [bild]	**built** [bilt]	**built** [bilt]	Construir
burst [berst]	**burst** [berst]	**burst** [berst]	Reventar
cast [cast]	**cast** [cast]	**cast** [cast]	Lanzar
catch [cach]	**caught** [cot]	**caught** [cot]	Agarrar, pescar
choose [chus]	**chose** [chóus]	**chosen** [chósen]	Elegir
cling [cling]	**clung** [clang]	**clung** [clang]	Colgar
come [cam]	**came** [quéim]	**come** [cam]	Venir
cost [cost]	**cost** [cost]	**cost** [cost]	Costar
creep [crip]	**crept** [crept]	**crept** [crept]	Arrastrarse
cut [cat]	**cut** [cat]	**cut** [cat]	Cortar
dare [déar]	**dared** [déard]	**dared** [déard]	Atreverse
deal [díal]	**dealt** [delt]	**dealt** [delt]	Distribuir, dar
dig [dig]	**dug** [dag]	**dug** [dag]	Cavar
do [du]	**did** [did]	**done** [dan]	Hacer
draw [dro]	**drew** [dru]	**drawn** [dron]	Dibujar
drink [drinc]	**drank** [dranc]	**drunk** [dranc]	Beber
drive [dráiv]	**drove** [dróuv]	**driven** [dríven]	Conducir
eat [it]	**ate** [éit]	**eaten** [íten]	Comer
fall [fol]	**fell** [fel]	**fallen** [fólen]	Caer
feed [fid]	**fed** [fed]	**fed** [fed]	Alimentar
feel [fil]	**felt** [felt]	**felt** [felt]	Sentir
fight [fáit]	**fought** [fot]	**fought** [fot]	Pelear
find [fáind]	**found** [fáund]	**found** [fáund]	Encontrar

Present	Past	Past Participle	Spanish
fling [fling]	*flung* [flang]	*flung* [flang]	Arrojar
fly [flái]	*flew* [flu]	*flown* [flóun]	Volar
forget [forguét]	*forgot* [forgót]	*forgotten* [forgóten]	Olvidar
forgive [forguív]	*forgave* [forguéiv]	*forgiven* [forguíven]	Perdonar
freeze [fris]	*froze* [fróus]	*frozen* [fróusen]	Congelar
get [guét]	*got* [got]	*gotten-got* [góten, got]	Obtener, lograr
give [guív]	*gave* [guéiv]	*given* [guíven]	Dar
go [góu]	*went* [uént]	*gone* [gon]	Ir
grind [gráind]	*ground* [gráund]	*ground* [gráund]	Moler
grow [gróu]	*grew* [gru]	*grown* [gróun]	Crecer
hang [jang]	*hanged* [jangd]	*hanged* [jangd]	Colgar
have [jaf]	*had* [jad]	*had* [jad]	Tener
hear [jíar]	*heard* [jerd]	*heard* [jerd]	Oír
hide [jáid]	*hid* [jid]	*hidden* [jíden]	Esconder
hit [jit]	*hit* [jit]	*hit* [jit]	Golpear
hold [jold]	*held* [jeld]	*held* [jeld]	Sujetar, sostener
hurt [jert]	*hurt* [jert]	*hurt* [jert]	Lastimar
keep [quíp]	*kept* [quépt]	*kept* [quépt]	Guardar
know [nóu]	*knew* [niú]	*known* [nóun]	Saber
lay [léi]	*laid* [léid]	*laid* [léid]	Poner, colocar
lead [lid]	*led* [led]	*led* [led]	Dirigir, mandar
leave [liv]	*left* [left]	*left* [left]	Dejar
lend [lend]	*lent* [lent]	*lent* [lent]	Prestar
let [let]	*let* [let]	*let* [let]	Permitir, dejar
lie [lái]	*lay* [lái]	*lain* [léin]	Yacer, tenderse
light [láit]	*lit* [lit]	*lit* [lit]	Encender, prender
lose [lus]	*lost* [lost]	*lost* [lost]	Perder
make [méic]	*made* [méid]	*made* [méid]	Hacer
mean [min]	*meant* [ment]	*meant* [ment]	Significar, querer decir
meet [mit]	*met* [met]	*met* [met]	Encontrar, juntarse
owe [óu]	*owed* [óud]	*owed* [óud]	Deber, adeudar
pay [péi]	*paid* [péid]	*paid* [péid]	Pagar
quit [cuít]	*quit* [cuít]	*quit* [cuít]	Abandonar
read [rid]	*read* [rid]	*read* [rid]	Leer
ride [ráid]	*rode* [róud]	*ridden* [ríden]	Viajar o ir en vehículo, montar
ring [ring]	*rang* [rang]	*rung* [rang]	Sonar
rise [ráis]	*rose* [róus]	*risen* [rísen]	Levantarse
run [ran]	*ran* [ran]	*run* [ran]	Correr
see [si]	*saw* [so]	*seen* [sin]	Ver
seek [sic]	*sought* [sot]	*sought* [sot]	Buscar
shake [chéic]	*shook* [chuc]	*shaken* [chéiquen]	Sacudir
sell [sel]	*sold* [sold]	*sold* [sold]	Vender
send [send]	*sent* [sent]	*sent* [sent]	Enviar
set [set]	*set* [set]	*set* [set]	Poner, meter, ajustar
shine [cháin]	*shone* [chóun]	*shone* [chóun]	Brillar

Present	Past	Past Participle	Spanish
shoot [chut]	*shot* [chat]	*shot* [chat]	Disparar
show [chóu]	*showed* [chóud]	*shown* [chóun]	Mostrar
shrink [chrinc]	*shrank* [chranc]	*shrunk* [chranc]	Encoger
shut [chat]	*shut* [chat]	*shut* [chat]	Encerrar, cerrar
sing [sing]	*sang* [sang]	*sung* [sang]	Cantar
sink [sinc]	*sank* [sanc]	*sunk* [sanc]	Hundir
sit [sit]	*sat* [sat]	*sat* [sat]	Sentarse
sleep [slip]	*slept* [slept]	*slept* [slept]	Dormir
slide [sláid]	*slid* [slid]	*slid* [slid]	Deslizar
slit [slit]	*slit* [slit]	*slit* [slit]	Rajar
speak [spic]	*spoke* [spóuc]	*spoken* [spóquen]	Hablar
speed [spid]	*sped* [sped]	*sped* [sped]	Acelerar, adelantar
spend [spend]	*spent* [spent]	*spent* [spent]	Gastar
spin [spin]	*spun* [span]	*spun* [span]	Girar, rodar, hilar
split [split]	*split* [split]	*split* [split]	Dividir, partir
spread [spred]	*spread* [spred]	*spread* [spred]	Desparramar
spring [spring]	*sprang* [sprang]	*sprung* [sprang]	Brotar, salir, saltar
stand [stand]	*stood* [stud]	*stood* [stud]	Estar de pie, pararse, durar, persisitir
steal [stil]	*stole* [stóul]	*stolen* [stóulen]	Robar
stick [stic]	*stuck* [stac]	*stuck* [stac]	Clavar, meter, introducir, pegar, adherir
sting [sting]	*stung* [stang]	*stung* [stang]	Picar, pinchar
strike [stráic]	*struck* [strac]	*struck* [strac]	Golpear, estrellar, atacar, ir en huelga
string [string]	*strung* [strang]	*strung* [strang]	Estirar, enhilar, atar
swear [suéar]	*swore* [suór]	*sworn* [suórn]	Jurar
sweep [suíp]	*swept* [suépt]	*swept* [suépt]	Barrer
swim [suím]	*swam* [suám]	*swum* [suám]	Nadar
swing [suíng]	*swung* [suáng]	*swung* [suáng]	Columpiar
take [téic]	*took* [tuc]	*taken* [téiquen]	Tomar
teach [tich]	*taught* [tot]	*taught* [tot]	Enseñar
tear [tíar]	*tore* [tóar]	*torn* [torn]	Desgarrar
tell [tel]	*told* [told]	*told* [told]	Contar
think [sinc]	*thought* [sot]	*thought* [sot]	Pensar
throw [sróu]	*threw* [sru]	*thrown* [sróun]	Tirar, lanzar
wake [uéic]	*woke* [uóc]	*woke* [uóc]	Despertar
wear [uéar]	*wore* [uór]	*worn* [uórn]	Vestir, llevar puesto, usar, calzar
weave [uív]	*wove* [uóv]	*woven* [uóven]	Tejer
wed [uéd]	*wed* [uéd]	*wed* [uéd]	Casar, casarse con
weep [uíp]	*wept* [uépt]	*wept* [uépt]	Llorar
wet [uét]	*wet* [uét]	*wet* [uét]	Mojar
win [uín]	*won* [uón]	*won* [uón]	Ganar
wind [uínd]	*wound* [uáund]	*wound* [uáund]	Enrollar, enroscar
wring [ring]	*wrung* [rang]	*wrung* [rang]	Estrujar, retorcer
write [ráit]	*wrote* [róut]	*written* [ríten]	Escribir

Table Two: Sample Conjugations
(Tabla Dos: Ejemplos de conjugaciones)

- ### *Regular Verb: To Work (simple form)*

Singular	*Plural*

Present Tense

I work	we work
you work	you work
he, she, it works	they work

Past Tense

I worked	we worked
you worked	you worked
he, she, it worked	they worked

Future Tense

I will work	we will work
you will work	you will work
he, she, it will work	they will work

Present Perfect Tense

I have worked	we have worked
you have worked	you have worked
he, she, it has worked	they have worked

Past Perfect Tense

I had worked	we had worked
you had worked	you had worked
he, she, it had worked	they had worked

Future Perfect Tense

I will have worked	we will have worked
you will have worked	you will have worked
he, she, it will have worked	they will have worked

Present Progressive Tense

I am working	we are working
you are working	you are working
he, she, it is working	they are working

Singular	Plural

Past Progressive Tense

I was working	we were working
you were working	you were working
he, she, it was working	they were working

Future Progressive Tense

I will be working	we will be working
you will be working	you will be working
he, she, it will be working	they will be working

Present Perfect Progressive Tense

I have been working	we have been working
you have been working	you have been working
he, she, it has been working	they have been working

Past Perfect Progressive Tense

I had been working	we had been working
you had been working	you had been working
he, she, it had been working	they had been working

Future Perfect Progressive Tense

I will have been working	we will have been working
you will have been working	you will have been working
he, she, it will have been working	they will have been working

• Irregular Verb: To Be

Present Tense

I am	we are
you are	you are
he, she, it is	they are

Past Tense

I was	we were
you were	you were
he, she, it was	they were

Future Tense

I will be	we will be
you will be	you will be
he, she, it will be	they will be

Present Perfect Tense

I have been	we have been
you have been	you have been
he, she, it has been	they have been

Singular	*Plural*

Past Perfect Tense

I had been	we had been
you had been	you had been
he, she, it had been	they had been

Future Perfect Tense

I will have been	we will have been
you will have been	you will have been
he, she, it will have been	they will have been

English-Spanish Dictionary
[ínglech spánich díkchenari]
(Diccionario inglés-español)

A.M. de la mañana
above sobre
action acción
actor actor, el
actress actriz, la
adapter adaptador, el
address dirección, la
administration administración, la
adult adulto, el
advertising publicidad, la
advice consejos, los
African-American afroamericano
after después
again otra vez
agency agencia, la
ago hace
ahead adelante
AIDS SIDA, el
air conditioner acondicionador de aire, el
airport aeropuerto, el
alarm alarma, la
all todo, toda, todos, todas
allergy alergia, la
alley callejón, el
almost casi
along a lo largo
although aunque
always siempre
ambulance ambulancia, la
amusement park parque de atracciones, el
and y
angel ángel, el
Anglo-Saxon anglosajón
angry enojado
animals animales, los
ankle tobillo, el
anniversary aniversario, el
answer respuesta, la

ant hormiga, la
anxious ansioso
anyone cualquier persona
anything cualquier cosa
anywhere en cualquier parte
apartment apartamento, el
apple manzana, la
appliances aparatos electrodomésticos, los
appointment cita, la
apricot albaricoque, el
April abril
aquarium acuario, el
architect arquitecto, el
area área, la
arena enfiteatro, el
arm brazo, el
armchair sillón, el
armoire armario, el
art arte, el
artichoke alcachofa, la
artist artista, el
ashamed avergonzado
ashtray cenicero, el
Asian Asiático
asparagus espárrago, el
assistant asistente, el
astrology astrología, la
astronaut astronauta, el
at en
atheist ateo, el
athlete atleta, el
attachment adjunto, el
attic desván, el
August agosto
aunt tía, la
available disponible
avenue avenida, la
ax hacha, el
baby bebé, el

babysitter niñero, el
back espalda, la
backwards al revés
bacon tocino, el
bad malo
bag bolsa, la
bail fianza, la
balcony balcón, el
bald calvo
ball pelota, la
balloon globo, el
banana plátano, el
bandage vendaje, el
bank banco, el
bar bar, el
barbecue grill parrilla, la
barefoot descalzo
bark corteza, la
bartender cantinero, el
baseball béisbol, el
basement sótano, el
basket canasta, la
basketball básquetbol, el
bat bate, el
bathing suit traje de baño, el
bathroom baño, el
bathtub tina, la
battery batería, la
be (to) estar, ser
beach playa, la
beans frijoles, los
bear oso, el
beautiful bella, bello
beauty salon salón de belleza, el
beaver castor, el
because porque
bed cama, la
bedroom dormitorio, el
bee abeja, la
beer cerveza, la

beet betabel, el
beetle escarabajo, el
before antes
behind detrás
bellhop botones, el
belt cinturón, el
besides además
better mejor
between entre
Bible Biblia, la
bicycle bicicleta
big grande
billboard letrero, el
birch abedul, el
bird pájaro, el
birth nacimiento
birthday cumpleaños
bitter amargo
black negro
bladder vejiga, la
blame culpa, la
blender licuadora, la
blind ciego
blonde rubio
blood sangre, la
blouse blusa, la
blue azul
boat barco, el
body cuerpo, el
bolt perno, el
bone hueso, el
book libro, el
bookshelf librero, el
bookstore librería, la
boots botas, las
border frontera, la
bored aburrido
boss jefe, el
both ambos
bottle botella, la
boulevard bulevar, el
bow and arrow arco y flecha, el
bowl plato hondo, el
bowling boliche, el
bowling alley bolera, la
box caja, la
boxing boxeo, el
boyfriend novio, el

brain cerebro, el
brake freno, el
branch rama, la
brassiere sostén, el
brave valiente
breakfast desayuno, el
breast pecho, el
breath aliento, el
bride novia, la
bridge puente, el
broccoli brocolí, el
broth caldo, el
brother hermano, el
brother-in-law cuñado, el
brown café
bruise contusión, la
brunette moreno
bucket balde, el
buckle hebilla, la
bud botón, el
Buddhist budista
buddy compañero, el
budget presupuesto, el
building edificio, el
bull toro, el
bulldozer niveladora, la
bumper parachoques, el
burn quemadura, la
bus autobús, el
bus station estación de autobús, la
bus stop parada de autobús, la
bush arbusto, el
business negocios, los
busy ocupado
but pero, sino
butter mantequilla, la
button botón, el
by por
cabbage repollo, el
cabinet gabinete, el
cactus cacto, el
calculator calculadora, la
calf becerro, el
calm calmado
camel camello, el
camper cámper, el
campgrounds campamento, el

can lata, la
can opener abrelatas, el
canary canario, el
candle vela, la
candy dulce, el
cantaloupe melón, el
cap gorra, la
car carro, el
car lot lote de carros, el
card tarjeta, la
career carrera, la
careful cuidado
carnation clavel, el
carpenter carpintero, el
carrot zanahoria, la
cartoons dibujos animados, los
cashier cajero, el
cat gato, el
Catholic católico
cave cueva, la
CD disco compacto, el
cedar cedro, el
ceiling techo, el
celery apio, el
cell phone celular, el
cemetery cementerio, el
cent centavo, el
chain cadena, la
chair silla, la
chalk tiza, la
chapel capilla, la
charge cargo, el
chauffeur chofer, el
check cheque, el
cheek mejilla, la
cheese queso, el
cherry cereza, la
chess ajedrez, el
chest baúl, pecho, el
chewing gum chicle, el
chicken gallina, la; pollo, el
child niño, el
child seat asiento para niños, el
chimney chimenea, la
chin barbilla, la
china loza de porcelana, la
chore tarea, la
Christian cristiano

Christmas Navidad
church iglesia, la
cinnamon canela, la
circus circo, el
citizen ciudadano, el
city ciudad, la
city block cuadra, la
city hall municipio, el
clarinet clarinete, el
class clase, la
clean limpio
clear claro
clearly claramente
clerk dependiente, el
client cliente, el
clock reloj, el
closed cerrado
closet ropero, el
clothing ropa, la
cloud nube, la
cloudy nublado
clown payaso, el
club club, el
clutch embrague, el
coach entrenador, el
coast costa, la
coconut coco, el
coffee café, el
coffee maker cafetera, la
coffee shop café, el
coin moneda, la
cold frío; resfriado, el
college colegio, el
color color, el
comedian cómico, el
comedy comedia, la
comet cometa, la
comfortable cómodo
commerce comercio, el
communications
   comunicaciones, las
community comunidad, la
company compañía, la
computer computadora, la
concert concierto, el
condiments condimentos, los
condominium condominio, el
conference conferencia, la

confident seguro
confused confundido
congratulations felicitaciones
construction construcción, la
consultant consultor, el
contest concurso, el
contractor contratista, el
cook cocinero, el
cookie galleta, la
copier copiadora, la
corn maíz, el
corner esquina, la
costume disfraz, el
cough tos, la
counter mostrador, el
country país, el
county condado, el
court cancha, la; tribunal, el
cousin primo, el
cow vaca, la
coward cobarde
crab cangrejo, el
cracker galleta salada, la
crazy loco
cricket grillo, el
crime crimen, el
crooked torcido
crop cosecha, la
cross cruz, la
crow cuervo, el
crutches muletas, las
cucumber pepino, el
cuff puño, el
cup taza, la
curious curioso
curtains cortinas, las
curve curva, la
cut cortada, la
daily diario, diariamente
dairy-free sin leche
dancing baile, el
danger peligro
dark oscuro
dark-skinned moreno
date cita, la; fecha, la
daughter hija, la
daughter-in-law nuera, la
dawn amanecer, el

day día, el
deaf sordo
December diciembre
decoration decoración, la
deep profundo
deer venado, el
degree grado, el
dehumidifier deshumidificador, el
den sala de familia, la
dentist dentista, el
department departamento, el
depressed deprimido
description descripción, la
desert desierto, el
desk escritorio, el
dessert postre, el
detour desviación, la
difficult difícil
digital digital
digital camera cámara digital, la
dimples hoyuelos, los
dining room comedor, el
dinner cena, la
dirt tierra, la
dirty sucio
disabled incapacitado, el
disc disco, el
disc drive disquetera, la
dishes vajilla, la
dishwasher lavaplatos, el
distance distancia, la
district distrito, el
divorce divorcio, el
dizzy mareado
doctor doctor, el
dog perro, el
doghouse casa de perros, la
doll muñeca, la
doll house la casa de muñecas
door puerta, la
doorbell timbre, el
doorknob perilla, la
dot punto, el
double doble
doubt duda
down abajo
downtown centro, el
dozen docena, la

dragonfly libélula, la
draperies colgaduras, las
drawers cajones, los
drawing dibujo, el
dress vestido, el
dresser tocador, el
dressing salsa, la
dressing room vestuario, el
drill taladro, el
driveway entrada para carros, la
drone dron, el
drugs drogas, las
drum tambor, el
dry seco
dryer secadora, la
duck pato, el
dull romo
dumb tonto
dump truck volquete, el
during durante
dust polvo, el
dustpan pala de recoger basura, la
dwarf enano
each cada
ear oreja, la
early temprano
east este, el
Easter Pascua, la
easy fácil
education educación, la
egg huevo, el
eggplant berenjena, la
eighth octavo
elbow codo, el
elderly person anciano, el
electrical outlet enchufe, el
electricity electricidad, la
elephant elefante, el
elevator ascensor, el
eleventh undécimo
elm olmo, el
e-mail correo electrónico, el
embroidery bordado, el
employee empleado, el
employer empresario, el
empty vacío
enemy enemigo, el

engine motor, el
engineer ingeniero, el
entrance entrada, la
envelope sobre, el
environment medio ambiente, el
equipment equipo, el
eraser borrador, el
errand mandado, el
escalator escalera mecánica, la
European europeo
evening noche, la
everyone todo el mundo
everything todo
everywhere en todas partes
example ejemplo, el
excited emocionado
excuse excusa, la
exercise ejercicio, el
exhausted agotado
exit salida, la
expensive caro
exploitation explotación, la
eye ojo, el
eyebrow ceja, la
eyelid párpado, el
face cara, la
factory fábrica, la
fainted desmayado
faith fe, la
fall otoño, el
family familia, la
fan ventilador, el
far lejos
farmer campesino, el
fast rápido
fat gordo
father padre, el
father-in-law suegro, el
faucet grifo, el
fault culpa, la
favorite favorito
feather pluma, la
February febrero
female femenino
fence cerca, la
fender guardabarro, el
fern helecho, el

fertilizer abono, el
fever fiebre, la
field campo, el
fifth quinto
fig higo, el
file archivo, el
file cabinet archivo, el
finances finanzas, las
fine bien
finger dedo, el
fire department departamento de bomberos, el
fire extinguisher extintor, el
firefighter bombero, el
fireplace fogón, el
firewood leña, la
fireworks fuegos artificiales, los
first primero
first aid primeros auxilios, los
first aid kit caja de primeros auxilios, la
fish pescado, pez, el
fishing pesca, la
fixtures instalaciones, las
flea pulga, la
flight vuelo, el
floor piso, el
flour harina, la
flower flor, la
flowerpot maceta, la
fly mosca, la
folder directorio, el (comp.)
foliage follaje, el
food comida, la
foot pie, el
football fútbol americano, el
for para
foreigner extranjero, el
forest bosque, el
fork tenedor, el
form formulario, el
fountain fuente, la
fourth cuarto
fox zorro, el
freckles pecas, las
free libre
freedom libertad, la
freezer congelador, el

frequently con frecuencia
Friday viernes
friend amigo, el
friendly amistoso
frog sapo, el
from de
frown ceño, el
fruit fruta, la
full lleno
fun diversión, la
funnel embudo, el
funny chistoso
furious furioso
furniture muebles, los
fuse fusible, el
fuse box caja de fusibles, la
gain ganancia, la
galaxy galaxia, la
gallbladder vesícula, la
gallon galón, el
game juego, el
gang pandilla, la
garage garaje, el
garage door opener abridor de
  garajes, el
garbage disposal desechador, el
garden jardín, el
gardener jardinero, el
garlic ajo, el
gas gasolina, la
gas meter medidor de gas, el
gas station gasolinera, la
gate portón, el
gauge indicador, el
gear engranaje, el
gentleman caballero, el
giant gigante
gift regalo, el
giraffe jirafa, la
girdle faja, la
girlfriend novia, la
glass vaso, el
glasses lentes, los
gloves guantes, los
glue pegamento, el
gluten-free sin gluten
go vaya
goat chivo, el

God Dios
goddaughter ahijada, la
godson ahijado, el
godfather padrino, el
godmother madrina, la
gold oro, el
golf course campo de golf, el
good bueno
good afternoon buenas tardes
good evening, good
  night buenas noches
good morning buenos días
good-bye adiós
gossip chisme, el
government gobierno, el
grain grano, el
granddaughter nieta, la
grandfather abuelo, el
grandmother abuela, la
grandson nieto, el
grape uva, la
grapefruit toronja, la
grass pasto, el
grass-fed alimentado con pasto
grasshopper saltamontes, el
gravel grava, la
gravity gravedad, la
gray gris
green verde
griddle comal, el
groom novio, el
ground beef carne molida, la
grove arboleda, la
guest room cuarto de visitas, el
guide guía, el
guilty culpable
guitar guitarra, la
gulch barranca, la
gums encías, las
gym gimnasio, el
gymnastics gimnasia, la
hair pelo, el
hair dryer secador de pelo, el
haircut corte de pelo, el
half media
hallway pasillo, el
ham jamón, el
hamburger hamburguesa, la

hammer martillo, el
hammock hamaca, la
hamster hámster, el
hand mano, la
handle tirador, el
handsome guapo
happy feliz
hard duro
hard drive disco duro, el
hatch portillo, el
hate odio, el
have (to) tener
hawk halcón, el
hay heno, el
he él
head cabeza, la
headache dolor de cabeza, el
headlight faro delantero, el
health salud, la
health insurance seguro médico,
  el
healthy saludable
heart corazón, el
heat calor
heater calentador, el
heating calefacción, la
heaven cielo, el
heavy pesado
height altura, la
helicopter helicóptero, el
hell infierno, el
hem ruedo, el
her su, a ella
here aquí
hero héroe, el
hers suyo
hi hola
highway carretera, la
hiking caminata, la
hill cerro, el
him a él
hip cadera, la
hippopotamus hipopótamo, el
his su, suyo
Hispanic hispano
hobbies pasatiempos, los
hoe azadón, el
homeless desamparado, el

honey miel, la
honeymoon luna de miel, la
hood capó, el
hope esperanza, la
horn bocina, la
hornet avispón, el
horse caballo, el
horseback riding equitación, la
hose manguera, la
hospital hospital, el
hot caliente, caluroso
hot dog perro caliente, el
hot water heater calentador para el agua, el
hour hora, la
house casa, la
housecleaning limpieza de la casa, la
how cómo
how many cuántos
how much cuánto
however sin embargo
hubcap tapacubo, el
hug abrazo, el
human rights derechos humanes
human trafficking tráfico de personas, los
hummingbird colibrí, el
hundred cien
hunger hambre, el
husband esposo, el
I yo
ice hielo, el
ice cream helado, el
icon ícono, el
if si
immigrant inmigrante, el
in en
in front of enfrente de
inch pulgada, la
inexpensive barato
infection infección, la
ingredients ingredientes, los
injury herida, la
insecure inseguro
inside adentro
interested interesado

interesting interesante
Internet internet, el
interview entrevista, la
intestine intestino, el
intoxicated intoxicado
investment inversión, la
invoice factura, la
it lo
ivy hiedra, la
jacket chaqueta, la
jail cárcel, la
janitor conserje, el
January enero
jaw mandíbula, la
jealous celoso
jeep jip, el
jello gelatina, la
Jesus Christ Jesucristo
Jewish judío
job trabajo, el
jogging trote, el
joke chiste, el
judge juez, el
juice jugo, el
July julio
June junio
jungle selva, la
jury jurado, el
keyboard teclado, el
kidney riñón, el
kindness bondad, la
king rey, el
kiss beso, el
kitchen cocina, la
kite cometa, la
knee rodilla, la
knife cuchillo, el
laborer obrero, el
ladder escalera, la
lady dama, la
ladybug mariquita, la
lagoon laguna, la
lake lago, el
lamb cordero, el
lamp lámpara, la
land terreno, el
laptop computadora portátil, la
last último

last name apellido
late tarde
lately recién
later más tarde
laughter risa, la
law ley, la
lawn césped, el
lawn mower cortadora de césped, la
lawsuit pleito, el
lawyer abogado, el
lazy perezoso
leaf hoja, la
leash traílla, la
left izquierda
leg pierna, la
lemon limón, el
lemonade limonada, la
length largo, el
less menos
letter carta, letra, la
lettuce lechuga, la
librarian bibliotecario, el
library biblioteca, la
lie mentira, la
life vida, la
light ligero; luz, la
lightbulb foco, el
light switch interruptor, el
lights luces, las
lion león, el
lip labio, el
little poco
liver hígado, el
living room sala, la
lizard lagarto, el
lobby salón, el
lobster langosta, la
lock cerradura, la
long largo
loose flojo
lost perdido
love amor, el
lover amante, el
low-cal bajo en calorías
luck suerte, la
lunch almuerzo, el
lung pulmón, el

machine máquina, la
magazine revista, la
magic magia, la
maid criado, el
mail correo, el
mail carrier cartero, el
mailbox buzón, el
male masculino
mall centro comercial, el
man hombre, el
manager gerente, el
mansion mansión, la
manufacutring fabricación, la
maple arce, el
marbles canicas, las
March marzo
margarine margarina, la
marker marcador, el
market mercado, el
marketing mercadeo, el
marmalade mermelada, la
marriage matrimonio, el
married casado
mask máscara, la
mat tapete, el
match partido, el
matches fósforos, los
mature maduro
May mayo
maybe quizás
mayonnaise mayonesa, la
me mi
meat carne, la
meatball albóndiga, la
mechanic mecánico, el
medicine chest botiquín, el
medicines medicinas, las
meeting junta, la
memory memoria, la
message mensaje, el
microwave horno de microonda, el
middle medio
middle-aged de edad mediana
mile milla, la
military militar, el
milk leche, la
mine mío

minister pastor, el
mint menta, la
minute minuto, el
mirror espejo, el
Miss Señorita (Srta.)
mitt guante, el
mittens mitones, los
mixer batidora, la
modem modem, el
mold molde, el
mole lunar, topo, el
Monday lunes
money dinero, el
monkey mono, el
months meses, los
moon luna, la
moose alce, el
mop trapeador, el
more más
Mormon mormón, el
mosquito zancudo, el
moth polilla, la
mother madre, la
mother-in-law suegra, la
motorcycle motocicleta, la
mountain montaña, la
mouse ratón, el
mouth boca, la
movie película, la
movie theater cine, el
Mr. Señor (Sr.)
Mrs. Señora (Sra.)
mud lodo, el
muffler silenciador, el
muscle músculo, el
museum museo, el
mushroom champiñón, el
music música, la
Muslim musulmán
mustard mostaza, la
my mi
myself yo mismo
nail clavo, el
naked desnudo
name nombre
napkin servilleta, la
narrow estrecho
natural natural

nature naturaleza, la
near cerca
neck cuello, el
neighbor vecino, el
neighborhood colonia, la
neither tampoco
nephew sobrino, el
nerve nervio, el
nervous nervioso
net red, la
network red, la (comp.)
never nunca
new nuevo
next próximo
next to al lado
nice simpático
niece sobrina, la
night noche, la
ninth noveno
no one nadie
none ninguno
noodle fideo, el
noon mediodía
north norte, el
nose nariz, la
not no
notebook cuaderno, el
nothing nada
November noviembre
now ahora
nowhere en ninguna parte
numb adormecido
number número
nurse enfermero, el
nut tuerca, la
nuts nueces, las
oak roble, el
ocean océano, el
October octubre
of de
of course por supuesto
office oficina, la
often a menudo
oil aceite, el
OK bien
old viejo
older mayor
olive aceituna, la

on en
on top of encima de
onion cebolla, la
open abierto
opossum zarigüeya, el
opportunity oportunidad, la
or o
orange anaranjado; naranja, la
orbit órbita, la
orchard huerta, la
organ órgano, el
organic orgánico
ornament ornamento, el
ounce onza, la
our nuestro
outdoor afuera
outside afuera
outskirts afueras, las
oven horno, el
overcoat abrigo, el
owl búho, el
owner dueño, el
P.M. de la tarde
package paquete
pain dolor, el
paint pintura, la
painter pintor, el
painting pintura, la
pair par, el
pajamas pijama, la
pale pálido
palm palmera, la
pan sartén, el
panties bragas, las
pants pantalones, los
paper papel, el
parade desfile, el
parakeet perico, el
parents padres, los
park parque, el
parking lot estacionamiento, el
parsley perejil, el
partner socio, el
party fiesta, la
path senda, la
patience pacienca, la
patient paciente, el
peace paz, la

peach melocotón, el
peanut butter crema de maní, la
pear pera, la
peas arvejitas, las
pen corral, lapicero, el
pencil lápiz, el
people gente, la
pepper pimienta, la
percent porcentaje, el
person persona, la
personnel personal, el
pharmacy farmacia, la
photograph foto, la
piano piano, el
pick pico, el
pickle encurtido, el
pickup camioneta, la
picture cuadro, el
picture frame marco, el
pie pastel, el
piece pedazo, el
pier muelle, el
pig puerco, el
pilot piloto, el
pine pino, el
pineapple piña, la
pink rosado
pitcher cántaro, el
place lugar, el
place mat tapete individual, el
planet planeta, el
plant planta, la
plate plato, el
platter fuente, la
playground campo de recreo, el
playroom sala de juegos, la
pleasant agradable
please por favor
pliers pinzas, las
plum ciruela, la
plumber plomero, el
plumbing tubería, la
pocket bolsillo, el
poison veneno, el
police policía, la
police station estación de policía, la
polite cortés

political articles artículos políticas
political party partido político, el
pollution contaminación, la
pond charca, la
pool piscina, la
poor pobre
popcorn palomitas, las
population población, la
porch portal, el
porcupine puercoespín, el
pork cerdo, el
portrait retrato, el
position puesto, el
postcards tarjetas postales, las
post office correo, el
pot olla, la
potato papa, la
pottery alfarería, la
pound libra, la
poverty pobreza, la
power poder, el
power corriente, la (comp.)
practice práctica, la
prayer rezo, el
prescription receta médica, la
president presidente, el
pretty bonito
priest cura, el
prince príncipe, el
princess princesa, la
printer impresora, la
prison prisión, la
prize premio, el
problem problema, el
product producto, el
production producción, la
program programa, el
promise promesa, la
prompt puntual
property propiedad, la
Protestant protestante, el
prune ciruela pasa, la
psychology psicología, la
pump bomba, la
pumpkin calabaza, la
punishment castigo, el
puppet títere, el
purchase compra, la

purple morado
puzzle rompecabezas, el
quarter cuarto
queen reina, la
question pregunta, la
quickly rápidamente
quiet quieto
rabbit conejo, el
raccoon mapache, el
race carrera, la
rack estilador, el
racket raqueta, la
radio radio, el
radish rábano, el
rag trapo, el
railroad ferrocarril, el
railroad track vía del ferrocarril, la
rain lluvia, la
raincoat impermeable, el
raisin pasa, la
rake rastrillo, el
rat rata, la
ready listo
really verdad
reason razón, la
receipt recibo, el
red rojo
red-headed pelirrojo
refrigerator refrigerador, el
relative pariente, el
relaxed relajado
religion religión, la
remote control control remoto, el
research investigación, la
respect respeto, el
responsible responsable
restrooms servicios sanitarios, los
rhinoceros rinoceronte, el
rib costilla, la
rice arroz, el
rich rico
riddles adivinanzas, las
right derecha
river río, el
road camino, el
roast beef rosbif, el
robin petirrojo, el

robot robot, el
rock piedra, la
rocket cohete, el
roll panecillo, el
rolls of film rollos de foto, los
roof tejado, el
room cuarto, el
roommate compañero de cuarto, el
root raíz, la
rope soga, la
rose rosa, la
rough áspero, tosco
route ruta, la
router encaminador, el
rude rudo
rug alfombra, la
rule regla, la
RV (recreation vehicle) vehículo de recreo, el
sad triste
safety seguridad, la
sailing navegación a vela, la
salad ensalada, la
salary salario, el
sale venta, la
salesman vendedor, el
salt sal, la
sand arena, la
sandals sandalias, las
sandpaper papel de lija, el
sane cuerdo
satellite satélite, el
Saturday sábado
sauce salsa, la
saucepan cacerola, la
saucer platillo, el
sausage salchicha, la
saw serrucho, el
saxophone saxófono, el
scale báscula, la
scar cicatriz, la
scared espantado
scarf bufanda, la
schedule horario, el
school escuela, la
science ciencia, la
scissors tijeras, las

screen mosquitero, el
screw tornillo, el
screwdriver atornillador, el
sea mar, el
seafood marisco, el
season estación, la
seat asiento, el
second segundo
secret secreto, el
secretary secretario, el
security seguridad, la
seed semilla, la
seldom casi nunca
sensitive sensible
September septiembre
seventh séptimo
several varios
shallow bajo (poco profundo)
shame lástima
sharp afilado
she ella
sheep oveja, la
shelves repisas, las
shipping envíos, los
shirt camisa, la
shoes zapatos, los
shop taller, el
shopping center centro comercial, el
short (in height) bajo
short (in length) corto
shorts calzoncillos, los
shoulder hombro, el
shoulder pad hombrera, la
shovel pala, la
shower ducha, la
shredder trituradora
shrimp camarón, el
shutters postigos, los
shy tímido
sick enfermo
side lado, el
sidewalk acera, la
sight vista, la
silver plata, la
silverware cubiertos, los
sincere sincero
single soltero

sink lavabo, el
sister hija, la
sister-in-law cuñada, la
sixth sexto
size tamaño, el
skateboard patineta, la
skates patines, los
skating patinaje, el
skiing esquí, el
skin piel, la
skirt falda, la
skunk zorrillo, el
sky cielo, el
skyscraper rascacielos, el
sled trineo, el
sleep sueño, el
sleepy soñoliento
sleeve manga, la
slip fondo, el
slippers zapatillas, las
slow lento
slowly lentamente
slug babosa, la
small chico
smart inteligente
smell olor, el
smile sonrisa, la
smoke humo, el
smooth liso
snack merienda, la
snail caracol, el
snake culebra, la
snowing nieve, la
so así que
soccer fútbol, el
social security seguro social, el
socks calcetines, los
sofa sofá, el
soft blando
soft drink refresco, el
solar system sistema solar, el
soldier soldado, el
some algunos
someone alguien
something algo
sometimes a veces
somewhere en alguna parte
son hijo, el

son-in-law yerno, el
song canción, la
soon pronto
sore dolorido
soul alma, el
sound sonido, el
soup sopa, la
south sur, el
spa balneario, el
space espacio, el
Spanish español
spark plug bujía, la
sparrow gorrión, el
speakers parlantes, los
speedometer indicador de velocidad, el
spices especias, las
spider araña, la
spinach espinaca, la
spine espinazo, el
spleen bazo, el
sponge esponja, la
spoon cuchara, la
sport coat saco, el
sports deportes, los
sprain torcedura, la
spring primavera, la
sprinklers rociadores, los
squirrel ardilla, la
stable establo, el
stadium estadio, el
stairs escaleras, las
stamps estampillas, las
staple grapa, la
stapler engrapadora, la
star estrella, la
state estado, el
statue estatua, la
steak bistec, el
steering wheel volante, el
stem tallo, el
step paso, el
stepdaughter hijastra, la
stepson hijastro, el
stepfather padrastro, el
stepmother madrastra, la
steps escalones, los
still aún

stockings medias, las
stomach estómago, el
stool banquillo, el
stop alto
stop sign señal de parada, la
store tienda, la
storeroom depósito, el
stories cuentos, los
stormy tormentoso
stove estufa, la
straight recto
strainer colador, el
strange extraño
strap correa, la
strawberry fresa, la
stream arroyo, el
street calle, la
stress estrés, el
strike huelga, la
strong fuerte
student estudiante, el
subway metro, el
success éxito, el
suffering sufrimiento, el
suit traje, el
summer verano, el
sun sol, el
Sunday domingo
sunflower girasol, el
sunglasses lentes del sol, los
sure cierto
surfing surf, el
surgeon cirujano, el
surgery cirugía, la
surprised sorprendido
suspicious sospechoso
swamp pantano, el
swan cisne, el
sweater suéter, el
sweat suit sudadera, la
sweet potato camote, el
swimming natación, la
swing columpio, el
synagogue sinagoga, la
system sistema, el
T-shirt camiseta, la
table mesa, la
tall alto

tape cinta adhesiva, la
taste sabor, el
tattoo tatuaje, el
tax impuesto, el
taxi taxi, el
tea té, el
tea kettle tetera, la
teacher maestro, el
tears lágrimas, las
technical support servicio técnico
technician técnico, el/la
teenager adolescente, el
telephone teléfono, el
television televisor, el
temple templo, el
tennis tenis, el
tennis shoes tenis, los
tenth décimo
terrace terraza, la
territory territorio, el
text message mensaje en texto, el
thank you gracias
that aquel, que
the el, la
theater teatro, el
their su
theirs suyo
them a ellos
then entonces
therapy terapia, la
there allí
there are hay
there is hay
therefore por eso
thermos termo, el
thermostat termostato, el
these estos
they ellos
thick grueso
thin delgado
things cosas, las
third tercero
thirst sed, la
thirsty sediento
this este
those aquellos
thought pensamiento, el

thousand mil
throat garganta, la
Thursday jueves
tie corbata, la
tiger tigre, el
tight apretado
time tiempo, el
tire neumático, el
tired cansado
to a
toaster tostadora, la
today hoy
toe dedo del pie, el
together juntos
toilet excusado, el
toll booth caseta de peaje, la
tomato tomate, el
tomorrow mañana
ton tonelada, la
tongue lengua, la
too también
too much demasiado
tools herramientas, las
tooth diente, el
top trompo, el
touch tacto, el
tourism turismo, el
tow truck grúa, la
towards hacia
towel toalla, la
tower torre, la
town pueblo, el
toy juguete, el
tractor tractor, el
traffic tráfico, el
traffic light semáforo, el
tragedy tragedia, la
train tren, el
training entrenamiento, el
trapped atrapado
trash can cesto de basura, el
tray bandeja, la
treadmill molino, el
treasure tesoro, el
treatment tratamiento, el
tree árbol, el
trial juicio, el
tricycle triciclo, el

trip viaje, el
trombone trombón, el
truck camión, el
truck driver camionero, el
trumpet trompeta, la
trunk maletera, la; tronco, el
trust confianza, la
truth verdad, la
Tuesday martes
tulip tulipán, el
tuna atún, el
tunnel túnel, el
turkey pavo, el
turnip nabo, el
turtle tortuga, la
TV screen pantalla grande, la
twelfth duodécimo
twig ramita, la
typewriter máquina de escribir, la
ugly feo
ulcer úlcera, la
umbrella sombrilla, la
uncle tío, el
under debajo
underpants calzoncillos, los
underwear ropa interior, la
universe universo, el
university universidad, la
unless a menos que
up arriba
upholstery tapicería, la
utensils utensilios, los
vacation vacaciones, las
vacuum cleaner aspiradora, la
valley valle, el
value valor, el
vanilla vainilla, la
vase florero, el
veal ternera, la
vegan vegetariana
vegetables vegetales, los
vein vena, la
vest chaleco, el
video games videojuegos, los
village villa, la
vinegar vinagre, el
violet violeta, la

violin violín, el
visitor visitante, el
voice voz, la
volleyball vóleibol, el
waiting espera, la
waiter mesero, el
wall pared, la
walnut nogal, el
war guerra, la
warehouse almacén, el
washer lavadora, la
wasp avispa, la
water agua, el
way paseo, el
we nosotros
weak débil
weapons armas, las
weather tiempo
website sitio web, el
wedding boda, la
Wednesday miércoles
weed hierba, la
week semana, la
weekend fin de semana, el
weight peso, el
weights pesas, las
welcome bienvenidos
west oeste, el
wet mojado
what qué
whatever cualquiera
wheel rueda, la

wheelbarrow carretilla, la
wheelchair silla de ruedas, la
when cuándo
where dónde
wherever dondequiera
which cuál
while mientras
white blanco
whiteboard pizarrón, el
who quién
whoever quienquiera
whose de quién
why por qué
wide ancho
widowed viudo
width ancho, el
wife esposa, la
wifi Wifi
wig peluca, la
wild salvaje
willow sauce, el
wind viento, el
window ventana, la
windowsills antepechos, los
windshield parabrisas, el
wine vino, el
winter invierno, el
wise sabio
with con
without sin
witness testigo, el
wolf lobo, el

woman mujer, la
wonderful maravilloso
woodpecker picaposte, el
word palabra, la
work trabajo, el
world mundo, el
worm gusano, el
worried preocupado
worse peor
worship adoración, la
wren reyezuelo, el
wrench llave inglesa, la
wrinkles arrugas, las
wrist muñeca, la
writer escritor, el
wrong equivocado
X-ray radiografía, la
yard patio, el/yarda, la
year año, el
yellow amarillo
yesterday ayer
yet todavía
you tú, usted, ustedes
young joven
younger menor
your su, tu
yours tuyo
youth joven, muchacho, el
zebra cebra, la
zipper cierre, el
zone zona, la
zoo zoológico, el

Spanish-English Dictionary
[spánich ínglech díkchenari]
(Diccionario español-inglés)

a *to*
a él *him*
a ellos *them*
a lo largo *along*
a menos que *unless*
a menudo *often*
a veces *sometimes*
abajo *down*
abedul, el *birch*
abeja, la *bee*
abierto *open*
abogado, el *lawyer*
abono, el *fertilizer*
abrazo, el *hug*
abrelatas, el *can opener*
abridor de garajes, el *garage door opener*
abrigo, el *overcoat*
abril *April*
abuela, la *grandmother*
abuelo, el *grandfather*
aburrido *bored*
acción *action*
aceite, el *oil*
aceituna, la *olive*
acera, la *sidewalk*
acondicionador de aire, el *air conditioner*
actor, el *actor*
actriz, la *actress*
acuario, el *aquarium*
adaptador, el *adapter*
adelante *ahead*
además *besides*
adentro *inside*
adiós *good-bye*
adivinanzas, las *riddles*
adjunto, el *attachment*
administración, la *administration*

adolescente, el *teenager*
adoración, la *worship*
adormecido *numb*
adulto, el *adult*
aeropuerto, el *airport*
afilado *sharp*
afroamericano *African-American*
afuera *outdoor, outside*
afueras, las *outskirts*
agencia, la *agency*
agosto *August*
agotado *exhausted*
agradable *pleasant*
agua, el *water*
ahijada, la *goddaughter*
ahijado, el *godson*
ahora *now*
ajedrez, el *chess*
ajo, el *garlic*
al lado *next to*
al revés *backwards*
alarma, la *alarm*
albaricoque, el *apricot*
albóndiga, la *meatball*
alcachofa, la *artichoke*
alce, el *moose*
alergia, la *allergy*
alfarería, la *pottery*
alfombra, la *rug*
algo *something*
alguien *someone*
algunos *some*
aliento, el *breath*
alimentado con pasto *grass-fed*
allí *there*
alma, el *soul*
almacén, el *warehouse*
almuerzo, el *lunch*
alto *stop, tall*

altura, la *height*
amanecer, el *dawn*
amante, el *lover*
amargo *bitter*
amarillo *yellow*
ambos *both*
ambulancia, la *ambulance*
amigo, el *friend*
amistoso *friendly*
amor, el *love*
anaranjado *orange*
ancho *wide*
ancho, el *width*
anciano, el *elderly person*
ángel, el *angel*
anglosajón *Anglo-Saxon*
animales, los *animals*
aniversario, el *anniversary*
año, el *year*
ansioso *anxious*
antepechos, los *windowsills*
antes *before*
aparatos electrodomésticos, los *appliances*
apartamento, el *apartment*
apellido *last name*
apio, el *celery*
apretado *tight*
aquel *that*
aquellos *those*
aquí *here*
araña, la *spider*
árbol, el *tree*
arboleda, la *grove*
arbusto, el *bush*
arce, el *maple*
archivo, el *file, file cabinet*
arco y flecha, el *bow and arrow*
ardilla, la *squirrel*

área, la *area*
arena, la *sand*
armario, el *armoire*
armas, las *weapons*
arquitecto, el *architect*
arriba *up*
arroyo, el *stream*
arroz, el *rice*
arrugas, las *wrinkles*
arte, el *art*
artículos políticos *political articles*
artista, el *artist*
arvejitas, las *peas*
ascensor, el *elevator*
así que *so*
Asiático *Asian*
asiento, el *seat*
asiento para niños *child seat*
asistente, el *assistant*
áspero *rough*
aspiradora, la *vacuum cleaner*
astrología, la *astrology*
astronauta, el *astronaut*
ateo, el *atheist*
atleta, el *athlete*
atornillador, el *screwdriver*
atrapado *trapped*
atún, el *tuna*
aún *still*
aunque *although*
autobús, el *bus*
avenida, la *avenue*
avergonzado *ashamed*
avispa, la *wasp*
avispón, el *hornet*
ayer *yesterday*
azadón, el *hoe*
azul *blue*
babosa, la *slug*
baile, el *dancing*
bajo *shallow*
bajo en calorías *low-cal*
bajo (poco profundo) *short (in height)*
balcón, el *balcony*
balde, el *bucket*
balneario, el *spa*
banco, el *bank*

bandeja, la *tray*
baño, el *bathroom*
banquillo, el *stool*
bar, el *bar*
barbilla, la *chin*
barco, el *boat*
barranca, la *gulch*
barato *inexpensive*
báscula, la *scale*
básquetbol, el *basketball*
bate, el *bat*
batería, la *battery*
batidora, la *mixer*
baúl, el *chest*
bazo, el *spleen*
bebé, el *baby*
becerro, el *calf*
béisbol, el *baseball*
bella *beautiful*
bello *beautiful*
berenjena, la *eggplant*
beso, el *kiss*
betabel, el *beet*
Biblia, la *Bible*
biblioteca, la *library*
bibliotecario, el *librarian*
bicicleta *bicycle*
bien *fine, OK*
bienvenidos *welcome*
bistec, el *steak*
blanco *white*
blando *soft*
blusa, la *blouse*
boca, la *mouth*
bocina, la *horn*
boda, la *wedding*
bolera, la *bowling alley*
boliche, el *bowling*
bolsa, la *bag*
bolsillo, el *pocket*
bomba, la *pump*
bombero, el *firefighter*
bondad, la *kindness*
bonito *pretty*
bordado, el *embroidery*
borrador, el *eraser*
bosque, el *forest*
botas, las *boots*

botella, la *bottle*
botiquín, el *medicine chest*
botón, el *bud, button*
botones, el *bellhop*
boxeo, el *boxing*
bragas, las *panties*
brazo, el *arm*
brocolí, el *broccoli*
budista *Buddhist*
buenos días *good morning*
buenas noches *good evening, good night*
buenas tardes *good afternoon*
bueno *good*
bufanda, la *scarf*
búho, el *owl*
bujía, la *spark plug*
bulevar, el *boulevard*
buzón, el *mailbox*
caballero, el *gentleman*
caballo, el *horse*
cabeza, la *head*
cacerola, la *saucepan*
cacto, el *cactus*
cada *each*
cadena, la *chain*
cadera, la *hip*
café *brown*
café, el *coffee, coffee shop*
cafetera, la *coffeemaker*
caja de fusibles, la *fuse box*
caja de primeros auxilios, la *first aid kit*
caja, la *box*
cajero, el *cashier*
cajones, los *drawers*
calabaza, la *pumpkin*
calcetines, los *socks*
calculadora, la *calculator*
caldo, el *broth*
calefacción, la *heating*
calentador para el agua, el *hot water heater*
calentador, el *heater*
caliente *hot*
calle, la *street*
callejón, el *alley*
calmado *calm*

calor *hot*
calvo *bald*
calzoncillos, los *shorts, underpants*
cama, la *bed*
cámara digital, la *digital camera*
camarón, el *shrimp*
camello, el *camel*
caminata, la *hiking*
camino, el *road*
camión, el *truck*
camionero, el *truck driver*
camioneta, la *pickup*
camisa, la *shirt*
camiseta, la *T-shirt*
camote, el *sweet potato*
campamento, el *campgrounds*
cámper, el *camper*
campesino, el *farmer*
campo de golf, el *golf course*
campo de recreo, el *playground*
campo, el *field*
canario, el *canary*
canasta, la *basket*
cancha, la *court*
canción, la *song*
canela, la *cinnamon*
cangrejo, el *crab*
canicas, las *marbles*
cansado *tired*
cántaro, el *pitcher*
cantinero, el *bartender*
capilla, la *chapel*
capó, el *hood*
cara, la *face*
caracol, el *snail*
cárcel, la *jail*
cargo, el *charge*
carne, la *meat*
carne molida, la *ground beef*
caro *expensive*
carpintero, el *carpenter*
carrera, la *career, race*
carretera, la *highway*
carretilla, la *wheelbarrow*
carro, el *car*
carta, la *letter*
cartero, el *mail carrier*

casa de muñecas, la *doll house*
casa de perros, la *doghouse*
casa, la *house*
casado *married*
caseta de peaje, la *toll booth*
casi *almost*
casi nunca *seldom*
castigo, el *punishment*
castor, el *beaver*
católico *Catholic*
cebolla, la *onion*
cebra, la *zebra*
cedro, el *cedar*
ceja, la *eyebrow*
celoso *jealous*
celular, el *cell phone*
cementerio, el *cemetery*
cena, la *dinner*
cenicero, el *ashtray*
ceño, el *frown*
centavo, el *cent*
centro, el *downtown*
centro comercial, el *shopping center, mall*
cerca *near*
cerca, la *fence*
cerdo, el *pork*
cerebro, el *brain*
cereza, la *cherry*
cerrado *closed*
cerradura, la *lock*
cerro, el *hill*
cerveza, la *beer*
césped, el *lawn*
cesto de basura, el *trash can*
chaleco, el *vest*
champiñón, el *mushroom*
chaqueta, la *jacket*
charca, la *pond*
cheque, el *check*
chicle, el *chewing gum*
chico *small*
chimenea, la *chimney*
chisme, el *gossip*
chiste, el *joke*
chistoso *funny*
chivo, el *goat*
chofer, el *chauffeur*

cicatriz, la *scar*
ciego *blind*
cielo, el *heaven, sky*
cien *hundred*
ciencia, la *science*
cierre, el *zipper*
cierto *sure*
cine, el *movie theater*
cinta adhesiva, la *tape*
cinturón, el *belt*
circo, el *circus*
ciruela pasa, la *prune*
ciruela, la *plum*
cirugía, la *surgery*
cirujano, el *surgeon*
cisne, el *swan*
cita, la *date*
cita, la *appointment*
ciudad, la *city*
ciudadano, el *citizen*
claramente *clearly*
clarinete, el *clarinet*
claro *clear*
clase, la *class*
clavel, el *carnation*
clavo, el *nail*
cliente, el *client*
club, el *club*
cobarde *coward*
cocina, la *kitchen*
cocinero, el *cook*
coco, el *coconut*
codo, el *elbow*
cohete, el *rocket*
colador, el *strainer*
colegio, el *college*
colgaduras, las *draperies*
colibrí, el *hummingbird*
colonia, la *neighborhood*
color, el *color*
columpio, el *swing*
comal, el *griddle*
comedia, la *comedy*
cómico, el *comedian*
comedor, el *dining room*
comercio, el *commerce*
cometa, el *comet*
cometa, la *kite*

comida, la *food*
cómo *how*
cómodo *comfortable*
compañero de cuarto,
  el *roommate*
compañero, el *buddy*
compra, la *purchase*
compañía, la *company*
computadora, la *computer*
computadora portátil, la *laptop*
comunicaciones,
  las *communications*
comunidad, la *community*
con *with*
con frecuencia *frequently*
concierto, el *concert*
concurso, el *contest*
condado, el *county*
condimentos, los *condiments*
condominio, el *condominium*
conejo, el *rabbit*
conferencia, la *conference*
confianza, la *trust*
confundido *confused*
congelador, el *freezer*
consejos, los *advice*
conserje, el *janitor*
construcción, la *construction*
consultor, el *consultant*
contaminación, la *pollution*
contratista, el *contractor*
control remoto, el *remote control*
contusión, la *bruise*
copiadora, la *copier*
corazón, el *heart*
corbata, la *tie*
cordero, el *lamb*
corral, el *pen*
correa, la *strap*
correo, el *mail, post office*
correo electrónico, el *e-mail*
corriente, la *power (comp.)*
cortada, la *cut*
cortadora de césped, la *lawn*
  mower
corte de pelo, el *haircut*
cortés *polite*
corteza, la *bark*

cortinas, las *curtains*
corto *short (in length)*
cosas, las *things*
cosecha, la *crop*
costa, la *coast*
costilla, la *rib*
crema de maní, la *peanut butter*
criado, el *maid*
crimen, el *crime*
cristiano *Christian*
cristiano, el *Christian*
cruz, la *cross*
cuaderno, el *folder, notebook*
cuadra, la *city block*
cuadro, el *picture*
cuál *which*
cualquier cosa *anything*
cualquier persona *anyone*
cualquiera *whatever*
cuándo *when*
cuánto *how much*
cuántos *how many*
cuarto, el *room*
cuarto *fourth, quarter*
cuarto de visitas, el *guest room*
cubiertos, los *silverware*
cuchara, la *spoon*
cuchillo, el *knife*
cuello, el *neck*
cuentos, los *stories*
cuerdo *sane*
cuerpo, el *body*
cuervo, el *crow*
cueva, la *cave*
cuidado *careful*
culebra, la *snake*
culpa, la *blame, fault*
culpable *guilty*
cumpleaños *birthday*
cuñada, la *sister-in-law*
cuñado, el *brother-in-law*
cura, el *priest*
curioso *curious*
curva, la *curve*
dama, la *lady*
de *from, of*
de edad mediana *middle-aged*
de la mañana *A.M.*

de la tarde *P.M.*
de quién *whose*
debajo *under*
débil *weak*
décimo *tenth*
decoración, la *decoration*
dedo del pie, el *toe*
dedo, el *finger*
delgado *thin*
demasiado *too much*
dentista, el *dentist*
departamento, el *department*
departamento de bomberos,
  el *fire department*
dependiente, el *clerk*
deportes, los *sports*
depósito, el *storeroom*
deprimido *depressed*
derecha *right*
derechos humanos, los *human*
  rights
desamparado, el *homeless*
desayuno, el *breakfast*
descalzo *barefoot*
descripción, la *description*
desechador, el *garbage disposal*
desfile, el *parade*
deshumidificador, el *dehumidifier*
desierto, el *desert*
desmayado *fainted*
desnudo *naked*
después *after*
desván, el *attic*
desviación, la *detour*
detrás *behind*
día, el *day*
diario, diariamente *daily*
dibujo, el *drawing*
dibujos animados, los *cartoons*
diciembre *December*
diente, el *tooth*
difícil *difficult*
digital *digital*
dinero, el *money*
Dios *God*
dirección, la *address*
disco, el *disc*
disco compacto, el *CD*

disco duro, el *hard drive*
disfraz, el *costume*
disponible *available*
disquetera, la *CD player, disc drive*
distancia, la *distance*
distrito, el *district*
diversión, la *fun*
divorcio, el *divorce*
doble *double*
docena, la *dozen*
doctor, el *doctor*
dolor de cabeza, el *headache*
dolor, el *pain*
dolorido *sore*
domingo *Sunday*
dónde *where*
dondequiera *wherever*
dormitorio, el *bedroom*
drogas, las *drugs*
dron, el *drone*
ducha, la *shower*
duda *doubt*
dueño, el *owner*
dulce, el *candy*
duodécimo *twelfth*
durante *during*
duro *hard*
edificio, el *building*
educación, la *education*
ejemplo, el *example*
ejercicio, el *exercise*
él *he, the*
electricidad, la *electricity*
elefante, el *elephant*
ella *she*
ellos *they*
embrague, el *clutch*
embudo, el *funnel*
emocionado *excited*
empleado, el *employee*
empresario, el *employer*
en *at, in, on*
en alguna parte *somewhere*
en cualquier parte *anywhere*
en ninguna parte *nowhere*
en todas partes *everywhere*
enano *dwarf*

encaminador, el *router*
enchufe, el *electrical outlet*
encías, las *gums*
encima de *on top of*
encurtido,el *pickle*
enemigo, el *enemy*
enero *January*
enfermero, el *nurse*
enfermo *sick*
enfiteatro, el *arena*
enfrente de *in front of*
engranaje, el *gear*
engrapadora, la *stapler*
enojado *angry*
ensalada, la *salad*
entonces *then*
entrada, la *entrance*
entrada para carros, la *driveway*
entre *between*
entrenador, el *coach*
entrenamiento, el *training*
entrevista, la *interview*
envíos, los *shipping*
equipo, el *equipment*
equitación, la *horseback riding*
equivocado *wrong*
escalera mecánica, la *escalator*
escalera, la *ladder*
escaleras, las *stairs*
escalones, los *steps*
escarabajo, el *beetle*
escritor, el *writer*
escritorio, el *desk*
escuela, la *school*
espacio, el *space*
espalda, la *back*
español *Spanish*
espantado *scared*
espárrago, el *asparagus*
especias, las *spices*
espejo, el *mirror*
espera, la *waiting*
esperanza, la *hope*
espinaca, la *spinach*
espinazo, el *spine*
esponja, la *sponge*
esposa, la *wife*
esposo, el *husband*

esquí, el *skiing*
esquina, la *corner*
establo, el *stable*
estación de autobús, la *bus station*
estación de policía, la *police station*
estación, la *season*
estacionamiento, el *parking lot*
estadio, el *stadium*
estado, el *state*
estampillas, las *stamps*
estar *to be*
estatua, la *statue*
este *this*
este, el *east*
estilador, el *rack*
estómago, el *stomach*
estos *these*
estrecho *narrow*
estrella, la *star*
estrés, el *stress*
estudiante, el *student*
estufa, la *stove*
europeo *European*
excusa, la *excuse*
excusado, el *toilet*
éxito, el *success*
explotación, la *exploitation*
extintor, el *fire extinguisher*
extranjero, el *foreigner*
extraño *strange*
fábrica, la *factory*
fabricación, la *manufacturing*
fácil *easy*
factura, la *invoice*
faja, la *girdle*
falda, la *skirt*
familia, la *family*
farmacia, la *pharmacy*
faro delantero, el *headlight*
favorito *favorite*
fe, la *faith*
febrero *February*
fecha, la *date*
felicitaciones *congratulations*
feliz *happy*
femenino *female*

feo *ugly*
ferrocarril, el *railroad*
fianza, la *bail*
fideo, el *noodle*
fiebre, la *fever*
fiesta, la *party*
fin de semana, el *weekend*
finanzas, las *finances*
flojo *loose*
flor, la *flower*
florero, el *vase*
foco, el *lightbulb*
fogón, el *fireplace*
follaje, el *foliage*
fondo, el *slip*
formulario, el *form*
fósforos, los *matches*
foto, la *photograph*
freno, el *brake*
fresa, la *strawberry*
frijoles, los *beans*
frío *cold*
frontera, la *border*
fruta, la *fruit*
fuegos artificiales, los *fireworks*
fuente, la *fountain, platter*
fuerte *strong*
furioso *furious*
fusible, el *fuse*
fútbol americano, el *football*
fútbol, el *soccer*
gabinete, el *cabinet*
galaxia, la *galaxy*
galleta salada, la *cracker*
galleta, la *cookie*
gallina, la *chicken*
galón, el *gallon*
ganancia, la *gain*
garaje, el *garage*
garganta, la *throat*
gasolina, la *gas*
gasolinera, la *gas station*
gato, el *cat*
gelatina, la *jello*
gente, la *people*
gerente, el *manager*
gigante *giant*
gimnasia, la *gymnastics*

gimnasio, el *gym*
girasol, el *sunflower*
globo, el *balloon*
gobierno, el *government*
gordo *fat*
gorra, la *cap*
gorrión, el *sparrow*
gracias *thank you*
grado, el *degree*
grande *big*
grano, el *grain*
grapa, la *staple*
grava, la *gravel*
gravedad, la *gravity*
grifo, el *faucet*
grillo, el *cricket*
gris *gray*
grúa, la *tow truck*
grueso *thick*
guante, el *mitt*
guantes, los *gloves*
guapo *handsome*
guardabarro, el *fender*
guerra, la *war*
guía, el *guide*
guitarra, la *guitar*
gusano, el *worm*
hace *ago*
hacha, el *ax*
hacia *towards*
halcón, el *hawk*
hamaca, la *hammock*
hambre, el *hunger*
hamburguesa, la *hamburger*
hámster, el *hamster*
harina, la *flour*
hay *there are, there is*
hebilla, la *buckle*
helado, el *ice cream*
helecho, el *fern*
helicóptero, el *helicopter*
heno, el *hay*
herida, la *injury*
hermana, la *sister*
hermano, el *brother*
héroe, el *hero*
herramientas, las *tools*
hiedra, la *ivy*

hielo, el *ice*
hierba, la *weed*
hígado, el *liver*
higo, el *fig*
hija, la *daughter*
hijastra, la *stepdaughter*
hijastro, el *stepson*
hijo, el *son*
hipopótamo, el *hippopotamus*
hispano *Hispanic*
hoja, la *leaf*
hola *hi*
hombre, el *man*
hombrera, la *shoulder pad*
hombro, el *shoulder*
hora, la *hour*
horario, el *schedule*
hormiga, la *ant*
horno de microonda, el
  microwave
horno, el *oven*
hospital, el *hospital*
hoy *today*
hoyuelos, los *dimples*
huelga, la *strike*
huerta, la *orchard*
hueso, el *bone*
huevo, el *egg*
humo, el *smoke*
ícono, el *icon*
iglesia, la *church*
impermeable, el *raincoat*
impresora, la *printer*
impuesto, el *tax*
incapacitado, el *disabled*
indicador de velocidad, el
  speedometer
indicador, el *gauge*
infección, la *infection*
infierno, el *hell*
influenza, la *flu*
ingeniero, el *engineer*
ingredientes, los *ingredients*
inmigrante, el *immigrant*
inseguro *insecure*
instalaciones, las *fixtures*
inteligente *smart*
interesado *interested*

interesante *interesting*
internet, el *Internet*
interruptor, el *light switch*
intestino, el *intestine*
intoxicado *intoxicated*
investigación, la *research*
inversión, la *investment*
invierno, el *winter*
izquierda *left*
jamón, el *ham*
jardín, el *garden*
jardinero, el *gardener*
jefe, el *boss*
Jesucristo *Jesus Christ*
jip, el *jeep*
jirafa, la *giraffe*
joven *young*
joven, el *youth*
judío *Jewish*
juego, el *game*
jueves *Thursday*
juez, el *judge*
jugo, el *juice*
juguete, el *toy*
juicio, el *trial*
julio *July*
junio *June*
junta, la *meeting*
juntos *together*
jurado, el *jury*
la *the*
labio, el *lip*
lado, el *side*
lagarto, el *lizard*
lago, el *lake*
lágrimas, las *tears*
laguna, la *lagoon*
lámpara, la *lamp*
langosta, la *lobster*
lapicero, el *pen*
lápiz, el *pencil*
largo *long*
largo, el *length*
lástima *shame*
lata, la *can*
lavabo, el *sink*
lavadora, la *washer*
lavaplatos, el *dishwasher*

leche, la *milk*
lechuga, la *lettuce*
lejos *far*
leña, la *firewood*
lengua, la *tongue*
lentamente *slowly*
lentes del sol, los *sunglasses*
lentes, los *glasses*
lento *slow*
león, el *lion*
letra *letter*
letrero, el *billboard*
ley, la *law*
libélula, la *dragonfly*
libertad, la *freedom*
libra, la *pound*
libre *free*
librería, la *bookstore*
librero, el *bookshelf*
libro, el *book*
licuadora, la *blender*
ligero *light*
limón, el *lemon*
limonada, la *lemonade*
**limpieza de la casa,
  la** *housecleaning*
limpio *clean*
liso *smooth*
listo *ready*
llave inglesa, la *wrench*
lleno *full*
lluvia, la *rain*
lo *it*
lobo, el *wolf*
loco *crazy*
lodo, el *mud*
lote de carros, el *car lot*
loza de porcelana, la *china*
luces, las *lights*
lugar, el *place*
luna de miel, la *honeymoon*
luna, la *moon*
lunar, el *mole*
lunes *Monday*
luz, la *light*
maceta, la *flowerpot*
madrastra, la *stepmother*
madre, la *mother*

madrina, la *godmother*
maduro *mature*
maestro, el *teacher*
magia, la *magic*
maíz, el *corn*
maletera, la *trunk*
malo *bad*
mañana *tomorrow*
mandado, el *errand*
mandíbula, la *jaw*
manga, la *sleeve*
manguera, la *hose*
mano, la *hand*
mansión, la *mansion*
mantequilla, la *butter*
manzana, la *apple*
mapache, el *raccoon*
máquina, la *machine*
máquina de escribir, la *typewriter*
mar, el *sea*
maravilloso *wonderful*
marcador, el *marker*
marco, el *picture frame*
mareado *dizzy*
margarina, la *margarine*
mariquita, la *ladybug*
marisco, el *seafood*
martes *Tuesday*
martillo, el *hammer*
marzo *March*
más *more*
más tarde *later*
máscara, la *mask*
masculino *male*
matrimonio, el *marriage*
mayo *May*
mayonesa, la *mayonnaise*
mayor *older*
mecánico, el *mechanic*
media *half*
medias, las *stockings*
medicinas, las *medicines*
medidor de gas, el *gas meter*
medio *middle*
medio ambiente, el *environment*
mediodía *noon*
mejilla, la *cheek*
mejor *better*

melocotón, el *peach*
melón, el *cantaloupe*
memoria, la *memory*
menor *younger*
menos *less*
mensaje, el *message*
mensaje en texto, el *text message*
menta, la *mint*
mentira, la *lie*
mercado, el *market*
mercadeo, el *marketing*
merienda, la *snack*
mermelada, la *marmalade*
mesa, la *table*
mesero, el *waiter*
meses, los *months*
metro, el *subway*
mi *my, me*
miel, la *honey*
mientras *while*
miércoles *Wednesday*
mil *thousand*
militar, el *military*
milla, la *mile*
minuto, el *minute*
mío *mine*
mitones, los *mittens*
modem, el *modem*
mojado *wet*
molde, el *mold*
molino, el *treadmill*
moneda, la *coin*
mono, el *monkey*
montaña, la *mountain*
morado *purple*
moreno *brunette, dark-skinned*
mormón, el *Mormon*
mosca, la *fly*
mosquitero, el *screen*
mostaza, la *mustard*
mostrador, el *counter*
motocicleta, la *motorcycle*
motor, el *engine*
muchacho, el *youth*
muebles, los *furniture*
muelle, el *pier*
mujer, la *woman*

muletas, las *crutches*
mundo, el *world*
muñeca, la *doll, wrist*
municipio, el *city hall*
músculo, el *muscle*
museo, el *museum*
música, la *music*
musulmán *Muslim*
nabo, el *turnip*
nacimiento *birth*
nada *nothing*
nadie *no one*
naranja, la *orange*
nariz, la *nose*
natación, la *swimming*
natural *natural*
naturaleza, la *nature*
navegación a vela, la *sailing*
Navidad *Christmas*
negocios, los *business*
negro *black*
nervio, el *nerve*
nervioso *nervous*
neumático, el *tire*
nieta, la *granddaughter*
nieto, el *grandson*
nieve, la *snowing*
niñero, el *babysitter*
ninguno *none*
niño, el *child*
niveladora, la *bulldozer*
no *not*
noche, la *night*
nogal, el *walnut*
nombre *name*
norte, el *north*
nosotros *we*
noveno *ninth*
novia, la *bride, girlfriend*
noviembre *November*
novio, el *boyfriend, groom*
nube, la *cloud*
nublado *cloudy*
nueces, las *nuts*
nuera, la *daughter-in-law*
nuestro *our*
nuevo *new*
número *number*

nunca *never*
o *or*
obrero, el *laborer*
océano, el *ocean*
octavo *eighth*
octubre *October*
ocupado *busy*
odio, el *hate*
oeste, el *west*
oficina, la *office*
ojo, el *eye*
olla, la *pot*
olmo, el *elm*
olor, el *smell*
onza, la *ounce*
oportunidad, la *opportunity*
órbita, la *orbit*
oreja, la *ear*
orgánico *organic*
órgano, el *organ*
ornamento, el *ornament*
oro, el *gold*
oscuro *dark*
oso, el *bear*
otoño, el *fall*
otra vez *again*
oveja, la *sheep*
pacienca, la *patience*
paciente, el *patient*
padrastro, el *stepfather*
padre, el *father*
padres, los *parents*
padrino, el *godfather*
país, el *country*
pájaro, el *bird*
pala de recoger basura, la *dustpan*
pala, la *shovel*
palabra, la *word*
pálido *pale*
palmera, la *palm*
palomitas, las *popcorn*
pandilla, la *gang*
panecillo, el *roll*
pantalla grande, la *TV screen*
pantano, el *swamp*
papa, la *potato*
papel de lija, el *sandpaper*

papel, el *paper*
paquete *package*
par, el *pair*
para *for*
parabrisas, el *windshield*
parachoques, el *bumper*
parada de autobús, la *bus stop*
pared, la *wall*
pariante, el *relative*
parlantes, los *speakers*
párpado, el *eyelid*
parque, el *park*
parque de atracciones,
  el *amusement park*
parrilla, la *barbecue grill*
partido político, el *political party*
partido, el *match*
pasa, la *raisin*
pasatiempos, los *hobbies*
Pascua, la *Easter*
paseo, el *way*
pasillo, el *hallway*
paso, el *step*
pastel, el *pie*
pasto, el *grass*
pastor, el *minister*
patinaje, el *skating*
patines, los *skates*
patineta, la *skateboard*
patio, el *yard*
pato, el *duck*
pavo, el *turkey*
payaso, el *clown*
paz, la *peace*
pecas, las *freckles*
pecho, el *breast, chest*
pedazo, el *piece*
pegamento, el *glue*
pelicula, la *movie*
peligro *danger*
pelirrojo *red-headed*
pelo, el *hair*
pelota, la *ball*
peluca, la *wig*
pensamiento, el *thought*
peor *worse*
pepino, el *cucumber*
pera, la *pear*

perdido *lost*
perejil, el *parsley*
perezoso *lazy*
perico, el *parakeet*
perilla, la *doorknob*
perno, el *bolt*
pero *but*
perro caliente, el *hot dog*
perro, el *dog*
persona, la *person*
personal, el *personnel*
pesado *heavy*
pesas, las *weights*
pesca, la *fishing*
pescado, el *fish*
peso, el *weight*
petirrojo, el *robin*
pez, el *fish*
piano, el *piano*
picaposte, el *woodpecker*
pico, el *pick*
pie, el *foot*
piedra, la *rock*
piel, la *skin*
pierna, la *leg*
pijama, la *pajamas*
piloto, el *pilot*
pimienta, la *pepper*
piña, la *pineapple*
pino, el *pine*
pintor, el *painter*
pintura, la *paint,*
  painting
pinzas, las *pliers*
piscina, la *pool*
piso, el *floor*
pizarrón, el *whiteboard*
planeta, el *planet*
planta, la *plant*
plata, la *silver*
plátano, el *banana*
platillo, el *saucer*
plato hondo, el *bowl*
plato, el *plate*
playa, la *beach*
pleito, el *lawsuit*
plomero, el *plumber*
pluma, la *feather*

población, la *population*
pobre *poor*
pobreza, la *poverty*
poco *little*
poder, el *power*
policía, la *police*
polilla, la *moth*
pollo, el *chicken*
polvo, el *dust*
por *by*
porcentaje, el *percent*
por eso *therefore*
por favor *please*
por qué *why*
por supuesto *of course*
porque *because*
portal, el *porch*
portillo, el *hatch*
portón, el *gate*
postigos, los *shutters*
postre, el *dessert*
práctica, la *practice*
pregunta, la *question*
premio, el *prize*
preocupado *worried*
presidente, el *president*
presupuesto, el *budget*
primavera, la *spring*
primero *first*
primeros auxilios, los *first aid*
primo, el *cousin*
princesa, la *princess*
príncipe, el *prince*
prisión, la *prison*
problema, el *problem*
producto, el *product*
producción, la *production*
profundo *deep*
programa, el *program*
promesa, la *promise*
pronto *soon*
propiedad, la *property*
protestante, el *Protestant*
próximo *next*
psicología, la *psychology*
pueblo, el *town*
publicidad, la *advertising*
puente, el *bridge*

puerco, el *pig*
puerco espín, el *porcupine*
puerta, la *door*
puesto, el *position*
pulga, la *flea*
pulgada, la *inch*
pulmón, el *lung*
puño, el *cuff*
punto, el *dot*
puntual *prompt*
que *that*
qué *what*
quemadura, la *burn*
queso, el *cheese*
quién *who*
quienquiera *whoever*
quieto *quiet*
quinto *fifth*
quizás *maybe*
rábano, el *radish*
radio, el *radio*
radiografía, la *X-ray*
raíz, la *root*
rama, la *branch*
ramita, la *twig*
rápidamente *quickly*
rápido *fast*
raqueta, la *racket*
rascacielos, el *skyscraper*
rastrillo, el *rake*
rata, la *rat*
ratón, el *mouse*
razón, la *reason*
receta médica, la *prescription*
recibo, el *receipt*
recién *lately*
recto *straight*
red, la *net, network (comp.)*
refresco, el *soft drink*
refrigerador, el *refrigerator*
regalo, el *gift*
regla, la *rule*
reina, la *queen*
relajado *relaxed*
religión, la *religion*
reloj, el *clock*
repisas, las *shelves*
repollo, el *cabbage*

resfriado, el *cold*
respeto, el *respect*
responsable *responsible*
respuesta, la *answer*
retrato, el *portrait*
revista, la *magazine*
rey, el *king*
reyezuelo, el *wren*
rezo, el *prayer*
rico *rich*
rinoceronte, el *rhinoceros*
riñón, el *kidney*
río, el *river*
risa, la *laughter*
roble, el *oak*
robot, el *robot*
rociadores, los *sprinklers*
rodilla, la *knee*
rojo *red*
rollos de foto, los *rolls of film*
romo *dull*
rompecabezas, el *puzzle*
ropa, la *clothing*
ropa interior, la *underwear*
ropero, el *closet*
rosa, la *rose*
rosado *pink*
rosbif, el *roast beef*
rubio *blonde*
rudo *rude*
rueda, la *wheel*
ruedo, el *hem*
ruta, la *route*
sábado *Saturday*
sabio *wise*
sabor, el *taste*
saco, el *sport coat*
sal, la *salt*
sala de familia, la *den*
sala de juegos, la *playroom*
sala, la *living room*
salario, el *salary*
salchicha, la *sausage*
salida, la *exit*
salón de belleza, el *beauty salon*
salón, el *lobby*
salsa, la *dressing, sauce*
saltamontes, el *grasshopper*

salud, la *health*
saludable *healthy*
salvaje *wild*
sandalias, las *sandals*
sangre, la *blood*
sapo, el *frog*
sartén, el *pan*
satélite, el *satellite*
sauce, el *willow*
saxófono, el *saxophone*
secador de pelo, el *hair dryer*
secadora, la *dryer*
seco *dry*
secretario, el *secretary*
secreto, el *secret*
sed, la *thirst*
sediento *thirsty*
segundo *second*
seguridad, la *safety, security*
seguro *confident*
seguro médico, el *health insurance*
seguro social, el *social security*
selva, la *jungle*
semáforo, el *traffic light*
semana, la *week*
semilla, la *seed*
señal de parada, la *stop sign*
senda, la *path*
Señor (Sr.) *Mr.*
Señora (Sra.) *Mrs.*
Señorita (Srta.) *Miss*
sensible *sensitive*
septiembre *September*
séptimo *seventh*
ser *to be*
serrucho, el *saw*
servicios sanitarios, los *restrooms*
servicio técnio *technical support*
servilleta, la *napkin*
sexto *sixth*
si *if*
SIDA, el *AIDS*
siempre *always*
silenciador, el *muffler*
silla, la *chair*
silla de ruedas, la *wheelchair*
sillón, el *armchair*

simpático *nice*
sin *without*
sin embargo *however*
sin gluten *gluten-free*
sin leche *dairy-free*
sinagoga, la *synagogue*
sincero *sincere*
sino *but*
sistema, el *system*
sistema solar, el *solar system*
sitio web, el *website*
sobre *above*
sobre, el *envelope*
sobrina, la *niece*
sobrino, el *nephew*
socio, el *partner*
sofá, el *sofa*
soga, la *rope*
sol, el *sun*
soldado, el *soldier*
soltero *single*
sombrilla, la *umbrella*
sonido, el *sound*
soñoliento *sleepy*
sonrisa, la *smile*
sopa, la *soup*
sordo *deaf*
sorprendido *surprised*
sospechoso *suspicious*
sostén, el *brassiere*
sótano, el *basement*
su *their, your*
su, a ella *her*
su, suyo *his*
sucio *dirty*
sudadera, la *sweat suit*
suegra, la *mother-in-law*
suegro, el *father-in-law*
sueño, el *sleep*
suerte, la *luck*
suéter, el *sweater*
sufrimiento, el *suffering*
sur, el *south*
surf, el *surfing*
suyo *hers, theirs*
tacto, el *touch*
taladro, el *drill*
taller, el *shop*

tallo, el *stem*
tamaño, el *size*
también *too*
tambor, el *drum*
tampoco *neither*
tapacubo, el *hubcap*
tapete, el *mat*
tapete individual, el
   place mat
tapicería, la *upholstery*
tarde *late*
tarea, la *chore*
tarjeta, la *card*
tarjetas de felicitación, las
   greeting cards
tarjetas de regalo *gift cards*
tarjetas postales, las *postcards*
tatuaje, el *tattoo*
taxi, el *taxi*
taza, la *cup*
té, el *tea*
teatro, el *theater*
techo, el *ceiling*
técnico, el/la *technician*
tejado, el *roof*
teléfono, el *telephone*
televisor, el *television*
templo, el *temple*
temprano *early*
tenedor, el *fork*
tener *to have*
tenis, el *tennis*
tenis, los *tennis shoes*
terapia, la *therapy*
tercero *third*
termo, el *thermos*
termostato, el *thermostat*
ternera, la *veal*
terraza, la *terrace*
terreno, el *land*
territorio, el *territory*
tesoro, el *treasure*
testigo, el *witness*
tetera, la *tea kettle*
tía, la *aunt*
tiempo *weather*
tiempo, el *time*
tienda, la *store*

tierra, la *dirt*
tigre, el *tiger*
tijeras, las *scissors*
timbre, el *doorbell*
tímido *shy*
tina, la *bathtub*
tío, el *uncle*
tirador, el *handle*
títere, el *puppet*
tiza, la *chalk*
toalla, la *towel*
tobillo, el *ankle*
tocador, el *dresser*
tocino, el *bacon*
todavía *yet*
todo, toda, todos, todas *all*
todo *everything*
todo el mundo *everyone*
tomate, el *tomato*
tonelada, la *ton*
tonto *dumb*
topo, el *mole*
torcedura, la *sprain*
torcido *crooked*
tormentoso *stormy*
tornillo, el *screw*
toro, el *bull*
toronja, la *grapefruit*
torre, la *tower*
tortuga, la *turtle*
tos, la *cough*
tosco *rough*
tostadora, la *toaster*
trabajo, el *job*
trabajo, el *work*
tractor, el *tractor*
tráfico, el *traffic*
tráfico de personas *human*
   trafficking
tragedia, la *tragedy*
traílla, la *leash*
traje de baño, el *bathing suit*
traje, el *suit*
trapeador, el *mop*
trapo, el *rag*
tratamiento, el *treatment*
tren, el *train*
tribunal, el *court*

triciclo, el *tricycle*
trineo, el *sled*
triste *sad*
trituradora, la *shredder*
trombón, el *trombone*
trompeta, la *trumpet*
trompo, el *top*
tronco, el *trunk*
trote, el *jogging*
tu *your*
tú *you*
tubería, la *plumbing*
tuerca, la *nut*
tulipán, el *tulip*
túnel, el *tunnel*
turismo, el *tourism*
tuyo *yours*
úlcera, la *ulcer*
último *last*
undécimo *eleventh*
universidad, la *university*
universo, el *universe*
usted *you*
ustedes *you*
utensilios, los *utensils*
uva, la *grape*
vaca, la *cow*
vacaciones, las *vacation*
vacío *empty*
vainilla, la *vanilla*
vajilla, la *dishes*
valiente *brave*

valle, el *valley*
valor, el *value*
varios *several*
vaso, el *glass*
vaya *go*
vecino, el *neighbor*
vegetales, los *vegetables*
vegetariana *vegan*
vehículo de recreo, el *RV (recreation vehicle)*
vejiga, la *bladder*
vela, la *candle*
vena, la *vein*
venado, el *deer*
vendaje, el *bandage*
vendedor, el *salesman*
veneno, el *poison*
venta, la *sale*
ventana, la *window*
ventilador, el *fan*
verano, el *summer*
verdad *really*
verdad, la *truth*
verde *green*
vesícula, la *gallbladder*
vestido, el *dress*
vestuario, el *dressing room*
vía del ferrocarril, la *railroad track*
viaje, el *trip*
vida, la *life*
videojuegos, los *video games*
viejo *old*

viento, el *wind*
viernes *Friday*
villa, la *village*
vinagre, el *vinegar*
vino, el *wine*
violeta, la *violet*
violín, el *violin*
visitante, el *visitor*
vista, la *sight*
viudo *widowed*
volante, el *steering wheel*
vóleibol, el *volleyball*
volquete, el *dump truck*
voz, la *voice*
vuelo, el *flight*
wifi *wifi*
y *and*
yarda, la *yard*
yerno, el *son-in-law*
yo *I*
yo mismo *myself*
zanahoria, la *carrot*
zancudo, el *mosquito*
zapatillas, las *slippers*
zapatos, los *shoes*
zarigüeya, el *opossum*
zona, la *zone*
zoológico, el *zoo*
zorrillo, el *skunk*
zorro, el *fox*

English-Spanish Verb List
[ínglech spánich verb list]
(Lista de verbos inglés-español)

absorb, to absorber	**bleed, to** sangrar	**consider, to** considerar
accept, to aceptar	**block, to** impedir	**consult, to** consultar
acquire, to adquirir	**blow, to** soplar	**contain, to** contener
add, to añadir	**boil, to** hervir	**contribute, to** contribuir
adjust, to ajustar	**break, to** quebrar, romper	**control, to** controlar
advance, to avanzar	**breathe, to** respirar	**converse, to** conversar
advise, to advertir	**bring, to** traer	**convince, to** convencer
agree, to convenir	**brush, to** cepillarse	**cook, to** cocinar
allow, to dejar	**build, to** construir	**correct, to** corregir
analyze, to analizar	**burst, to** estallar	**cost, to** costar
answer, to contestar	**buy, to** comprar	**count, to** contar
appear, to aparecer	**call, to** llamar	**cover, to** cubrir, tapar
appreciate, to apreciar	**calm, to** calmar	**crash, to** chocar
arrange, to arreglar	**caress, to** acariciar	**cross, to** cruzar
arrest, to arrestar	**carry, to** llevar	**cry, to** llorar
arrive, to llegar	**catch, to** atrapar	**cure, to** curar
ask, to preguntar	**cause, to** causar	**cut, to** cortar
ask for, to pedir	**change, to** cambiar	**dance, to** bailar
assist, to atender	**change address, to** mudarse	**decide, to** decidir
attack, to atacar	**charge, to** cargar	**dedicate, to** dedicar
attend, to asistir	**chat, to** platicar	**defend, to** defender
attract, to atraer	**choose, to** escoger	**delete, to** eliminar
balance, to balancear	**clean, to** limpiar	**deliver, to** entregar
bathe, to bañarse	**climb, to** subir	**deny, to** negar
be, to estar, ser	**close, to** cerrar	**depend, to** depender
be able to, to poder	**collect, to** coleccionar	**describe, to** describir
be born, to nacer	**comb, to** peinarse	**destroy, to** destruir
be missing, to faltar	**come, to** venir	**die, to** morir
be worth, to valer	**communicate, to** comunicar	**dig, to** escarbar
beat, to batir	**compensate, to** compensar	**discover, to** descubrir
become, to hacerse	**compete, to** competir	**discuss, to** discutir
beg, to suplicar	**complain, to** quejarse	**dissolve, to** disolver
begin, to comenzar, empezar	**comprehend, to** comprender	**distract, to** distraer
behave, to portarse	**concede, to** conceder	**distribute, to** distribuir
believe, to creer	**concentrate, to** concentrar	**divide, to** dividir
belong, to pertenecer	**conclude, to** concluir	**do, to** hacer
bend, to doblar	**confuse, to** confundir	**download, to** bajar
bet, to apostar	**connect, to** conectar	**drag, to** mover
bite, to morder	**conserve, to** conservar	**draw, to** dibujar

dream, to soñar
dress, to vestirse
drink, to beber
drive, to manejar
drown, to ahogarse
dry, to secar
earn, to ganar (dinero)
eat, to comer
empty, to vaciar
end, to acabar, terminar
enter, to entrar
entertain, to entretener
escape, to huir
evacuate, to evacuar
examine, to examinar
exchange, to cambiar
   (intercambiar)
explain, to explicar
explore, to explorar
fall, to caer
fall asleep, to dormirse
fall down, to caerse
fear, to temer
feed, to alimentar
feel, to sentir
fight, to pelear
file, to archivar
fill, to llenar
find, to encontrar
find out, to averiguar
finish doing something,
   to acabar de
fish, to pescar
fit, to caber
fix, to arreglar, componer
fly, to volar
follow, to seguir
forget about, to olvidarse
forgive, to perdonar
form, to formar
forward, to reenviar
freeze, to congelar
frighten, to espantar
function, to funcionar
get, to obtener
get angry, to enojarse
get better, to mejorarse
get down, to bajar

get ill, to enfermarse
get married, to casarse
get near, to acercar
get ready, to arreglarse
get up, to levantarse
give, to dar
go, to ir
grind, to moler
grow, to crecer
hang, to colgar
happen, to pasar
hate, to odiar
have (perfect), to haber
have fun, to divertirse
hear, to oír
help, to ayudar
hide, to esconder
hire, to contratar
hit, to pegar
hold, to detener
hug, to abrazar
hunt, to cazar
hurry up, to apurarse
hurt, to doler
imagine, to imaginar
include, to incluir
inform, to informar
insist, to insistir
install, to instalar
interpret, to interpretar
invest, to invertir
investigate, to investigar
involve, to comprometer
judge, to juzgar
jump, to saltar
keep, to guardar
kick, to patear
kill, to matar
kiss, to besar
know (something), to saber
know someone, to conocer
laugh, to reír
lead, to guiar
learn, to aprender
leave, to irse, salir
lend, to prestar
let, to dejar (permitir)
let go, to soltar

lie, to mentir
lie down, to acostarse
lift, to levantar
light, to encender
like, to gustar
listen, to escuchar
live, to vivir
look, to mirar
loosen, to soltar
lose, to perder
love, to amar
maintain, to mantener
make, to hacer
make a mistake, to equivocarse
make fun of, to burlarse
mark, to marcar
mean, to significar
measure, to medir
meet, to encontrarse
melt, to derretir
move, to mover
need, to necesitar
notify, to notificar
obey, to obedecer
observe, to observar
obtain, to obtener
occur, to ocurrir
offend, to ofender
offer, to ofrecer
open, to abrir
operate, to operar
oppose, to oponer
order, to ordenar
owe, to deber
park, to estacionar
pay, to pagar
permit, to permitir
pick up, to recoger
plant, to plantar
play, to jugar
plug in, to enchufar
polish, to bruñir
practice, to practicar
pray, to rezar
prefer, to preferir
prepare, to preparar
press, to oprimir
prevent, to prevenir

print, to imprimir
produce, to producir
promise, to prometer
pronounce, to pronunciar
protect, to proteger
prove, to probar
pull, to jalar
push, to empujar
put, to poner
put inside, to meter
put on, to ponerse
quit, to renunciar
rain, to llover
reach, to alcanzar
read, to leer
realize, to darse cuenta de
receive, to recibir
recognize, to reconocer
recommend, to recomendar
reduce, to reducir
refer, to referir
remember, to acordarse, recordar
remove, to quitarse
rent, to alquilar
repair, to reparar
repeat, to repetir
reply, to responder
require, to requerir
respect, to respetar
respond, to responder
rest, to descansar
retire, to retirar
return, to regresar, volver
return, to (something) devolver
ride, to montar
run, to correr
sail, to navegar
save, to ahorrar
say, to decir

say good-bye, to despedirse
scratch, to rascar
search, to buscar
see, to ver
seem, to parecer
select, to seleccionar
sell, to vender
send, to enviar, mandar
separate, to separar
serve, to servir
set, to colocar
sew, to cocer
shake, to sacudir
share, to compartir
shave, to afeitarse
shine, to brillar
shoot, to disparar
shout, to gritar
show, to mostrar
sing, to cantar
sit down, to sentarse
skate, to patinar
sleep, to dormir
smoke, to fumar
snow, to nevar
speak, to hablar
spend, to gastar
stand up, to pararse
stay, to quedarse
stick, to pegar
stir, to revolver
stop, to parar
study, to estudiar
subtract, to restar
suffer, to sufrir
suppose, to suponer
surprise, to sorprender
surrender, to rendir
swallow, to tragar
sweat, to sudar

sweep, to barrer
swim, to nadar
take, to tomar
take care of, to cuidar
take out, to sacar
talk, to hablar
teach, to enseñar
tell, to decir
thank, to agradecer
think, to pensar
threaten, to amenazar
throw, to tirar
tire, to cansar
touch, to tocar
translate, to traducir
travel, to viajar
trim, to podar
try, to provocar
turn around, to voltear
turn in, to entregar
turn off, to apagar
turn on, to prender
twist, to torcer
uncover, to destapar
understand, to entender
upgrade, to actualizar
use, to usar
visit, to visitar
vote, to votar
wake up, to despertarse
walk, to andar, caminar
want, to querer
wash, to lavarse
wear, to llevar (puesto)
win, to ganar (lotería)
wish, to desear
work, to trabajar
worry about, to preocuparse
wrap, to envolver
write, to escribir

Spanish-English Verb List
[spánich ínglech verb list]
(Lista de verbos español-inglés)

abrazar *hug, to*
abrir *open, to*
absorber *absorb, to*
acabar *end, to*
acabar de *finish doing something, to*
acariciar *caress, to*
aceptar *accept, to*
acercar *get near, to*
acordarse *remember, to*
acostarse *lie down, to*
actualizar *upgrade, to*
adquirir *acquire, to*
advertir *advise, to*
afeitarse *shave, to*
agradecer *thank, to*
ahogarse *drown, to*
ahorrar *save, to*
ajustar *adjust, to*
alcanzar *reach, to*
alimentar *feed, to*
alquilar *rent, to*
amar *love, to*
amenazar *threaten, to*
añadir *add, to*
analizar *analyze, to*
andar *walk, to*
apagar *turn off, to*
aparecer *appear, to*
apostar *bet, to*
apreciar *appreciate, to*
aprender *learn, to*
apurarse *hurry up, to*
archivar *file, to*
arreglar (componer) *fix, to*
arreglar (concertar) *arrange, to*
arreglarse *get ready, to*
arrestar *arrest, to*
asistir *attend, to*

atacar *attack, to*
atender *assist, to*
atraer *attract, to*
atrapar *catch, to*
avanzar *advance, to*
averiguar *find out, to*
ayudar *help, to*
bailar *dance, to*
bajar *get down, to/ download, to*
balancear *balance, to*
bañarse *bathe, to*
barrer *sweep, to*
batir *beat, to*
beber *drink, to*
besar *kiss, to*
brillar *shine, to*
bruñir *polish, to*
burlarse *make fun of, to*
buscar *search, to*
caber *fit, to*
caer *fall, to*
caerse *fall down, to*
calmar *calm, to*
cambiar *change, to*
cambiar (intercambriar) *exchange, to*
caminar *walk, to*
cansar *tire, to*
cantar *sing, to*
cargar *charge, to*
casarse *get married, to*
causar *cause, to*
cazar *hunt, to*
cepillarse *brush, to*
cerrar *close, to*
chocar *crash, to*
cocer *sew, to*
cocinar *cook, to*

coleccionar *collect, to*
colgar *hang, to*
colocar *set, to*
comenzar *begin, to*
comer *eat, to*
compartir *share, to*
compensar *compensate, to*
competir *compete, to*
componer *fix, to*
comprar *buy, to*
comprender *comprehend, to*
comprometer *involve, to*
comunicar *communicate, to*
conceder *concede, to*
concentrar *concentrate, to*
concluir *conclude, to*
conectar *connect, to*
confundir *confuse, to*
congelar *freeze, to*
conocer *know someone, to*
conservar *conserve, to*
considerar *consider, to*
construir *build, to*
consultar *consult, to*
contar *count, to*
contener *contain, to*
contestar *answer, to*
contratar *hire, to*
contribuir *contribute, to*
controlar *control, to*
convencer *convince, to*
convenir *agree, to*
conversar *converse, to*
corregir *correct, to*
correr *run, to*
cortar *cut, to*
costar *cost, to*
crecer *grow, to*
creer *believe, to*

cruzar *cross, to*
cubrir *cover, to*
cuidar *take care of, to*
curar *cure, to*
dar *give, to*
darse cuenta de *realize, to*
deber *owe, to*
decidir *decide, to*
decir *say, to; tell, to*
dedicar *dedicate, to*
defender *defend, to*
dejar *allow, to*
dejar (permitir) *let, to*
depender *depend, to*
derretir *melt, to*
descansar *rest, to*
describir *describe, to*
descubrir *discover, to*
desear *wish, to*
despedirse *say good-bye, to*
despertarse *wake up, to*
destapar *uncover, to*
destruir *destroy, to*
detener *hold, to*
devolver *return, to (something)*
dibujar *draw, to*
discutir *discuss, to*
disolver *dissolve, to*
disparar *shoot, to*
distraer *distract, to*
distribuir *distribute, to*
divertirse *have fun, to*
dividir *divide, to*
doblar *bend, to*
doler *hurt, to*
dormir *sleep, to*
dormirse *fall asleep, to*
eliminar *delete, to*
empezar *begin, to*
empujar *push, to*
encender *light, to*
enchufar *plug in, to*
encontrar *find, to*
encontrarse *meet, to*
enfermarse *get ill, to*
enojarse *get angry, to*
enseñar *teach, to*
entender *understand, to*

entrar *enter, to*
entregar *deliver, to; turn in, to*
entretener *entertain, to*
enviar *send, to*
envolver *wrap, to*
equivocarse *make a mistake, to*
escarbar *dig, to*
escoger *choose, to*
esconder *hide, to*
escribir *write, to*
escuchar *listen, to*
espantar *frighten, to*
estacionar *park, to*
estallar *burst, to*
estar *be, to*
estudiar *study, to*
evacuar *evacuate, to*
examinar *examine, to*
explicar *explain, to*
explorar *explore, to*
faltar *be missing, to*
formar *form, to*
fumar *smoke, to*
funcionar *function, to*
ganar (dinero) *earn, to*
ganar (lotería) *win, to*
gastar *spend, to*
gritar *shout, to*
guardar *keep, to*
guiar *lead, to*
gustar *like, to*
haber *have (perfect), to*
hablar *speak, to; talk, to*
hacer *do, to; make, to*
hacerse *become, to*
hervir *boil, to*
huir *escape, to*
imaginar *imagine, to*
impedir *block, to*
imprimir *print, to*
incluir *include, to*
informar *inform, to*
insistir *insist, to*
instalar *install, to*
interpretar *interpret, to*
invertir *invest, to*
investigar *investigate, to*
ir *go, to*

irse *leave, to*
jalar *pull, to*
jugar *play, to*
juzgar *judge, to*
lavarse *wash, to*
leer *read, to*
levantar *lift, to*
levantarse *get up, to*
limpiar *clean, to*
llamar *call, to*
llegar *arrive, to*
llenar *fill, to*
llevar *carry, to*
llevar (puesto) *wear, to*
llorar *cry, to*
llover *rain, to*
mandar *send, to*
manejar *drive, to*
mantener *maintain, to*
marcar *mark, to*
matar *kill, to*
medir *measure, to*
mejorarse *get better, to*
mentir *lie, to*
meter *put inside, to*
mirar *look, to*
moler *grind, to*
montar *ride, to*
morder *bite, to*
morir *die, to*
mostrar *show, to*
mover *move, to/drag, to*
mudarse *change address, to*
nacer *be born, to*
nadar *swim, to*
navegar *sail, to*
necesitar *need, to*
negar *deny, to*
nevar *snow, to*
notificar *notify, to*
obedecer *obey, to*
observar *observe, to*
obtener *get, to; obtain, to*
ocurrir *occur, to*
odiar *hate, to*
ofender *offend, to*
ofrecer *offer, to*
oír *hear, to*

olvidarse *forget about, to*
operar *operate, to*
oponer *oppose, to*
oprimir *press, to*
ordenar *order, to*
pagar *pay, to*
parar *stop, to*
pararse *stand up, to*
parecer *seem, to*
pasar *happen, to*
patear *kick, to*
patinar *skate, to*
pedir *ask for, to*
pegar *hit, to; stick, to*
peinarse *comb, to*
pelear *fight, to*
pensar *think, to*
perder *lose, to*
perdonar *forgive, to*
permitir *permit, to*
pertenecer *belong, to*
pescar *fish, to*
plantar *plant, to*
platicar *chat, to*
podar *trim, to*
poder *be able to, to*
poner *put, to*
ponerse *put on, to*
portarse *behave, to*
practicar *practice, to*
preferir *prefer, to*
preguntar *ask, to*
prender *turn on, to*
preocuparse *worry about, to*
preparar *prepare, to*
prestar *lend, to*
prevenir *prevent, to*
probar *prove, to*
producir *produce, to*
prometer *promise, to*
pronunciar *pronounce, to*

proteger *protect, to*
provocar *try, to*
quebrar *break, to*
quedarse *stay, to*
quejarse *complain, to*
querer *want, to*
quitarse *remove, to*
rascar *scratch, to*
recibir *receive, to*
recoger *pick up, to*
recomendar *recommend, to*
reconocer *recognize, to*
recordar *remember, to*
reducir *reduce, to*
reenviar *forward, to*
referir *refer, to*
regresar *return, to*
reír *laugh, to*
rendir *surrender, to*
renunciar *quit, to*
reparar *repair, to*
repetir *repeat, to*
requerir *require, to*
respetar *respect, to*
respirar *breathe, to*
responder *respond, to*
responder *reply (comp.)*
restar *subtract, to*
retirar *retire, to*
revolver *stir, to*
rezar *pray, to*
romper *break, to*
saber *know (something), to*
sacar *take out, to*
sacudir *shake, to*
salir *leave, to*
saltar *jump, to*
sangrar *bleed, to*
secar *dry, to*
seguir *follow, to*
seleccionar *select, to*

sentarse *sit down, to*
sentir *feel, to*
separar *separate, to*
ser *be, to*
servir *serve, to*
significar *mean, to*
soltar *loosen, to; let go, to*
soñar *dream, to*
soplar *blow, to*
sorprender *surprise, to*
subir *climb, to*
sudar *sweat, to*
sufrir *suffer, to*
suplicar *beg, to*
suponer *suppose, to*
tapar *cover, to*
temer *fear, to*
terminar *end, to*
tirar *throw, to*
tocar *touch, to*
tomar *take, to*
torcer *twist, to*
trabajar *work, to*
traducir *translate, to*
traer *bring, to*
tragar *swallow, to*
usar *use, to*
vaciar *empty, to*
valer *be worth, to*
vender *sell, to*
venir *come, to*
ver *see, to*
vestirse *dress, to*
viajar *travel, to*
visitar *visit, to*
vivir *live, to*
volar *fly, to*
voltear *turn around, to*
volver *return, to*
votar *vote, to*

Answers to Exercises

1. What is happening? Nothing new.
   Can I help you? Yes, please!
   Congratulations! Thanks a lot!

2. el público
   conveniente
   humanidad

3. old—young
   clean—dirty
   father—mother
   black—white
   student—teacher
   rich—poor
   man—woman

4. book
   clothing
   water
   chair
   food

5. four
   fourth
   fifty

6. classes
   brothers
   friends
   cousins
   watches
   cafeterias
   doors
   windows
   wishes
   teachers
   pencils
   pens
   oxen
   sheep
   lunches

   teeth
   men
   heroes

7. the bathrooms
   those cars
   some friends
   these chairs

8. sick—fine
   tomorrow—today
   sad—happy
   always—never
   before—after

9. Eleven forty-five P.M.
   November second, two thousand one
   On Monday, at noon

10. March, June
    Thursday, Sunday

11. Soy estudiante.
    El es mexicano.
    Tú eres mi amigo.
    Kathy está en el hospital.
    Los estudiantes son inteligentes.
    Susan y Carol tienen diez años de edad.
    Estamos muy contentos.
    ¿Tienen calor tú y John?
    ¿Son las diez y quince?
    ¿Hay un problema?

12. is
    are
    is
    am, is
    Are
    are

13. El Sr. Smith no está aquí.
    Los libros no son azules.
    No soy de Chile.
    No es importante.
    Este no es mi refresco.

14. We are not in the hospital.
    It is not seven o'clock.
    They are not hungry.

15. Walk!
    Eat!
    Clean!

16. Don't give this to him.
    Don't close the door.
    Don't open the book.
    Don't wait in the other office.
    Please give this to him.
    Please close the door.
    Please open the book.
    Please wait in the other office.

17. drives
    plays
    writes
    walks

18. teaches
    studies
    drives

19. los platos   las cajas
    las clases   los relojes
    los autobuses   los besos
    las iglesias   los almuerzos
    los vestidos   las playas

20. s
    z
    z
    z
    s
    z
    z
    s

21. dream—soñar
    fight—pelear
    find—encontrar
    help—ayudar
    swim—nadar
    should—deber
    cut—cortar
    cook—cocinar
    kiss—besar
    cry—llorar

22. She lives in Miami.
    She is a good student.
    She wants to learn English well.
    She teaches English.
    She is very busy today.
    She goes to the movies very often.
    She does these exercises every day.
    She sees Mr. Ryan on the bus every
      day.

23. Levántese, por favor.
    Busque el libro, por favor.
    Apúrese, por favor.
    Quítese los zapatos, por favor.
    Bájese del autobús, por favor.

24. I don't like chocolate.
    Sandra doesn't like candy.
    We don't want new shoes.
    She doesn't want beer.
    They don't need an apartment.

25. She doesn't work.
    We don't fight.
    He doesn't drive.
    They don't sing.

26. ¿Trabaja todos los días tu amigo?
    ¿Hablas español o italiano?
    ¿Toma café Fred?

27. Do
    Does
    Do
    does
    do
    do

28. No fumes en la casa.
    No nos gusta la comida caliente.
    No hablo mucho inglés.
    Mi madre no vive en México.
    Ese charger no funciona bien.
    El no quiere la silla.
    ¿Tienes cerveza?
    Ellos no tienen dinero.
    Francisco no tiene trabajo.

29. have
    have
    has
    has
    have
    has
    has
    have

30. pot—pan
    fork—spoon
    stove—oven
    portrait—picture frame
    rug—mat

31. El está trabajando ahora.
    El trabaja hoy día.
    El trabajará mañana.

32. Bill y Cecilia se están besando en el carro.
    Mi padre no está escuchando al estéreo.
    El bebé está llorando y su hermana está gritando.
    Los árboles en el jardín están creciendo rápido.
    ¿Está la secretaria usando la computadora en la oficina?

33. is going
    is waiting
    is beginning
    are painting
    are taking
    are making
    is ringing
    are studying
    is leaving

34. She is going to the kitchen.
    They are coming to the apartment.
    The boy is taking out the dishes.
    The girl is filling the pitcher.
    We are using those glasses.
    Alice is putting the food in the pot.
    It is cooking on the stove.
    I am eating with a fork and knife.
    He is eating lunch in the cafeteria.
    She is doing her work well.
    We are learning English rapidly.
    He is preparing dinner for us.
    He is speaking very slowly.
    He is putting cream in his coffee.

35. is not—isn't
    are not—aren't
    is not—isn't
    is not—isn't
    are not—aren't
    are not—aren't
    is not—isn't
    are not—aren't
    is not—isn't

36. Is Kathy washing the dishes?
    Are they sitting at the table?
    Is she working on the fourth floor?
    Is the man cleaning the room now?
    Are they walking in the park?
    Are you having lunch outside?
    Is John doing well now?
    Are we watching a movie?
    Is he looking for the smartwatch?

37. I drive.
    Do they sell?
    Raul writes.
    We aren't working.
    John is eating.
    I am getting up, I am cleaning.

38. Usa tus propias palabras.

39. Ellos se besan cada día.
El sonríe mucho.
¿Puedo ayudarte?
¿Tomas cerveza?
Quiero planear una fiesta.
Se está vistiendo ahora.
Es un besito.
Mira su sonrisa.
Necesito ayuda.
Queremos una bebida.
Miramos el plan.
Le gusta su vestido.

40. son-in-law—daughter-in-law
young person—adult
friend—enemy
tall—short

41. Portuguese
Greek
French
Italian
Canadian

42. narrow
wrong
quiet
dry
brave
full

43. necesario
fantástico
terrible
profesional
sentimental
diligente
magnífico
romántico
intoxicado
cruel
probable
imaginativo

posible
intelectual

44. no es profesional
no es necesario
no es imaginativo

45. Ella tiene arrugas en la cara.
Hay mucha sangre en las venas.
Me duelen las muñecas y los tobillos.
Señale la cortadura en la mano.
La quemadura está en la piel.

46. We dance a lot.
They close the doors.
You drink milk.

47. Crea tus propias frases.

48. She'll work.
You'll speak.
I'll go.
They'll walk.

49. He won't see us at three o'clock.
She won't be back in an hour.
He won't drive the car.
They won't open the door.
She won't meet us there.

50. El estará estudiando.
Estaré en el trabajo.
¿Irá con nosotros?
Te gustará la película.
Habrá comida.

51. Joe is going to leave at eight.
We're going to have a party.
He's going to work late.

52. Tienen varios significados. Consulta
el diccionario.

53. No vamos al Ecuador.
Fred va a correr.
La Sra. Smith no va a cocinar.
Bailaremos en el club.

No manejaremos a tu casa.
¿Adónde vas después del trabajo?

54. We are going to eat at six tonight.
We're going to eat at six tonight.
I am going to leave on Tuesday.
I'm going to leave on Tuesday.
They are going to move next year.
They're going to move next year.
We are going to get up early in the morning.
We're going to get up early in the morning.
She is going to drive to CA in the summer.
She's going to drive to CA in the summer.

55. She isn't going to go.
Is she going to go?
They aren't going to sleep.
Are they going to sleep?

56. furniture store—table
market—food
bank—money
library—book
gas station—car
railroad—train
post office—mail
jail—criminal

57. la clínica
la prisión
el supermercado
la agencia
el hotel
la cafetería
el mall
el centro
el aeropuerto

58. la antena
el acelerador

el aire acondicionado
el exterior
el radiador
el instrumento
el pedal
la transmisión
el estéreo
el interior

59. la compra
la ganancia
la factura
la computadora
la venta
la pérdida
el recibo
la engrapadora

60. one pound
one mile
seven in the morning
five tenths
one half
four feet
December
sixty-eight percent
Thursday
seventh
one gallon

61. towel—la toalla
drill—el taladro
hammer—el martillo
nail—el clavo
shovel—la pala
rake—el rastrillo
bucket—el balde

62. degree—el grado
height—la altura
weight—el peso
width—el ancho
half—la mitad

63. We'll sell fish.
    I'll buy chicken.
    She'll cut the steak.
    They'll drink soup.
    I'll mix the salad.
    We'll serve ham.
    I'll use butter.
    I'll cook the egg.
    We'll take out the turkey.
    You'll prepare the rice.

64. butter
    salad
    ice cream
    pepper
    vinegar

65. 2
    2
    2
    1
    2
    1
    1
    2

66. t
    t
    d
    d
    d
    t
    t
    d
    d
    d

67. arrived
    ended
    lived
    stopped
    walked
    needed
    carried

68. We sold vegetables.
    Linda went to church.
    He drove a bus.
    They drank wine.
    Bob had fantastic parties.
    I was a student.

69. ¿Qué pasó a las doce?
    Pete y yo hicimos el trabajo en el jardín.
    Tuvieron una fiesta fantástica en el hotel.
    Todos fueron al cine.
    El Sr. y la Sra. Thomas compraron el carro inmediatamente.
    Los niños jugaron en el parque el sábado.
    Escribimos mucho en nuestra clase de inglés.
    Mi hermano comió el sandwich y bebió la leche.

70. have, has
    buy
    put
    say
    are
    live

71. She didn't come on time.
    We didn't eat lunch in the kitchen.
    I didn't buy an English book.
    They didn't drink all the milk.

72. irregular
    regular
    irregular
    regular
    regular
    irregular
    irregular
    irregular
    regular
    regular

73. Did he buy a shirt?
Did George sing a song?
Did they cook dinner?
Did Sally go home?

74. When did they sell their home?
What time did the meeting begin?
How much did the tickets cost?
How did he pay for the car?

75. Vi el partido.
Me gustó el gimnasio.
¿Jugaste fútbol?
¿Aprendiste cómo pescar?

76. el tambor—drum
el juguete—toy
el ajedrez—chess
la sonrisa—smile
el columpio—swing
el rompecabezas—puzzle
la risa—laughter
el concierto—concert

77. I was working.
They were buying.
We were writing.
She was singing.
You were drinking.

78. stayed
stopped
painted
pulled
pushed
played

79. Hemos parado.
No he cocinado.
¿Han regresado?

80. has visited
has studied
has rained
have learned

81. jumped
cooked
has cleaned
have looked
have learned

82. stayed
have worked
have played
have studied

83. They have been talking for more than an hour.
I have been traveling all over New Mexico
It has been raining all day long.
They have been looking everywhere for the book.

84. We have been living...
I have been trying...
She has been dancing...
John has been working...

85. She has not (hasn't) been living...
It has not (hasn't) been snowing...
He has not (hasn't) been sick...
They have not (haven't) returned...

86. Has she been living?
Has it been snowing?
Has he been sick?
Have they returned?

87. How long have they been married?
How long have they been living in that house?
How long has she been studying English?
How long have they been friends?

88. have been
have heard
have bought
have slept
have lost
has gone

have driven
have done

89. They had gone.
She had spoken.
I had gotten up.
You had eaten.
We had studied.

90. had looked
had left
had sold
had gone
had eaten

91. had visited
had stolen
had taken
had had
had found

92. knew—known
got—gotten
arrived—arrived
had—had
made—made
found—found
grew—grown
left—left
walked—walked
showed—showed

93. vestido
amado
preparado
separado
cansado
preocupado

94. cortado
congelado
vendido
pegado

95. It's done.
They're frozen.
We're closed.
They're married.

It was sold.
It had been lost.

96. dog—bark
fish—swim
bird—fly

97. moose
bear
deer

98. Los halcones han buscado al conejo.
El cuervo se había comido toda
la comida.
El tigre ha encontrado la carne.
El ratón se había llevado el queso.
El niño ha comprado dos tortugas.
Las ranas habían visto las moscas.
Las hormigas han ido a la casa.
La rata había corrido hacia la cocina.

99. I will leave tomorrow.
I left yesterday.
I have left before.

100. They come everyday.
They're coming now.
They will come tomorrow.
They came yesterday.

101. Bill arrives every day.
Bill is arriving now.
Bill has arrived before.

102. knew, would

103. had
owned
worked
knew

104. had won
had called
had been
had driven

105. were
had had
will

would have been killed
had seen

106. peace—war
hate—love
truth—lie
crime—law
guilty—innocent

107. ¡Claro!
Cálmate.
Casi.
No hay.
Pienso que sí.
¡Qué suerte!
No sabía.
Todo.
¿De verdad?
Yo también.

108. Por allá.
Despiértate.
Toma asiento.
Qué bueno.
Claro que no.
A la vez.
¡Oye!
Así.
No sé.
Al revés.

109. please
four
five
save
sits

110. después
debajo
abajo
arriba
sobre
por
entre
hasta
detrás

enfrente
al lado
cerca
lejos
hacia
al lado
adentro
afuera
adelante
entre

111. drove
drive
is driving

112. cannot
do not
will not
He is
It is
We will
They are
It will
She is

113. to look for = buscar
to stay for good = quedarse
permanentemente
to talk over = conversar, tratar
to look over = examinar
to throw away = tirar, botar
to make believe = fingir
to be mixed up = estar confundido
to learn by heart = memorizar
to blow up = explotar
to be out of order = estar
descompuesto

114. pagar las facturas
buscar trabajo
celebrar los días de fiesta tradicionales
seguir una receta
abrir una cuenta de crédito
ir al correo
hacer negocios

tomar una clase de inglés
conseguir una receta médica

115. do
does
does
do
do

116. big
in
go
close
before
old
over
first
after
wife
lose
open
up
boy

hard
lose
man
happy

117. physical   studious
university   independent
education   dictionary
distance   impossible

118. el sofá
la foto
la calle

119. excitement
death
choice
proof
growth
marriage
entrance
beginning

WORD SEARCH PUZZLE 1
La hora, el calendario y el clima

WORD SEARCH PUZZLE 2
Las descripciones

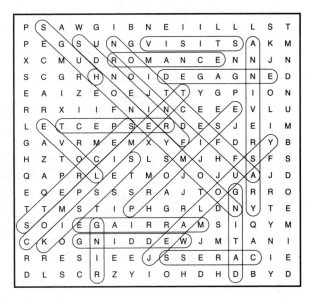

WORD SEARCH PUZZLE 3
La ropa

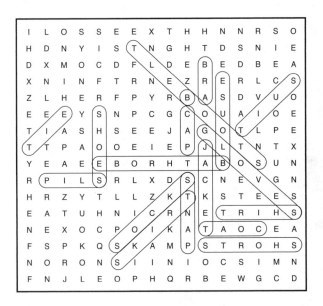

WORD SEARCH PUZZLE 4
El amor

CROSSWORD PUZZLE 1
El Tiempo Presente del Indicativo

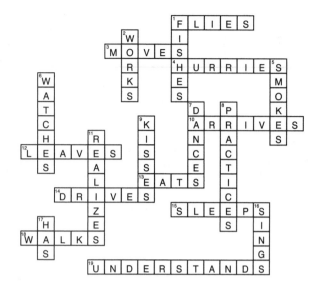

CROSSWORD PUZZLE 2
El Cuerpo Humano

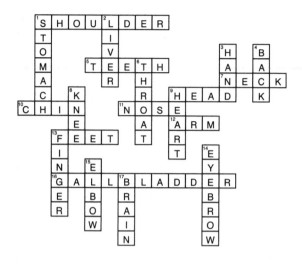

CROSSWORD PUZZLE 3
La Diversión

Barron's... The most resources for Spanish Speakers who want to learn English

Domine lo Básico Inglés, 3rd Ed.
Mastering the Basics of English for Spanish Speakers

This self-teaching book covers the fundamentals of English grammar for Hispanic students who have intermediate-to-advanced knowledge of English. The text deftly deals with parts of speech, rules for capitalization and punctuation, and correct usage for Spanish speakers.

Paperback, 978-0-7641-4764-7, $16.99, *Can$19.99*

Inglés Completo: Repaso Integral de Gramática Inglesa para Hispanohablantes, 2nd Ed.
Complete English Grammar Review for Spanish Speakers

This book offers study advice and tips on correct English pronunciation; covers the examination of English verbs, nouns, articles, adjectives, adverbs, prepositions, pronouns, numbers, and interjections; and the different parts of speech together to demonstrate sentence structure and correct English language punctuation.

Paperback, 978-0-7641-3575-0, $18.99, *Can$23.99*

Prices subject to change without notice.

Inglés para el Lugar de Trabajo
English for the Workplace

This book will help Hispanics who speak little or no English communicate with job interviewers, employers, and fellow workers in an English-speaking work environment. Includes the basics of English pronunciation, and introduces learners to general business terms and phrases.

Paperback, 978-0-7641-4519-3, $14.99, *Can$17.99*

Inglés para Hispanohablantes Guía para el Lenguaje Visual
English for Spanish Speakers Visual Language Guide

Hispanic travelers to English-speaking countries will value this quick-reference vocabulary and phrase builder. Hundreds of color photos and cartoon-style illustrations present visual images of words and phrases that travelers typically need.

Paperback, 978-0-7641-2283-5, $14.99, *Can$17.99*

Inglés para Latinos, Level 1, with Downloadable Audio, 4th Ed.

An informal English-language teaching program that immerses the learner in ordinary everyday situations and conversations as a painless method of teaching English speech and comprehension. The downloadable audio supplements material in the book and presents language learners with the sound of informal American English as it is spoken in everyday situations.

Paperback, 978-1-4380-1038-0, $16.99, *Can$21.50*

Inglés para Latinos, Level 2, with Downloadable Audio, 3rd Ed.

This expanded and updated intermediate-level language program is designed to help Spanish speakers gain proficiency in American English. The downloadable audio presents dialogues and coaching to emphasize correct pronunciation of informal American English.

Paperback, 978-1-4380-1051-9, $18.99, *Can$23.99*

Available at your local bookstore or visit
www.barronseduc.com

BARRON'S

Barron's Educational Series, Inc.	In Canada:
250 Wireless Blvd.	Georgetown Book Warehouse
Hauppauge, NY 11788	34 Armstrong Ave.
Order toll-free: 1-800-645-3476	Georgetown, Ontario L7G 4R9
Order by fax: 1-631-434-3217	Canadian orders: 1-800-247-7160
	Order by fax: 1-800-887-1594

(#195) R5/18

BARRON'S BOOKS AND CDs TO HELP YOU SUCCEED IN ESL EXAMS

Barron's ESL Guide to American Business English

Focused to fit the needs of ESL students. Paperback handbook describes a variety of business writings and sample correspondence. Review section covers the basics of English grammar.
ISBN 978-0-7641-0594-4, $18.99, Can$22.99

The Ins and Outs of Prepositions, 2nd Edition

Written for ESL students, this book examines more than 60 prepositions and presents guidelines for the many different, sometimes tricky ways they are used in English.
ISBN 978-0-7641-4728-9, $12.99, Can$14.99

American Accent Training, 4th Edition

Perfect for both business and the classroom, this book features a downloadable audio component to represent authentic American pronunciation and intonation. Includes nationality guides for 10 languages: Chinese, Japanese, Indian, Spanish, French, German, Russian, Korean, Arabic, and the U.S. Southern accent. More value features include access to a comprehensive website, and referral to a telephone analyst for an individual diagnostic speech analysis.
ISBN 978-1-4380-1035-9, $29.99, Can$37.50

American Accent Training: Grammar with 2 Audio CDs

This book and audio compact disc program instructs beginning, intermediate, and advanced students of English as a second language in the elements of grammar, presenting a grammar review that emphasizes speech and correct pronunciation. The compact discs combine grammar, vocabulary, pronunciation, reading, writing, comprehension, and the American accent into a simple, step-by-step learning process.
ISBN 978-0-7641-9651-5, $24.99, Can$29.99

Mastering the American Accent, 2nd Edition

This combination book and audio instructional program is designed to diminish the accents of men and women who speak English as their second language. It teaches them to employ correct syllable stress, emphasize the correct words for smoother speech flow, use common word contractions, and more. Additional topics that often confuse ESL students are also discussed and explained. Includes a link to downloadable audio that uses male and female voices to coach correct American-style pronunciation.
ISBN 978-1-4380-0810-3, $24.99, Can$29.99

Barron's Educational Series, Inc.
250 Wireless Blvd.
Hauppauge, NY 11788
Order toll-free: 1-800-645-3476

In Canada:
Georgetown Book Warehouse
34 Armstrong Ave.
Georgetown, Ont. L7G 4R9
Canadian orders: 1-800-247-7160

Prices subject to change without notice.

Available at your local bookstore
or visit **www.barronseduc.com**

(#6a) R6/17

Words to the Wise for Students and Travelers

ere's a great reference book for high school and college students taking Spanish courses and a dependable language aid for travelers to Spanish-speaking countries. This comprehensive bilingual dictionary presents approximately 100,000 words with translations.

- American-style English to Spanish, and translations from Spanish to American-style English
- Headwords listed with translation, part of speech, and pronunciation
- Phrases follow each definition using headwords in standard contexts
- Separate bilingual lists present numerals, abbreviations, and more
- The addition of new words for computers, the Internet, and information technology
- Full-color atlas-style maps

- **EXTRA BONUS:**
  Free downloadable bilingual electronic dictionary available for your PC or Mac

Also features concise grammar guides, regular verb conjugation lists, and more language learning aids.

ISBN 978-1-4380-0711-3
$19.99, Can$23.99

—And here's a bilingual dictionary designed especially for travelers!

Barron's Spanish-English Pocket Dictionary is pocket sized for travelers to fit conveniently in their carry-on flight bags. Approximately 70,000 words in two separate sections. Readers will find:

- American-style English to Spanish and Spanish to English
- Headwords listed with translation, part of speech, and pronunciation
- Phrases to demonstrate usage follow each definition
- Separate bilingual lists present numbers, abbreviations, and more . . .
- New words for computers, the Internet, and information technology
- Free downloadable bilingual electronic dictionary available

Abridged from Barron's comprehensive, full-size **Spanish-English Dictionary**, this good-looking pocket reference is an indispensable linguistic tool for travelers and students.

ISBN 978-1-4380-0610-9
$9.99, Can$11.99

Available at your local book store or visit
www.barronseduc.com

Barron's Educational Series, Inc.
250 Wireless Blvd.
Hauppauge, N.Y. 11788
Order toll-free: 1-800-645-3476
Order by fax: 1-631-434-3217

In Canada:
Georgetown Book Warehouse
34 Armstrong Ave.
Georgetown, Ontario L7G 4R9
Canadian orders: 1-800-247-7160
Order by fax: 1-800-887-1594

Prices subject to change without notice.

(#174) R8/16

Here's more expert help for students of English as a Second Language

501 English Verbs with CD-ROM, 3rd Ed.

Verbs are alphabetically arranged in table form, one per page, and conjugated in all tenses and forms. A bonus CD-ROM offers practice exercises in verb conjugation and a concise grammar review.

Paperback, ISBN 978-1-4380-7302-6, $19.99, *Can$24.99*

Handbook of Commonly Used American Idioms, 5th Ed.

This pocket-size dictionary defines approximately 2,500 American-English idiomatic words and expressions.

Paperback, ISBN 978-1-4380-0167-8, $8.99, *Can$9.99*

The Ultimate Phrasal Verb Book, 3rd Ed.

ESL and EFL students will find 400 common phrasal verbs and the ways they are used in everyday American English. Includes the most commonly used phrasal verbs, hundreds of examples in context and hundreds of exercises to increase fluency.

Paperback, ISBN 978-1-4380-0974-2, $16.99, *Can$21.50*

Basic American Grammar and Usage
An ESL/EFL Handbook

This book explains different kinds of sentences—affirmative, negative, and interrogative, and follows up with focus on different parts of speech, describing their uses in verbal and written communication.

Paperback, ISBN 978-0-7641-3358-9, $16.99, *Can$19.99*

Painless English for Speakers of Other Languages, 2nd Ed.

This user-friendly book is especially useful for middle school and high school students in families where English is not the first language. A step-by-step approach covers all parts of speech, and is followed by advice for improving vocabulary, spelling, and American English pronunciation.

Paperback, ISBN 978-1-4380-0002-2, $9.99, *Can$11.50*

English for Foreign Language Speakers the Easy Way

Following a diagnostic pretest, the author guides students through the details of reading, writing, developing vocabulary and grammar, listening, speaking, and correct pronunciation of American style English. She devotes separate chapters to each of the parts of speech, as well as to sentence structure, punctuation, capitalization, word roots, homonyms and synonyms, idioms, rules for academic writing in English, and more.

Paperback, ISBN 978-0-7641-3736-5, $18.99, *Can$21.99*

The Ins and Outs of Prepositions, 2nd Ed.

Unlike most languages—which have relatively few prepositions to serve many different communication needs—English has dozens of them. But very few English prepositions follow a clear, consistent set of rules. This book offers practical guidelines for correct usage.

Paperback, ISBN 978-0-7641-4728-9, $12.99, *Can$14.99*

A Dictionary of American Idioms, 5th Ed.

More than 8,000 American idiomatic words and phrases are presented with definitions and sample sentences. Especially useful for ESL students, this book explains and clarifies many similes and metaphors that newcomers to American English find mystifying.

Paperback, ISBN 978-1-4380-0157-9, $16.99, *Can$19.50*

Prices subject to change without notice.

Barron's Educational Series, Inc.
250 Wireless Boulevard
Hauppauge, NY 11788
Order toll-free: 1-800-645-3476

In Canada:
Georgetown Book Warehouse
34 Armstrong Avenue
Georgetown, Ontario L7G 4R9
Canadian orders: 1-800-247-7160

Available at your local bookstore
or visit **www.barronseduc.com**

(#153) R4/18